직장맘과 아이들 도와주기

직장맘과 아이들 도와주기

최명선 · 홍기묵 · 한미현 지음

이담 Books

이 책을 펼치는 모든 분께

'마음맑음 시리즈'에 참여한 저자들은 처음부터 책을 쓸 목적으로 만나지 않았습니다. 저희는 아동심리치료에 대한 소신과 열정으로 석·박사 과정에서 성실히 학문적 기초를 쌓고, 워크숍과 임상교육을 통해 심화된 지식을 얻고자 한 사람들입니다. 또한 많은 임상경험과 훈련을 통해 누구보다 내실을 기하며 상담자의 길을 가고자 했습니다. 하지만 치료실에서 아이들을 만나면서 또다시 한계에 부딪히고 더 연구하고 더 알아야 할 것들에 대해 고민하게 되었습니다.

그래서 지식을 더 깊게 하기 위한 마음을 모았고 시간을 쪼개어 함께 공부를 시작했습니다. 정기적인 작은 세미나를 가졌고, 최근 센터에 내원하는 아이들의 주 호소 문제를 분석하며 산발적으로 소개된 관련 내용을 모아 발표하고 토론하는 시간을 가졌습니다. 주제를 발표할 사람, 사례를 발표할 사람, 세미나를 마치고 내용을 종합·정리할 사람들이 열심히 자료를 정리하고 수집하다가, 이 자료를 '더 많은 사람들'과 나눌 수는 없을까 하는 생각을 하게 되었습니다. 그 사람들이란 아이들의 부모님이나 교사가 될 수도 있고, 아동과 관련된 일을 하는 현장 종사자가 될 수도 있으며, 우리들의 동료나 후배, 우리가 가르치는 학생들일 수도, 만나보지는 못했지만 이제 막 상담을 시작하는 초보상담자일 수도 있습니다. 스스로 닥친 문제를 해결하고자 하는 부모님이나 교사들, 각 증상을 가진 내담아동에 대한 지식을 열심히 찾고 있는 학생들, 치료실 안팎에서 아동과 부모를 위해 공부하고 문제를 해결해주고자 정성을 쏟고 있을 상담자들과 자료를 공유하고 싶었습니다.

원고를 쓰기 시작할 때, 상담에 막 입문했던 학생시절, 초보엄마, 초보 상담사 시절을 떠올리며, 그때로 돌아가 보았습니다. 공부와 임상을 오가며 바쁜 나날들을 보냈고, 내담아동과 부모를 위해 지식을 얻고 싶었던 마음은 조급하고도 절실했지만 주어진 지식현장은 그렇지 않았습니다. 갓 들어온 원서를 복사해서 보거나 번역서 관련 내용을 동냥해서 읽는 등 참으로 답답하고 안타까운 시간을 보냈습니다. 최신판 번역서를 읽고 의미를 정확히 이해하고자 원서를 다시 찾아 읽기도 하고, 그것도 안 될 때는 몇몇 부분은 아쉽게 넘겨버린 기억도 있습니다. 그 마음으로 돌아가 쓴 책이라 일반 부모님들께는 다소 어려울 수 있고, 숙련 상담자들에게는 역으로 너무 쉬운 내용일 수도 있을 것입니다. 이 책의 대상에 대해 많은 고민을 했지만, 그냥 단순하게 '필요로 하는 사람들'을 생각하며 내놓겠습니다. 부족하거나 얕은 부분은 약속한 기간까지 더 연구하고 공부하여 개정판에서 발전시켜 선보일 것을 약속합니다.

본 시리즈의 내용은 특정 증상의 특성과 원인, 측정하는 방법에 대해 이해하고, 다양한 치료적 접근 그리고 부모나 교사가 직접 실행해 보거나 그들과의 부모상담에서 사용할 수 있는 구체적인 예방과 대처로 구성되어 있습니다. 마지막으로 아이의 문제로 지치고 힘들어하는 부모님께 상담실 안에서 해주지 못한 저자들의 마음을 편지로 담았습니다.

이제 몇 권의 주제로 시리즈의 첫 문을 두드립니다. 앞으로 우리가 공부하고 함께 나눌 지식은 훨씬 더 많고, 깊으니 갈 길은 멀지만 의미 있는 일들에

설레기도 합니다. 아이들과 부모님들을 돕기 위한 저자들의 고민과 열정의 꽃은 사계절 피어날 것이며 치료자들과 나누고자 하는 마음도 변치 않을 것입니다. 부족하지만 본 시리즈가 관련 어려움을 가진 아동, 청소년들을 만나고 있는 그 누구에게라도 작은 보탬이 되길 바랍니다.

마지막으로 한국에 놀이치료의 씨앗을 심고, 가꾸어 주시며 많은 치료사들이 탄탄한 훈련의 길을 거쳐 소신을 펼칠 수 있도록 힘이 되어주고 계시는 '한국놀이치료학회 1세대 놀이치료전문가' 선생님들께 고개 숙여 감사드립니다. 그리고 직업적 신념과 열정을 잘 이해해주시고 기꺼이 출판의 길을 열어주신 한국학술정보(주) 관계자 여러분들과 책을 마무리하는 데 모두가 한마음이 되어 열심히 해준 아동청소년상담센터 맑음 치료자들과 인턴 선생님들께도 감사의 인사를 전합니다.

맑음 연구실에서
저자 대표 최명선

Contents

PART 01

직장맘 이해하기

직장맘들에게는 두 가지 역할이 부여되는데, 주부로서 집안일을 하고 아이들을 양육하는 엄마로서의 역할과 직장 내에서 부여받은 사회 구성원으로서의 역할이 그것이다. 그들은 외부로부터 다양한 역할을 부여받을 뿐만 아니라 스스로도 상당한 역할을 부여하기도 한다. 그래서 맡은 역할에 최선을 다하고 인정을 받고자 하는 욕구가 의식적, 무의식적으로 영향을 주어 엄청난 에너지가 필요할 수밖에 없다. 이러한 상황이 지속되다 보면 직장맘들은 자신에게 주어진 역할에 대해 회의가 들기도 하고 여러 가지 역할들을 하느라, 정작 한 가지라도 완벽하게 잘 해낼 수 없는 것은 아닌가 하는 걱정에 휩싸이기도 한다. 주부와 직장인으로서의 두 가지 역할을 해야 하는 직장맘들은 가끔은 두 가지 역할을 모두 잘 해내기 위해 자신에게 지나치게 높은 잣대를 갖다 대는 경우도 있다. 또한 아이들이 보이는 문제행동도 엄마가 직장을 다니기 때문이라는 쪽으로 과도하게 연결해서 생각하기도 한다. 위에서 언급한 것처럼 우리나라의 많은 직장맘들은 일과 양육 사이에서 흔들리고 있고 이는 다시 개인의 건강과 양육효능감을 떨어뜨리는 원인이 된다.

본 PART에서는 저자들이 상담 장면에서 만난 직장맘들의 현실적 어려움을 토대로 기존의 연구들에서 밝힌 결과들을 소개하면서 다양한 차원의 기초 지식들을 살펴보고자 한다.

직장맘들이 공통적으로 느끼는 심리적·현실적 딜레마는 무엇인지, 직장과 가정을 오가며 아이를 양육하게 되는 현실에서 양육행동상의 특성은 무엇이며, 저자들이 상담 장면에서 만난 직장맘 자녀들의 긍정적·부정적·심리적 특성에 대해서 살펴보고자 한다.

더불어 직장맘들의 정신건강과 양육상의 어려움, 부모자녀관계 문제나 직장맘 자녀들이 주로 드러내는 행동문제 등에 대한 측정도구들을 소개하여 문제의 수준과 원인을 파악하는 데 도움이 되도록 하였다. 상담센터에 자주 만나는 직장맘과 그 자녀들의 공통된 주 호소 문제, 그리고 연관되는 평가 도구들을 소개하는 것은 직장맘과 자녀들에 대해 공부하거나 상담하는 사람들에게 보다 실제적이고 효율적인 도움이 될 것이다.

1. 직장맘들의 심리적 딜레마 들여다보기

직장맘들과의 상담에서 몇 가지 공통된 고민과 갈등을 안고 있다는 것을 발견한다. 저자들을 포함한 대부분의 직장맘들은 비슷한 일상과 비슷한 고민, 비슷한 고통으로 힘들어하며 살아간다. 아이를 키우며 직장을 다니는 그 어느 누구도 한 치의 고민과 갈등 없이 살지는 못할 것이다. 그 누구도 아이를 맡기고 기쁜 마음으로 출근하는 엄마는 없을 것이다.

본 장에서는 아이를 키우는 직장맘들이 공통적으로 겪는 몇 가지 핵심적인 갈등을 살펴보고자 한다. 슬프고 행복하지 않으며, 우울하며, 불쑥불쑥 화와 짜증이 나고, 무기력해지는 다양한 증상들은 그 기저에 원인이 되는 심리적 갈등과 해결되지 않는 어려움이 있기 때문이다. 그동안 직장맘 스스로 아이와 남편에게, 아이를 돌봐 주는 친정어머니와 시어머니에게 향해 생겼던 그 복잡했던 감정들이 구체적으로 무엇이었는지에 대해 아래에서 살펴보고자 한다.

1) 모성의 그림자! 죄책감

> "나는 나쁜 엄마야…….네가 힘든 것은 내가 일을 하기 때문이야…….
> 아가야, 미안해."

아침에 아이를 떼어 놓고 출근길을 나서는 엄마의 마음에는 늘 비가 온다. 눈물 콧물 범벅이 되어 '엄마'를 외치는 아이 목소리가 귀에 생생하고, 아이 얼굴이 떠올라 직장에서도 일이 손에 잡히질 않는다. 중간 중간 전화로 알려오는 아이들의 열악한 상황은 직장맘들을 더 자책하게 만들고, 지친 몸으로 퇴근해서 들어선 집 안 꼴에 성품 좋은 엄마 역할은 온데간데없다. 이렇게 많은 직장맘들은 아이에게 편안하고 좋은 품이 되어 주지 못해서, 재밌고 생동감 있게 놀아 주지 못해서, 여유롭게 기다리며 스스로 성취할 수 있는 기회를 주지 못해서 늘 부족한 자신을 탓하게 된다. 위에서 나열한 것들은 직장맘들의 작은 일상적 죄책감에 불과하다.

『코렐라인』 헨리 셀릭

코렐라인은 바쁜 아빠, 엄마 때문에 언제나 화가 나 있고 불평이 많다. 이걸 보고 있으면 남의 일이 아니고 직장맘들의 죄책감은 더 자극을 받게 된다.

'바쁜 엄마 때문에 아이들이 저렇게 나쁜 행동을 하게 되는 건가봐……. 우리 집 이야기네……'

아이를 키우며 엄마로서의 죄책감이 하나도 없는 부모는 없다. 대부분의 부모들은 자녀를 양육하는 과정에서 자신의 행동이 생각처럼 완벽하거나 이상적이지 않게 흘러가는 것에 대해 양육 죄책감을 가진다. 즉, 사람은 본능적으로 자신의 예상이나 계획대로 일이 돌아가지 않는 것에 즉각적인 불안을 느끼게 되는데, 자녀 양육이라는 과업 앞에서는 더더욱 이런 감정을 강하게 느끼게 된다. 모든 엄마들이 느끼는 불안에 더해, 이상과 현실의 차이가 직장생활과 같이 자신에게 책임이 있다고 판단할 때 양육죄책 감은 더 강하게 일어난다.

직장맘들은 자녀양육과 교육을 훌륭하게 해 내고 싶은 욕심은 많지만, 현실과 상황이 따라 주지 않아서 원하는 대로 수행해 낼 수가 없어 비직장맘에 비해 양육죄책감을 더 많이 느끼게 된다(서동인, 1991; Mann & Thornburg, 1987). 그들은 자녀를 직접 돌보지 못하는 상황에서 불안감과 죄책감을 느끼며 좋은 어머니 역할을 하지 못하고 있다는 자책감에 휩싸여 있다(Belsky, 1992). 이들은 미안함과 죄책감으로 인해 때로 자녀에게 물질적으로 과잉보상하려 하거나 과잉보호, 과잉애정 등으로 대하기도 한다. 죄책감에 의해 아이에게 무리한 대가를 지불하기로 약속한 엄마는 아이를 위해 자신의 정서적, 체력적 한계를 넘어설 정도의 역할을 하게 되고 스스로 지쳐 짜증이나 폭발적인 화를 낸다.

죄 없는 아이에게 화를 낸 엄마는 또다시 죄책감이 밀려와 아이에게 책임질 수 없는 심리적 약속을 하고, 또다시 직장맘의 양육죄책감이 원인이 되어 부모자녀관계는 소진되는 악순환을 거듭한다. 어머니의 직장생활 그 자체가 아이의 삶에 악영향을 주기보다는 이런 죄책감과 죄책감으로 인한 부적절한 양육행동이 결국 아이들의 정신건강을 망치게 되는 것이다.

그런데 직장맘들은 왜 이렇게 과도한 죄책감을 느끼게 될까? 그것은 아마도 사회가 엄마라는 역할 속에 아이에게 무조건적으로 희생해야 하는 모성이 자연적으로 있어야 한다는 집단 무의식을 심어 놓았기 때문일 것이다. 태곳적부터 남자는 가족의 생계나 생명을 책임지는 대상으로서 가정 외적인 일을 담당하는 역할을 하였고 그에 반해 엄마는 집에 머무르면서 아이들을 돌보고 집안일을 담당하면서 가족을 지켜야 한다는 역할이 매우 강력하게 부여되었다. 그것은 가부장적인 사회 속에서 종족을 유지시키려는 남성 중심적인 태도를 은연중에 강요한 결과라 할 수 있다. 즉, 엄마는 희생적이어야 하고 절대적 모성은 엄마라면 누구나 갖고 있다는 생각은 절대불변의 가치라기보다는 남성 중심적 사회에서 강요되어진 허상이라는 것이다.

이러한 분위기 속에서 살아가게 되면서 엄마들은 가족을 위한 일 외에 사회인으로서의 역할을 담당할 때 전통적인 엄마 역할에 위배되는 것은 아닌가 하는 걱정에 휩싸이게 되는 것이다.

> 자신이 아이에게 못 해 주고 있는 것만 보지 말고 얼마나 아이를 사랑하고 노력하고 있는지를 찾아보라. 엄마가 최선을 다하고 있다면 나머지는 자녀가 받아들여야 할 몫이다.

2) 일과 육아에 대한 끝없는 선택갈등

"아이 키우는 일로 직장을 그만둘지 말지를 5년째 고민하고 있는 직장맘입니다. 주중에는 시댁에서 지내는 아이를 주말에 함께 보내고 다시 떼어 놓을 때는 '이 세상에서 내가 무슨 복을 누리려고 내 아이의 눈에서 눈물이 나게 할까'라는 생각에 주저앉아 울고 싶어집니다. 하지만 막상 직장을 그만두려니 아쉬운 것들이 생각나고, 그냥 다니자니 아이들의 중요한 시기를 다 놓칠 것 같아서 마음의 결정을 내리기가 너무 힘듭니다. 언제 제 고민이 끝날 수 있을지요?"

직장을 다니며 아이를 키워 본 엄마라면 누구나 한 번쯤은 아이를 위해 직장을 그만두어야 하는 것에 대해 고민하였을 것이다. 엄마들은 일을 포기할 수 없어 계속하면서도 늘 자신이 일을 하는 것이 자녀에게 나쁜 영향을 줄지도 모른다는 생각을 하게 된다. '직장을 다니지 않는다면……'이라는 가정으로 아이에게 줄 수 있는 좋은 양육환경과 그에 따른 긍정적인 결과들을 상상하며 끊임없이 일과 육아 중 무엇을 선택할 것인가를 고민한다. 아이가 어리면 어린 대로, 학교에 가면 학부모로서의 엄마 역할을 제대로 하지 못한다는 생각에 하루에도 몇 번씩 선택의 기로에 서게 된다. 또 이들은 아침과 저녁에, 출근과 퇴근 후에, 아이가 아플 때와 건강할 때, 아이에게 문제가 생길 때나 좋은 결과를 받아올 때 등 여러 가지 상반적인 상황에서 마음이 뒤바뀐다.

직장맘의 갈등은 개인 심리적인 이유 외에 현실적인 문제와도 관련이 있다. 최근 세계는 인력의 수요와 공급의 불일치로 많은 직장인들이 일자리를 잃는 것에 대한 두려움을 가지고 있다. 남편이 직장에서 구조조정의 위험에 시달리고 있다면 가정의 수입원으로서의 아내의 심리적 부담은 가중된다.

이럴 때 육아문제나 가정사로 직장생활에 소홀히 한다면 아내의 자리까지 위태로워진다는 생각에 직장맘들은 더욱더 일에 몰입할 수밖에 없다. 이들은 직장도 사수해야 하지만 가정도 지켜야 하는 막중한 짐을 지고 현실적 문제에 부딪히게 된다. 많은 직장맘들은 이러한 현실적인 문제로 직장을 떠날 수는 없으나 아이 문제로 직장을 떠나야만 하는 모순적인 상황에서 힘들어하고 있다.

『믿는 만큼 자라는 아이들』
박혜란

가수 이적의 어머니이기도 한 박혜란 씨는 전업주부가 아닌 직업을 가진 엄마로서의 길을 선택한 이후 오히려 자녀들과의 관계에서 조바심 내지 않고 휘둘리지 않으며 자신의 소신을 믿고 앞으로 나아갈 수 있었다고 한다.

직장맘의 이러한 갈팡질팡하는 선택 갈등은 직장맘들이 일에 몰두하는 것과 양육에 몰두하는 것 둘 다의 집중도를 떨어뜨린다. 결정의 기준이나 척도가 자신이 진정 원하거나 능동적인 결정이 아니라, 주변 상황과의 끊임없는 저울질 끝에 이루어지는 수동적인 결정이다 보니, 어느 쪽에 대해서도 만족감이나 자신감이 없어 결국은 직장인과 아이엄마로서의 성장과 발전의 기회를 놓치게 된다. 두 쪽 길을 앞에 두고 저울질하며 어느 한쪽도 자신 있게 선택할 수 없는 사람은 어떤 길도 제대로 가고 있다고 말하기가 어렵다. 그래서 무엇보다 중요한 것은 주변 상황을 충분히 고려한 상태에서 진정 직장맘 스스로가 원하는 것은 무엇인지 스스로에게 반문해 보고 스스로의 욕구, 감정을 점검해 보는 태도이다.

어떤 것을 선택하든 내면의 목소리를 듣고 결정하라! 자신이 만족하는 선택이 가장 현명하고 행복한 선택이다. 그리고 선택을 한 이후에는 그 선택에 대해 스스로 확신을 가지는 것이다. 내가 선택하지 않은 다른 쪽 길에 미련을 갖고 자꾸 곁눈질하다 보면 정작 내가 선택한 길에서 발걸음을 떼는 것이 더뎌질 수밖에 없다.

확신을 가지고 앞으로 나아갈 필요가 있다. 그만두기로 했다면 일을 그만두고 육아에 전념하며 효율적인 시간 관리로 다른 삶을 시도해 볼 수도 있다. 그만두지 않기로 결정하였다면 일과 육아를 병행하며 성공적으로 산 직장맘들의 노하우를 배우는 것도 필요하다. 자신의 선택을 즐기는 사람이 가장 현명하고 행복한 사람이다.

일을 그만둘 수 없는 상황이라면 과감히 선택갈등과 야별하라.
더 이상 무엇을 선택할 것인가를 고민하지 말고 어떻게 조율할 것인가를 고민하라!
그리고 그렇게 행하라!

3) 엄마와 타인의 양육에 대한 저울질

"저희 집 아이가 공부도 못 따라가고 친구들과도 잘 못 지내는 것 같아요. 제가 어릴 때부터 직장생활을 해서 아이가 이렇게 된 건 아닐까 하는 생각이 들어요. 엄마인 제가 키우지 않아서일까요? 제가 키웠더라도 그럴 수 있었을까요? 아니면 제가 경제적 능력을 가지고 지원해 주고 다른 사람이 키우는 것이 나을까요?"

물건을 사는 상황에서도 무엇이 나을까를 우리는 늘 고민한다. 그러나 마트가 문을 닫을 때까지 고민만 하고 있다면 그날 쇼핑은 참으로 효과적이지 않았다. 적절한 때에 완벽하지는 않지만 자신이 할 수 있는 것으로 최선의 선택을 하는 것이다. 그리고 선택한 그 물건이 더 잘 쓰일 수 있도록 노력하는 것이다. 그것이 삶의 지혜이다.

다음은 직장맘의 선택갈등을 도와줄, 지금까지 이루어진 연구에 대해 정리해 보았다. 직장맘들은 자녀와 함께 보내는 시간이 부족하며 제대로 돌봐줄 여유가 없으며, 가정과 직장에서의 이중적인 역할로 인해 얻는 스트레스를 자녀에게 전가할 가능성이 크다(박성옥, 1995). 이와는 달리 직장맘이 자신이 수행하고 있는 여러 가지 역할을 효율적으로 잘 수행하게 될 때 제공되는 특권, 자원, 보상 등으로 인해 비직장맘에 비해 만족감과 안정감이 높다고 한다(이숙현, 1997). 이와 같이 직장맘과 자녀에 대한 많은 연구결과들은 상반되거나 같은 연구지만 일치하지 않는 것들도 많다. 심지어 비직장맘 자녀들이 더 불리한 결과를 보이는 것도 있다. 비직장맘들의 경우, 많은 시간을 자녀와 함께 지내기 때문에 자신의 부정적 정서를 자녀에게 그대로 전가하거나 자신의 기분에 따라 비일관적으로 자녀를 양육하게 될 가능성이 크다(이인숙, 1994). 또한 자녀양육과 가사로 인해 자신만의 시간을 갖지 못함에 따라 정체성에 대한 불만과 함께 심리적 갈등과 스트레스, 우울, 불안 등을 경험한다(고성혜, 1994; Gove & Hughes, 1979; Lopata, 1971).

이와 같이 직장맘이냐 아니냐의 문제가 아니라 자녀 양육의 어려움과 부정적 결과는 모든 어머니들에게 그 가능성이 열려 있다. 다시 말해, 자녀양육은 상당한 시간과 자원, 에너지가 요구되기 때문에 신체적 피로감뿐만 아니라 최근에는 경제적 부담까지 가세하여(Webster-Stratton, 1988) 모든 어머니들에게 어려운 과제이다.

따라서 자녀를 키우는 과제는 누가 키우느냐의 문제보다 어떻게 키우느냐의 문제가 더 중요하다는 것이다. 엄마가 집에 머물면서 아이를 키우며

질 좋은 상호작용과 안정된 정서, 자녀의 발달과 성장을 촉진하는 좋은 양육기술과 같은 최상의 양육환경을 만들어 주면 좋겠지만 현실적으로 평범하게 일어날 수 있는 일은 아니다. 아이들에게 좋은 조건만이 주어지더라도 좋은 결과만을 낳는 것은 아님을 알 필요가 있다.

소아과 의사 겸 아동심리분석가인 도널드 위니캇은 아이에게 매우 중요한 엄마의 역할은 "완벽한 엄마"라기보다는 "충분히 좋은 엄마(good enough mother)"라고 하였다. 충분히 좋은 엄마란 아이를 대함에 있어 엄마가 할 수 있는 '최선'의 공감과 돌봄을 하는 엄마이지, 객관적인 잣대로 보았을 때 모든 것을 완벽히 잘해 주는 엄마는 아니라는 것이다. 아이가 당연히 느끼고 경험할 수 있는 좌절감과 갈등을 하나도 느끼게 해 주지 않아야 좋은 부모가 되는 것이 아니라, 아이가 경험하게 되는 갈등과 좌절을 자연스럽게 받아들이고 이해하면서 그 좌절에 아이가 너무 몰두하지 않도록 지지를 해 주는 부모의 태도가 매우 중요하다는 것이다. 즉, 직장맘이기 때문에 아이에게 못 해 주는 것에 몰두할 것이 아니라, 일하는 엄마를 가진 자녀가 경험하고 느끼게 될 좌절을 엄마와 아이가 어떻게 자연스럽게 해결할 수 있을지 모색해 보는 것이 아이의 장기적인 발달에도 더 효과적이라 할 수 있다. 주어진 현실에서 최상의 선택을 하고 노력하며 사는 것이 가장 현명한 결론이다.

> 아이를 누가 키우느냐가 중요한 것이 아니라 어떻게 키우느냐가 더 중요하다는 것을 명심하라.

4) 대리 양육자에 대한 불만족감

"친정어머니가 아이를 키우시며 한 번도 꾸중을 한 적이 없으세요. 무조건 '오냐 오냐' 하고 아이 말을 다 들어주니 아이가 버릇없는 행동을 하는 거예요. 그리고 친정어머니는 학습을 봐 주시거나 학교 준비물에 대해 잘 모르세요. 다른 것은 다 좋지만 이 부분이 해결이 안 되어서 불만스러운데 말씀을 드리기도 뭐하고요."

직장맘들이 자신을 대리해서 마음에 쏙 들도록 아이를 잘 보살펴 줄 사람을 구하기란 쉽지 않다. 자신의 양육스타일과의 일치성, 성격적 문제, 아이에 대한 애정, 교육정도, 문제해결 능력, 경제적 부담 등 다양한 영역에서 불만족감이 생길 수밖에 없다. 특히 대리양육자와 부모 간의 양육방법의 불일치로 인해 아이가 문제행동이라도 보일 때는 그 원인을 대리양육자의 잘못이나 부족으로 돌리고 새로운 양육자를 구하느라 시간과 에너지를 쏟는다. 그러나 새로 만난 양육자에게서도 불만족감은 여전히 생기고 또 다른 문제가 나타난다. 양육자의 교체로 아이와 어머니는 각자의 자리에서 또 한번 가슴앓이를 할 수밖에 없다. 엄마는 새로운 베이비시터가 믿을 만한 양육자인지 알아보기 위해 끊임없이 점검하고 고려하느라 에너지를 쓸 수밖에 없고, 아이는 아이대로, 또 새로운 사람의 양육스타일에 자신의 행동 기준을 다시 세우느라 심리적 혼란감이 가중되게 된다. 가끔은 이전 양육자가 그나마 가장 괜찮은 사람일 때도 있다. 자신을 낳아 길러 준 친정어머니로부터도 아이양육 방식에 불만이 생기는 것은 피해 갈 수 없다. 우리의 부모 세대가 자녀를 키우는 방식과 현대 부모 세대의 양육방식이 다를 수밖에 없으니 이렇게 서로 다른 가치관 속에서 아이를 사이에 두고 저울질을 하게 되면서 갈등도 당연히 생길 수밖에 없다.

즉, 아무리 피를 나눈 사람들일지라도 100% 입맛에 맞는 대리 양육자는 이 세상에 없다는 것이다. 무엇보다 중요한 것은 앞으로 대리양육자와 어머니 사이에 양육관이나 양육태도가 일치시키거나 보완 가능한가이다. 대리 양육자에게 불만족 사항을 얘기해서 수정 가능한 일인지, 직장맘 스스로 양보하거나 보완작업을 하는것이 가능한 일인가에 대해 파악해 보는 것이 필요하다.

이와 더불어 직장맘 스스로가 자신에게 부여한 완벽한 엄마가 되고 싶은 욕구를 대리 양육자에게 무의식적으로 전달하는 경우도 살펴보아야 한다.

우리나라 사회문화적 특성상, 자신의 욕구를 먼저 표현한다는 것이 상대방을 배려하지 않는 것으로 오해하기 쉽기 때문에 대부분의 직장맘들은 베이비시터나 친정모, 시모와 양육 초반에 엄마의 역할과 대리 양육자의 역할분담에 대해 충분히 협의하고 의논하는 시간을 갖지 않게 된다. 그냥 막연하게 '상대방이 알아서 잘해 주겠지.'라고 느끼거나 '아이를 돌봐 달라고 부탁하는 입장에서 이런저런 얘기를 한다는 것은 이기적이야.'라는 생각으로 아이를 정식으로 맡기기 전 이런 양육 방식에 대한 공유를 하지 않게 된다. 서로의 역할 영역과 역할분담에 대해 충분히 협의하는 것은 서로 느낄 수 있는 오해를 줄이는 데 매우 중요하다.

예를 들어, 우리가 아주 맛있기로 소문난 음식점에 갔다고 하자. 음식을 주문하기 전 손님은 종업원에게 자신이 무엇을 먹고 싶은지 말하지 않고 '그냥 알아서 맛있는 것을 갖다 주겠지.'라는 생각에 어떤 음식을 먹을지 주문하지 않았다고 하자. 종업원은 나름대로 자신이 맛있다고 생각하는 메뉴를 골라 올 것이다. 하지만 종업원이 가지고 온 음식이 정작 손님이 원하는 음식이 아니라면, 손님은 종업원에게 화를 낼 수 없을 것이다. 다만, 속으로 원망만 하면서 마음속으로만 '다음부터는 내 마음도 몰라주는 이 식당은 오지 말아야지.'라며 혼자서 결정하는 결과를 낼 것이다.

대리 양육자와 사전에 서로의 욕구가 무엇인지 아이를 키우는 데 가장 중요하게 생각하는 규칙이나 가치관은 무엇인지 되도록 이야기할 시간을 꼭 가지는 것은 매우 중요하다. 상대방이 내가 원하는 것과, 내 마음을 알아주겠지 하고 바라기만 해서는 안 되는 일이다. 이와 함께 대리양육자를 전문 베이비시터로 할 것인지, 보육전문기관으로 할 것인지, 아니면 외조모 친조모로 할 것인지를 결정하는 데 있어서 각각의 경우를 선택했을 때 얻을 수 있는 장점과 직장맘이 감수해야 하는 것이 무엇인지 꼼꼼히 따져 보는 것도 필요하다. 시어머니와의 관계가 좋지 않아 중간에 있는 아이의 정신건강에 악영향을 주고 있다면 제3의 양육자나 기관에 보내는 것이 나을 수 있다. 또는 대리양육자의 심신의 건강, 도덕성의 문제, 아이의 욕구와 안전에 대한 민감성의 문제, 아이를 돌보는 일로부터 받는 스트레스문제 등을 잘 고려하여 결정적인 문제를 야기하지 않는다면 대리양육자의 장점을 찾고, 단점은 어머니가 보완하는 방법으로 가는 것이 유리하다.

> 욕심 부리지 말고 현실과 타협하라. 대리 양육자의 장점은 최대한 살리고 단점은 엄마와 아빠가 보완하는 방법을 모색하라.

5) 남편과의 부모 역할 분담 갈등

"도대체 저희 남편은 직장만 다니지 집에 와서 하는 일이 없어요. 같이 직장생활하는데 왜 저만 이렇게 힘들게 살아야 하는지 화가 나서 다 포기하고 싶을 때가 한두 번이 아니에요. 퇴근하고 집에 들어와서 혼자 이리 뛰고 저리 뛰며 얼마나 힘든지 몰라요. 왜 저만 이렇게 바쁘고 힘들게 살아야 하나요? 애들은 아빠와 있는 것을 불편해하고 저만 찾으니 제가 몸이 10개라도 모자란다니까요."

최근 직장에 다니는 어머니가 늘어나고, 평등성과 양성성이 강조되는 사회 분위기 속에서 자녀의 양육과 교육에 있어서도 아버지의 보다 적극적 역할이 필요하다는 주장이 많아지고 있다. 실제로 맞벌이가 보편화되어 맞벌이 가정의 남편에게도 가정의 경제를 책임지는 전통적 역할뿐만 아니라 양육자 역할, 배우자 역할 등이 기대되고 있으며, 그 역할을 성실하게 수행하고 있는 남편도 많다. 요즘 젊은 부부들 중에는 가사와 양육을 적극적으로 도와주는 아버지들도 있지만 그렇지 않는 사람들도 많다.

아직까지 대부분의 맞벌이 가정에서는 아내가 자녀양육 역할에 대한 책임과 의무를 더 많이 지고 있다. 남편들은 대체로 가정생활과 직장생활을 분리해서 생각하는 경향이 있으며, 또한 실제 생활에서도 분리시키는 것이 어느 정도 가능하다. 그러나 직장맘들은 자신의 직장생활을 가정생활에 종속시켜 생각하는 경향이 있어 역할긴장과 직업갈등이 가중된다(김태현·김양호, 2003; 서혜영·이숙현, 1999).

많은 직장맘들은 남편의 역할분담이 제대로 이루어지지 않아 심리적 어려움을 호소해 온다. 이는 결국 직장맘이 비직장맘보다 우울증을 적게 느끼지만, 맞벌이하는 남편과 비교했을 때 우울증을 더 많이 경험한다(최규련, 1993;

Glenn, 1990; Greenberg & O'Neil, 1993)는 연구결과들이 뒷받 침해준다. 직장맘들은 남편들보다 양육자 역할을 중요하게 인식하기 때문에 역할수행에 불만과 스트레스 등이 클 수밖에 없으며 디스트레스, 우울증, 불안을 더 많이 느끼게 되는 원인이 된다(김명자, 1981; 이희정·이숙현, 1995). 또 직장맘이 남편과의 양육 역할갈등에 현명하게 대처하지 못하여 가정생 활의 불안정과 직장생활에까지 부정적인 영향을 미쳐 전반적인 삶의 질을 떨어뜨리고 아이에게도 부정적인 영향을 준다는 결과들이 있다.

그러나 맞벌이 부부간에 양육자 역할에 대한 가치관이 비슷하고 남편이 양육자 역할에 관심을 많이 가지고 수행한다면 직장맘의 역할갈등 수준이 낮아지며, 맞벌이 부부의 가정생활의 질이 높아지기도 한다(김경신·김오남, 1996; 한유진·김선애, 2007). 이뿐만 아니라 아버지가 양육에 적극적으로 참 여할수록 아동은 지적능력과 사회성, 사회화, 신체적 발달 등과 같은 다양한 영역에서 긍정적인 영향을 받는다. 직장맘의 역할을 분담하는 차원에서 아 버지가 보다 적극적인 양육 역할을 감당하고 자녀에게 자율적이고 애정적이 태도를 보이면 아동들은 새로운 개념을 개발하는 데 흥미를 갖게 되고 매사에 적극적이며 유능감과 지도력을 갖게 되어 경제적, 정신적으로 보다 충만한 가정을 이끌어 갈 수 있을 것이다.

또한 아버지의 지지적인 태도는 직장맘이 자녀양육일을 긍정적으로 느끼어 수행하도록 힘이 되어 준다. 대부분의 사람들은 어떤 과업을 할 때 그 과업 자체의 어려움으로 인해 심리적 소진을 경험하기도 하지만, 만일 주변에 과 업의 성과나 집중하는 자신의 태도에 대해 지지해 주는 대상이 있다면 일을 추진하고 해 나가는 데 윤활유 같은 역할을 해 주게 된다.

직장맘들이 표면적으로는 남편이 가사일이나 양육을 함께 담당해 주지 않는 것에 불만을 표현하지만, 궁극적으로는 직장맘이 시간적 제한과 어려움 속에서도 최선을 다하고 있다는 남편의 따뜻한 지지를 더 원하고 있는 것도 사실이다. 생물학적으로나 문화인류학적으로 남성은 일이나 대인관계 속에서 흐르는 심리적 과정보다는 문제를 보다 효과적으로 빨리 해결하는 데 중점을 두기 때문에 부부관계나 부모 역할에 있어서도 정서적 지지체계보다는 문제해결자로서의 태도를 가지게 된다. 그래서 남성들은 일의 결과물을 통해 상황을 이해하고 해석하기 때문에 문제해결 중심으로 엄마의 양육에 대해 평가를 내리기 쉽다. 그러나 여성은 관계 속에서 흐르는 미묘한 감정선이나 정서를 중시하기 때문에 남성들의 결과론적인 반응과 태도에 상처를 받고 지적받았다는 느낌을 얻어 양육 유능감이 떨어질 수도 있다. 여성은 남편이 실질적으로 역할을 분담하지 않아도 남편의 지지적인 공감으로도 어느 정도 에너지를 보충할 수 있게 된다. 남편이 아내의 정서의 흐름을 이해한다면 상호 효율적인 양육분담과 지지적 힘이 되어 줄 수 있을 것이다.

6) 직장맘의 다중 역할 부담

많은 직장맘들은 자신에게 주어진 다양한 역할에 대해 심적으로 부담을 느끼고 에너지를 소모하거나 정신건강에 적신호를 받기도 한다. 직장인으로서, 아내와 가정살림을 맡아서 해야 하는 사람으로서, 아이들의 엄마와 부모들에게는 자식으로서 역할을 충분히 해내지 못하는 것에 대해 늘 불만족하고 자책하며 심리적으로 갈등하게 된다. 특히 완벽주의 성향이 높고 자기 기대 수준이 높은 직장맘들의 경우 아래의 역할갈등의 수준은 더욱 높아지고 죄책감이나 좌절감, 우울감 등의 정신건강을 해치는 악순환을 거듭하게 된다. 직장맘들의 다중역할부담은 다른 정신건강을 해치고 나아가 자녀 양육에도 영향을 미친다. 따라서 직장맘의 다중역할부담은 그 수위를 측정하여 과도하게 높아 다른 문제의 근원이 됨을 인식시킬 필요가 있다. 또한 객관적으로 자신의 갈등수준을 파악하고 조절해 갈 필요도 있다.

아래의 문항들은 직장인 역할갈등, 아내 역할갈등, 가정관리 시 역할 갈등, 어머니와 노부모에 대한 자식으로서의 역할갈등에 대해 묻는 것들이다. 상담사는 부모 개인이 직접 체크해 보고 자신의 주된 역할 갈등 내용이 무엇인지, 어느 정도의 수준인지에 대해 파악할 수 있을 것이다. 남경우(1997)과 정혜정(1985)의 연구를 참고로 하여 조옥희(2004)가 수정하여 구 성한 것이다. 점수가 높을수록 역할갈등 수준이 높음을 의미한다.

• 취업여성의 역할갈등 척도

문항	나는	전혀 그렇지 않다	그렇지 않은 편이다	보통 이다	그런 편이다	매우 그렇다
직장인 역할갈등						
1	가족들의 다양한 요구로 직장생활에 전념하기 어려울 때가 있어 마음에 걸린다.	1	2	3	4	5
2	가사일 때문에 시간이 부족하여 직무수행이 소홀해질 때가 있어 마음에 걸린다.	1	2	3	4	5
3	자녀와의 문제에 신경을 쓰느라 직무수행이 소홀해질 때가 있어 마음에 걸린다.	1	2	3	4	5
4	가정일 때문에 직업상의 발전을 위한 자기계발(예 공부, 인간관계 등)을 하지 못하는 것이 마음에 걸린다.	1	2	3	4	5

5	가족들이 나의 직장생활에 이해와 관심을 보여 주지않는 것 같아 서운할 때가 있다.	1	2	3	4	5

요인 점수의 합: ___

아내 역할갈등

6	심신이 피로하여 남편을 잘 돌보아 주지 못하는 것 같아 미안하다.	1	2	3	4	5
7	아내로서 내조를 잘하지 못하는 것 같아 미안하다.	1	2	3	4	5
8	남편의 건강에 더 신경을 쓰지 못하는 것이 미안하다.	1	2	3	4	5
9	남편의 대화상대가 되어 주지 못하는 것 같아 마음에 걸릴 때가 있다.	1	2	3	4	5
10	남편이 집안일(청소, 설거지, 자녀지도, 식사준비)을 하는 것이 마음에 걸린다.	1	2	3	4	5

요인 점수의 합: ___

가정관리자 역할갈등

11	집안일을 남에게 맡길 때는 마음이 편하지 않다.	1	2	3	4	5
12	직장생활로 인해 집에 오는 손님 대접을 잘 못하는 것 같아 마음에 걸린다.	1	2	3	4	5
13	직장생활로 인해 피곤하고 시간이 부족하여도 집안일에 신경 써야 하는 것이 부담스러울 때가 있다.	1	2	3	4	5
14	가족의 행사(생일, 제사, 기념일) 및 모임에 관심과 참여가 부족한 것 같아 미안하다.	1	2	3	4	5
15	직장생활로 인해 가사에 소홀해지는 것이 마음에 걸린다.	1	2	3	4	5

		요인 점수의 합: ____				

어머니 역할갈등

16	자녀의 친구관계나 학교생활에 관심과 참여가 부족한 것 같아 미안하다.	1	2	3	4	5
17	자녀교육(성적, 특별활동, 진학지도)에 신경을 쓰지 못하는 것 같아 걱정스럽다.	1	2	3	4	5
18	직장일 때문에 자녀와 좋은 관계를 유지하기 어려워지는 것 같아 걱정스럽다.	1	2	3	4	5
19	자녀들의 영양관리를 잘해 주지 못하는 것 같아 걱정스럽다.	1	2	3	4	5
20	자녀를 위해 더 많은 시간을 보내지 못하는 것 같아 마음에 걸린다.	1	2	3	4	5
		요인 점수의 합: ____				

노부모에 대한 자식으로서의 역할갈등

21	직장생활로 인해 시부모님과 친척들과의 관계가 멀어지는 것 같아 마음에 걸린다.	1	2	3	4	5
22	직장생활로 인해 시부모님을 찾아뵙거나 잘 보살펴 드리지 못해 마음에 걸린다.	1	2	3	4	5
23	시부모님께 용돈을 여유 있게 드리지 못하는 것 같아 마음에 걸린다.	1	2	3	4	5
24	직장생활로 인해 친정부모님과 친척들과의 관계가 멀어지는 것 같아 마음에 걸린다.	1	2	3	4	5
25	직장생활로 인해 친정부모님을 찾아뵙거나 잘 보살펴 드리지 못해 마음에 걸린다.	1	2	3	4	5
26	친정부모님께 용돈을 여유 있게 드리지 못하는 것 같아 마음에 걸린다.	1	2	3	4	5
		요인 점수의 합: ____				

역할갈등 총점	____ 점

출처: 조옥희(2004). 전남대학교 박사학위논문.

2. 직장맘의 양육 현실 들여다보기

1) 직장맘의 정신건강 문제

(1) 직장맘의 우울

직장맘은 비직장맘에 비해 더 우울하다는 연구와 그 반대의 연구결과, 그리고 맞벌이 남편에 비해서는 더 우울감을 가지고 있다는 결과들이 있다. 가장 최근의 대표적인 연구로 2011년 미국 워싱턴 대학교 카트리나 룹의 연구결과를 소개하면 다음과 같다.

그녀는 1,600명의 전업주부, 직장맘을 대상으로 일과 가정생활에 대한 신념과 기대차에 대해 조사한 자료와 이들이 40세가 되었을 때 측정한 우울증 수치를 분석하였다. 그 결과 전업주부들에게서 우울증의 수준이 높은 것을 발견했다. 우울증의 원인으로 전업주부들은 집안일에서 벗어나 직장을 다니기 원했지만 일에 비해 자녀를 기관에 맡기는 비용이 상대적으로 크기 때문에 집에 머무를 수밖에 없었다. 이를 토대로 볼 때 전형적인 엄마로서의 역할만 있는 여성보다 자기의 일을 가지는 것이 더 정신건강에 좋다는 것을 알 수 있다. 그러나 상담현장에서 만난 직장맘들의 현실과 위의 연구를 보다 자세히 들여다보면 직장맘의 우울에 대해 보다 더 잘 이해할 수 있게 된다. 직장맘들은 자녀에 대해서, 그리고 스스로에 대해 성취 수준을 높게 정하였기 때문에 더 많은 실망감과 좌절감에 사로잡히고 이는 다시 우울감으로 연결된다.

또 직장맘 중 양육과 직장 일 모두를 잘해야 한다는 기준이 매우 뚜렷한 사람들은 일과 가정 사이에서 역할의 균형을 맞추기 어렵다는 것을 예상하고 인정하는 직장맘에 비해 더 많이 좌절하고 죄책감도 더 많이 느끼고 있었다는 것을 발견할 수 있다.

논문의 저자인 룹은 "양육, 가사 일과 직장 일을 모두 잘해 내는 것이 힘들 것이라고 예상하는 직장맘은 몸이 고달프더라도 육체적 어려움에 비해 상대적으로 정신건강이나 스트레스를 받는 정도는 양호한 것으로 나타났다."고 밝혔다. 정리하면 비직장맘은 직장맘에 비해 전체적으로 우울성향이 높지만, 직장맘들 중에서는 가정과 직장에서의 일을 모두 잘해야 한다고 생각하는 사람이, 다 잘하기가 어렵다는 것을 인정하고 생활하는 어머니들보다 더 우울하다는 것이다.

따라서 직장맘의 정신건강을 위해 완벽주의적인 성향을 고수하기보다는 현실을 인정하고 현실과의 타협점을 찾아 자신도 적당하게 돌보며 생활하는 것이 필요하다.

아래의 체크리스트는 직장맘의 우울 수준을 측정해 볼 수 있는 도구이다.

『괴물들이 사는 나라』 모리스 센닥

원하는 놀이, 원하는 대로 하려는 주인공 아이는 엄마의 잔소리로 못하게 되자 괴물들의 나라로 떠나게 됩니다. 그곳에서 아이는 괴물들의 우두머리가 되어 괴물들을 호령하죠. 하지만 언제나 자신이 그곳에 영원히 머물 수 없다는 것을 알고 자신의 방으로 돌아오게 됩니다. 거기엔 엄마가 차려놓은 따뜻한 저녁밥이 아이를 기다리고 있고요.

직장맘의 마음도 이 아이와 같지 않을까? 자신이 모든 것을 컨트롤할 수 있는 환경을 원하지만 현실은 그러지 못하다. 그래서 아이가 괴물들의 왕이 되는 것처럼 엄마도 일과 가정 모두를 아주 잘 해낼 수 있는 파워를 원하게 된다.
하지만 아이가 왕이 되기 포기하니 맛있는 저녁이 기다리고 있는 것처럼 엄마도 자신이 파워를 가지고 무엇이든 잘 해낼 수 있다는 믿음을 포기해야 좀 더 여유 있고 행복한 오늘이 기다리지 않을까?

• Beck(1961)의 우울척도(BDI) 한국판

문항	지난 2주 동안 나는	해당하는 점수를 적으세요
1	0점 나는 슬프지 않다. 1점 나는 슬프다. 2점 나는 항상 슬프고 불행해서 도저히 견딜 수 없다. 3점 나는 너무나 슬프고 불행해서 도저히 견딜 수 없다.	
2	0점 나는 앞날에 대해서 별로 낙심하지 않는다. 1점 나는 앞날에 대해서 용기가 나지 않는다. 2점 나는 앞날에 대해 기대할 것이 아무것도 없다고 느낀다. 3점 나는 너무나 슬프고 불행해서 도저히 견딜 수 없다.	
3	0점 나는 실패자라고 느끼지 않는다. 1점 나는 보통사람들보다 더 많이 실패한 것 같다. 2점 내가 살아온 과거를 뒤돌아보면, 실패투성이인 것 같다. 3점 나는 인간으로 완전한 실패자라고 느낀다.	
4	0점 나는 전과 다름없이 일상생활 속에서 만족을 느끼고 있다. 1점 나는 전과 같이 일상생활이 즐겁지 않다. 2점 나는 더 이상 어떤 것에서도 만족을 얻지 못한다. 3점 나는 매사가 다 불만스럽고 지겹다.	
5	0점 나는 특별히 죄책감을 느끼지 않는다. 1점 나는 종종 죄책감을 느낀다. 2점 나는 자주 죄책감을 느낀다. 3점 나는 항상 죄책감을 느낀다.	
6	0점 나는 내가 벌을 받고 있다고 느끼지 않는다. 1점 나는 내가 벌을 받을지도 모른다고 느낀다. 2점 나는 내가 앞으로 벌을 받을 거라고 생각한다. 3점 나는 지금 벌을 받고 있다고 느낀다.	
7	0점 나는 내 자신에 대해 실망하지 않는다. 1점 나는 내 자신에 대해 실망하고 있다. 2점 나는 내 자신이 싫다. 3점 나는 내 자신을 증오하고 있다.	

8	0점 나는 내가 다른 사람보다 못하다고 느껴지지 않는다. 1점 나는 나의 약점이나 실수에 대하여 내 자신을 비판하는 편이다. 2점 나는 나의 잘못에 대해 항상 내 자신을 질책한다. 3점 나는 주변에서 일어나는 잘못된 모든 일에 대하여 내 자신을 질책한다.	
9	0점 나는 자살할 생각 같은 것은 하지 않는다. 1점 나는 행동에 옮기지는 않지만 자살할 생각을 갖고 있다. 2점 나는 자살하고 싶다. 3점 나는 기회만 있으면 자살하겠다.	
10	0점 나는 전보다 더 자주 울지 않는다. 1점 나는 요즘 전보다 자주 운다. 2점 나는 요즘 항상 운다. 3점 나는 너무 울어 이제는 울고 싶어도 눈물이 안 나온다.	
11	0점 나는 전보다 더 자주 화를 내지는 않는다. 1점 나는 전보다 더 신경질적이고 짜증스럽다. 2점 나는 요즘 항상 짜증스럽다. 3점 전에는 짜증스럽던 일인데도 이젠 짜증조차 나지 않는다.	
12	0점 나는 전처럼 다른 사람에 대한 관심을 가지고 있다. 1점 나는 전보다 다른 사람에 대한 관심이 줄었다. 2점 나는 다른 사람에 대해 거의 관심이 없어졌다. 3점 나는 다른 사람에 대해 전혀 관심이 없어졌다.	
13	0점 나는 전처럼 어떤 일을 결정하는 데에 어려움이 없다. 1점 나는 전에 비해 결정을 잘 내리지 못하고 뒤로 미룬다. 2점 나는 전보다 어떤 일을 결정하기가 상당히 어렵다. 3점 나는 더 이상 어떤 결정을 내릴 수가 없다.	
14	0점 나는 전보다 내 모습(외모)이 추해졌다고 느끼지 않는다. 1점 나는 내가 나이 들고 매력 없게 보일까봐 걱정한다. 2점 이젠 남에게 매력을 주지 못할 만큼 내 모습이 변했다. 3점 나는 내가 못생겼다고 생각한다.	
15	0점 나는 전과 다름없이 일을 잘 할 수 있다. 1점 어떤 일을 시작하려면 전보다 더 힘이 든다. 2점 어떤 일을 하기가 무척 힘들다. 3점 나는 아무런 일도 할 수가 없다.	

16	0점 나는 전처럼 잘 잔다. 1점 나는 전처럼 잘 자지 못한다. 2점 나는 전보다 한두 시간 일찍 잠을 깨며 다시 잠들기가 어렵다. 3점 나는 전보다 몇 시간 일찍 잠을 깨며 다시 잠들 수가 없다.	
17	0점 나는 전보다 더 피곤을 느끼지는 않는다. 1점 나는 전보다 더 쉽게 피곤을 느낀다. 2점 나는 거의 모든 일을 할 때마다 피곤을 느낀다. 3점 나는 너무 피곤해서 아무 일도 할 수 없다.	
18	0점 내 식욕은 전보다 나빠지지 않았다. 1점 내 식욕은 전처럼 좋지 않다. 2점 내 식욕은 요즘 매우 좋지 않다. 3점 요즘은 전혀 식욕이 없다.	
19	0점 나는 요즘 몸무게가 줄지 않았다. 1점 나는 전보다 몸무게가 조금 줄었다. 2점 나는 전보다 몸무게가 많이 줄었다. 3점 나는 몸무게가 너무 많이 줄어 건강에 위협을 느낄 정도다.	
20	0점 나는 전보다 건강에 대해 더 신경 쓰지는 않는다. 1점 나는 두통, 소화불량, 변비 등으로 건강에 신경이 쓰인다. 2점 나는 건강에 신경이 많이 쓰여 다른 일을 하는 데 어려움이 있다. 3점 나는 다른 일을 할 수 없을 정도로 건강에 대해 걱정이 심하다.	
21	0점 나는 요즘도 성에 대한 관심에 변화가 없다고 생각한다. 1점 나는 전보다 성에 대한 관심이 적어졌다. 2점 나는 요즘 성에 대한 관심이 현저하게 줄었다. 3점 나는 성에 대한 흥미를 완전히 잃어버렸다.	
우울 총점		점수의 합 : ___

점수에 따른 해석

√ 총점이 0~9점인 사람: 우울하지 않은 상태
√ 총점이 10~15점인 사람: 가벼운 우울상태
√ 총점이 16~23점인 사람: 중한 우울상태로 전문가와 상담이 요구됨.
√ 총점이 24~63점인 사람: 심한 우울상태로 전문적인 치료 및 상담이 필요함.

출처: Beck, A. T. (1967). *Depression: Clinical, experimental, and theoretical aspects.* New York: Harper & Row.

(2) 직장맘의 불안

직장맘들에게 집이나 아이로부터 걸려온 전화는 가슴을 덜컥 내려앉게 하는 일이다. 퇴근할 때 자신도 모르게 발걸음을 재촉하게 되고, 통화할 때 사소한 일로 울먹이는 아이 목소리가 내내 귓가에 맴돌아 무슨 큰일이 일어난 것으로 느껴져 순식간에 마음의 안정을 잃게 된다.

아이들의 일상을 직접 볼 수 없다는 점, 집에 상주하며 아이들을 직접 챙기지 못한다는 점이 어머니들의 불안을 야기한다. 특히 대리 양육자가 어머니의 마음에 불만족스럽거나 아버지의 지원이 적어 어머니가 아이의 전반적인 양육과 교육을 책임지며 일을 하는 경우는 불안의 수준이 더욱 고조된다. 그러나 직장맘의 이러한 불안정서와 행동은 아이들에게 전달되어 아이의 불안정서가 높아질 가능성도 높다. 또한 어머니의 불안수준은 가정의 분위기와 직장에서의 역할도 흔들리게 할 것이다. 아이들과 가정, 직장인으로서의 어머니의 안정적 역할 수행을 위해 직장맘의 불안수준을 파악하고 전문적인 도움을 받거나 스스로 불안의 원인을 제거하여 안정된 일상생활을 영위하도록 노력할 필요가 있다.

• 불안척도

문항	오늘을 포함해서 지난 한 주 동안 나는	전혀 느끼지 않았다	조금 느꼈다	상당히 느꼈다	심하게 느꼈다
1	침착하지 못하다.	0	1	2	3
2	나쁜 일이 일어날 것 같은 생각이 든다.	0	1	2	3
3	자주 손이나 다리가 떨린다.	0	1	2	3
4	가끔씩 심장이 두근거리고 빨리 뛴다.	0	1	2	3
5	흥분된 느낌을 받는다.	0	1	2	3

6	어지러움이나 현기증을 느낀다.	0	1	2	3
7	편안하게 쉴 수가 없다.	0	1	2	3
8	자주 겁을 먹고 무서움을 느낀다.	0	1	2	3
9	신경이 예민하다.	0	1	2	3
10	가끔씩 숨이 막히고 질식할 것 같다.	0	1	2	3
11	안절부절못한다.	0	1	2	3
12	미치거나 죽을 것 같은 두려움을 느낀다.	0	1	2	3
13	자주 소화가 잘 안 되고 늘 배 속이 불편하다.	0	1	2	3
14	자주 얼굴이 붉어지곤 한다.	0	1	2	3
15	근육이 긴장되어 뻣뻣해지고 저리다.	0	1	2	3
불안 총점		점수의 합 : ____			

점수에 따른 해석

√ 총점이 0~9점: 심리적으로 안정되어 있으며 매우 정상적인 수준의 불안을 경험하고 있다.
√ 총점이 10~19점: 가벼운 정도의 불안을 경험하고 있다. 현재의 상태가 크게 문제될 것은 없으나 좀 더 안정을 찾는 방법을 강구한다.
√ 총점이 20~29점: 상당한 정도의 불안을 경험하고 있으며 이의 극복을 위해 적극적인 노력을 해야 한다.
√ 총점이 30~45점: 심한 불안상태에 있으며 가능한 한 조속한 시일 내에 전문적인 도움을 받을 것을 권한다.

출처: 한국고용정보원(2009). 상담도구매뉴얼. 서울: 고용노동부.

(3) 직장맘의 양육스트레스

현대 사회의 젊은 부모들은 핵가족구조에서 자녀를 양육하면서 다른 사회적 지지나 지원 없이 부모 자신이 양육을 전적으로 책임져야 하는 상황에 놓여 있다. 젊은 부모들은 원 가족 내에서 부모 역할을 충분히 배울 수 있는 기회가 적어 육아에 대한 강한 스트레스를 경험하고 있다. 특히 직장맘의 양육스트레스는 비직장맘에 비해 훨씬 높고(김리진·윤종희, 2000) 자녀양육문제로 인해 직장생활을 지속할지를 결정해야 하는 상황에 놓여 양육문제는 직장맘들의 중요한 스트레스 원인이 되고 있다. 최근 이러한 양육스트레스는 출산율 감소의 원인이 될 뿐만 아니라 결혼을 기피하는 현상까지 초래하고 있다. 그러나 직장맘들 중에서도 소득이 높은 어머니들은 대체인력이나 기술을 가사나 자녀양육에 고용할 가능성이 높으므로 양육스트레스를 경감시킬 수 있으나(정문자·이미리, 2000), 대부분 직장맘들의 상황은 여의치 못한 것이 사실이다. 아래에 소개된 척도는 양육 스트레스를 측정하기 위한 문항으로 직장맘의 양육스트레스가 어느 정도인지에 대해 알아보는 데 도움이 될 것이다. 많은 문항이 "성가신 편이다" 이상에 체크하게 된다면, 적극적으로 양육스트레스를 완화할 수 있는 조치를 취할 필요가 있다. 유아기 자녀를 둔 직장맘의 양육스트레스에 대한 연구가 특히 많이 소개되었는데 그중 어머니의 양육스트레스는 유아기 자녀의 스트레스 행동과 문제행동에 영향을 준다는 것은 간과하지 말아야 한다. 직장맘의 양육 스트레스가 유아기 자녀의 문제행동의 주요 원인이라면 자녀의 문제행동을 수정하기 위한 노력에 앞서 어머니의 양육스트레스를 완화하는 것이 더 근본적인 문제해결 방법이 될 것이다.

• 양육스트레스 척도

문항	나는	전혀 성가시지 않다	성가시지 않은 편이다	보통 이다	성가신 편이다	매우 성가시다
1	어질러 놓은 장난감이나 음식물을 계속 치워야 한다.	1	2	3	4	5
2	아이가 나를 귀찮게 하고 칭얼대고 불평한다.	1	2	3	4	5
3	식사시간에 어려움이 있다(음식에 대해서 까다롭거나 불평하는 등).	1	2	3	4	5

4	아이가 잔소리 없이는 시키는 것을 하지 않으려고 하고, 들으려고 하지 않는다.	1	2	3	4	5
5	아이 돌보는 사람을 구하는 데 어려움이 있다.	1	2	3	4	5
6	아이의 스케줄(예를 들어, 유치원이나 다른 활동들) 때문에 내 일이나 가정일에 지장이 온다.	1	2	3	4	5
7	아이는 내게 함께 놀아 주거나 즐겁게 해 주기를 강요한다.	1	2	3	4	5
8	아이는 잠자리에 들 때 자지 않으려고 해서 나를 힘들게 한다.	1	2	3	4	5
9	집안일을 하는 데 끊임없이 걸리적거린다.	1	2	3	4	5
10	아이가 지금 어디에 있고 무엇을 하고 있는지 계속해서 지켜봐야 한다.	1	2	3	4	5
11	예상치 못했던 아이의 일로 인해 내 계획을 바꾸어야만 한다.	1	2	3	4	5
12	아이가 하루에도 몇 번씩 옷을 더럽혀서 갈아입혀야 한다.	1	2	3	4	5
13	개인적으로 자유롭지 못하다(예를 들어, 화장실에 있을 때도).	1	2	3	4	5
14	공공장소(식품가게, 쇼핑센터, 음식점)에서 아이를 다루기가 어렵다.	1	2	3	4	5
15	외출할 때 제시간에 집을 나서기 위해 아이를 준비시키려면 어렵다.	1	2	3	4	5
16	밤에 아이를 두고 나가거나, 다른 곳에 맡기고 떠나오는 데 어려움이 있다.	1	2	3	4	5
17	아이가 친구들과 지내는 데 문제가 있다(예를 들어, 싸우거나 사이좋게 지내지 못하거나 친구가 없는 등).	1	2	3	4	5
18	아이의 요구를 들어주기 위해 여러 가지 잡다한 일을 해야만 한다.	1	2	3	4	5
양육 스트레스 총점		점수의 합 : ____				

출처: Crnic, K. A. & Greenberg, M. T. (1990). Minor parenting stress with young children. *Child Development, 61*, 1628-1637.

2) 아이들과 보내는 시간의 양적 한계

맞벌이 부모들이 자녀들을 키우면서 갖는 가장 큰 딜레마는 아마도 자녀들과 활동을 같이 할 수 있는 시간을 어떻게 확보할 것이냐이다. 전업주부에 비해 직장맘은 절대적인 시간이 부족하기 때문에 이것이 아이에게 좋지 않은 영향을 미치는 것은 아닌지 걱정이 될 수밖에 없다. 실제로도 아이와 함께 공유할 수 있는 시간을 찾아내고 확보하기가 쉬운 것은 아니다. 게다가 아이와 양적으로 충분히 놀아 주고 함께 해 줘야 더 좋을 것이라는 생각은 직장맘들의 불안을 더욱더 가중시키게 된다.

『안 돼, 데이빗』 데이빗 섀논

그러나 직장맘들이 일을 하지 않는 시간에 자녀에게 집중하려고 하며 여가시간을 자녀에게 할애하려는 태도가 매우 강하고 또 이런 질적인 시간으로도 자녀와 좋은 관계를 유지하는 데 충분하다는 것이 여러 연구결과들이 증명하고 있다. 즉, 중요한 것은 엄마가 아이와 충분한 시간을 갖지 못해 전전긍긍하고 죄책감을 느끼는 것보다는 주어진 제한된 시간이더라도 효과적으로 활용하겠다는 생각을 갖고 아이와 관계를 맺는 것이다. 직장맘과 아이에게 주어진 정해진 시간 동안 엄마는 아이가 숙제나 과업을 했는지

아이는 뭔가를 저지르고 엄마는 그 행동에 대해 안 된다고 외치기만 합니다. 아이는 엄마가 아무리 안 된다고 소리쳐도 또 다른 말썽들을 생각해 내고 저지릅니다. 하지만 엄마가 사랑을 표현할 때 아이는 멈추게 되죠.

바쁜 직장맘들은 아이의 행동을 바로잡으려 꾸짖거나 벌을 주며 시간을 아끼려 하지만 정작 시간을 아껴 주는 효과적인 방법은 사랑이라는 사실을 기억하세요.

안 했는지 체크하는 데 대부분을 쓰는 것은 아닌지 점검해 볼 필요가 있다. 아이가 자신의 생활을 스스로 관리하고 능동적으로 대처하는 데는 그것을 점검해 주는 감독관이 꼭 있어야 하는 것이 아니라, 자신을 신뢰하고 예뻐해 주는 대상과 긍정적인 관계를 지속적으로 맺었느냐 아니냐에 달려 있다. 아이의 자기 관리는 긍정적 관계가 밑바탕이 되어야 가능하다.

3) 아이와의 질적 상호작용 딜레마

많은 직장맘들은 양육 스트레스가 높고 양육효능감이 떨어지며 아이 양육에 대해 불안이 높고, 죄책감에 시달리면서 불안정한 양육패턴을 보이고 있다. 이러한 직장맘들의 문제는 어머니 개인의 삶의 질을 떨어뜨림과 동시에 아이와의 질적 상호작용을 저해하는 원인이 된다. 어머니가 정신적으로 건강하고 활기차며 자신의 직장생활에 대한 만족감이 높다면 부부관계뿐만 아니라 자녀와의 관계도 안정되고 건강해질 것이다. 자녀와 보낼 수 있는 시간이 많고 적고의 관점이 아니다. 직장과 가정을 오가며 많은 짐을 지고 있지만 자신의 심적 행복을 위해 무엇을 할 수 있을지 고민하고 실천하는 것이 이런 딜레마를 극복하는 방법이 될 것이다.

직장맘이 자녀와의 상호작용 질을 결정하는 것은 함께 보낼 수 있는 시간의 양적 문제라기보다는 주어진 한계 상황을 직장맘이 얼마나 현실적으로 인정하고 수긍하느냐이다. 즉, 직장맘과 자녀와의 질적 상호작용의 문제가 필연적으로 있을 수밖에 없는 것이 아니라, 상호작용의 문제가 있을까봐 걱정하고 두려워하는 엄마의 불안이 직장맘의 양육효능감을 떨어뜨려 상호작용의 질을 떨어뜨리게 된다. 그러므로 직장맘이 시간적 한계를 인정하고 주어진 시간을 어떻게 아이와 효과적으로 보낼 것인가 고민하고 방법을 찾아보는 데 에너지를 집중하는 것이 매우 중요하다. 아주 흔한 말이지만 가장 중요한 말인 "엄마가 행복해야 아이가 행복하다."라는 진리는 여기서도 유효하다.

4) 지도와 감독을 위한 에너지의 부족

자녀들이 부모와 좋은 관계를 맺는다는 것은 부모가 아이가 원하는 대로 대부분 허용적이어야 한다는 것은 결코 아니다. 에릭슨의 발달단계에서도 아동의 심리적 발달을 위해서 긍정적 차원인 신뢰감, 자율성, 주도성만이 필요하다고 하지 않았다. 좀 더 건강한 사람으로 성장하기 위해서는 불신감, 수치감, 죄책감도 어느 정도 필요하다고 보았다. 오히려 아이들은 자신이 할 수 있는 일과 하면 안 되는 일 사이의 경계가 명확해야 안전감을 더 느끼기 때문에 엄마, 아빠의 가치관이 내포된 규칙과 지도를 아이에게 명확하게 전달하는 것은 매우 중요하다. 특히 사춘기 자녀들의 행동조율과 문제행동에 있어서 부모의 지도와 감독을 바탕으로 부모가 없는 시간에 아이가 어떻게 시간을 보내고, 어떤 행동을 하는지를 부모가 알고 있는지가 매우 중요한 변인이 된다.

남아의 반사회적인 행동에 부모의 감독행동의 중요성에 대해 언급하였고 아들의 행동을 어머니가 알고 있다는 것이 사춘기 자녀의 문제행동과 관련이 깊었다. 하지만 여기서 말하는 부모의 지도 감독은 아이들이 어른의 지도와 감독을 받는지 안 받는지에 대한 단순비교보다는 아이들이 부모 없는 시간을 어떻게 보내는지, 어떤 행동을 하는지를 부모가 얼마나 알고 있는지가 더 중요하다는 의미를 내포하고 있다.

5) 부모의 정서적 참여의 어려움

「죽은 시인의 사회」

기성세대의 가치관을 무조건 적으로 수용하고 안 되는 것에 대한 규칙만을 강요하는 학교와 달리 키팅 선생님은 적절한 규칙과 가치관을 부여한다.
이 사이에서 학생들은 공부나 권위대상에 맹목적으로 끌려가는 수동적인 존재에서 자신의 삶을 자주적으로 결정하고 꾸려 갈 수 있는 주체적인 인간으로 성장하게 된다.

저녁 식사, 자녀와의 짧은 만남으로 내 아이가 능동적인 존재로 자신의 삶을 잘 꾸려 가도록 하려면 핵심기능 하다다. '바쁜 학교'가 되지 말고 아이들과 '지금 여기에 머물 수 있는 키팅 선생님'이 되어야 한다.

청소년들은 점점 자율적이고 독립적이 되어 가더라도 밑바탕에는 부모와 친밀한 관계를 유지하는 것이 중요하다고 강조하였다.

여러 연구결과를 보면 직장맘인가 전업주부인가로 아이의 성취나 발달에 영향을 미친다고 보기보다 직장을 다님에도 불구하고 환경적으로 어떻게 조율하고 개인의 양육방법으로 딜레마를 중재하는가가 더 중요하다고 하였다. 아이와 보내는 시간의 대부분을 아이의 외적인 행동 교정을 하는 데 할애하기보다 아이가 부모와의 안정된 관계를 바탕으로 정서적으로 교류하며 인간으로서 가져야 할 세상에 대한 가치관을 형성하는 데 할애하는 것이 매우 중요하다. 만일 어머니들의 직장에서의 스트레스로 인해 아이와의 상호작용에서 정서적인 참여가 어렵다면 이 문제를 전문가의 조언이나 자기조절과 관리를 통해 극복하는 방법을 선택하는 것이 필요하다. 이에 대해서는 4부에 소개하기로 하겠다.

3. 직장맘의 주요 유형

직장맘과 자녀가 상담실을 찾는 경우는 몇 가지 유형으로 구분된다. 아래에서는 직장맘의 다양한 유형과 직장맘 상담에서 줄 수 있는 핵심 팁을 소개하고자 한다.

1) 일을 선택한 이유에 따른 직장맘 유형

(1) 생계형

"남편의 갑작스러운 실직과 공백이 길어지면서 엄마는 직업 전선에 뛰어들 수밖에 없었다. 하루의 대부분을 엄마와 함께 보내던 아이들은 엄마의 부재로 인해 생활이 흐트러지기 시작하면서 행동문제가 보이기 시작한다.
당장 직장을 그만둘 수 없는 엄마는 변한 아이들을 볼 때마다 절벽에 서 있는 느낌이다."

어머니가 직장을 다니지 않으면 생계가 어려워 직장을 다녀야만 하는 선택의 여지가 없는 경우이다. 자녀들은 어머니의 직장생활로 인해 겪는 불편함을 받아들이고 독립적이고 현실적응적인 아이로 성장하기도 하고, 반대로 방임이나 어려운 가정형편으로 가정을 떠나고 싶어 하기도 한다. 어머니가 직장생활에 대한 중요성을 잘 설명하고 심신의 건강을 잘 관리하여 아이들을 안정적으로 양육해 간다면 아이들에게 이런 어려운 생활이나 어머니의 힘든 모습은 그냥 힘들게만 느끼는 것이 아니라 자신의 삶을 분발하도록 하고 성실과 책임을 배우는 좋은 기회가 될수 있을 것이다. 가족의 어려운 현실이 삶에 대한 강한 의지와 자세를 만들어 주어 자녀가 훌륭히 자랄 수도 있다.

그러나 어린 나이에 너무 일찍 어머니의 삶의 무게를 분담한 자녀는 정서적, 물리적 부모화를 경험하여 아이다운 욕구충족을 해 보지 못하기도 한다. 그들은 자신의 욕구에 대해 인식하지 못하고 타인의 욕구를 우선시하여 생활하고 공허감, 우울, 불안, 내외적으로 지나친 통제와 억압, 대인관계 문제 등의 정신건강과 적응상의 어려움을 겪기도 한다. 이러한 아이들은 대부분 청소년기에 폭발적인 행동으로 문제를 드러내거나 우울과 불안 등으로 불행정서를 보이며, 대인관계 문제를 가지고 상담센터를 찾는 경우가 많다.

Tip

생계형 직장맘은 가족이라는 체계의 유지를 위해 필수불가결하게 직업을 선택한 경우이다. 상담 시 자녀의 심리적 갈등이나 어려움을 엄마의 직업 유무 차원으로 접근하는 것은 직장맘의 무력감이나 죄책감을 대안 없이 자극할 수 있으므로 조심할 필요가 있다. 오히려 현재 엄마가 직장을 다님으로써 생기는 자녀 관리의 공백을 어느 정도 보완하고 메울 수 있는 주변 자원이나 정책들을 적극적으로 찾아보고 도와주는 것이 좀 더 효과적이겠다. 이와 더불어, 이러한 타입의 엄마들이 가정의 어려운 상황을 능동적으로 해결할 수 있는 유능한 존재이고 자신에게 그러한 장점이 있음을 적극 지지하는 치료자의 태도가 중요하다.

(2) 성취지향형

이 유형의 직장맘들은 자신의 전공과 적성에 맞는 일을 찾아 사회적·개인적 성취를 하며 자아를 실현해 가는 유형이다. 그러나 이런 유형의 어머니들 중 성취에 대한 욕구가 지나친 경우 자녀 양육에서 문제가 발생한다.

이는 어머니가 사회적 인정욕구나 명예에 대한 욕구가 강해 자신의 성취와 실현에 큰 비중을 두고 직장생활을 하는 경우이다. 이런 경우는 아이양육에 관한 문제를 아버지나 대리 양육자에게 전담시키거나 돈으로 양육문제를 모두 해결하여 직장인으로서 성공을 이루는 경우이다.

「파퍼 씨네 펭귄들」

이들은 자기발전을 위해 경제적으로 아낌없이 투자하기도 하여 경제적 보상이 크게 남지 않은 경우도 많다. 개인적 성취를 위한 투자 덕에 사회적 인정이나 명예, 자격증, 개인의 능력과 같이 직업적으로 큰 성공을 이루고 실력가가 되어 있다.

그러나 정작 자녀들은 어머니에 대한 정서적 갈망이 좌절되었던 경험을 비행이나 인터넷 중독, 등교거부, 낮은 학업성취 등의 문제를 일으켜 어머니의 완벽한 삶에 허점을 남기기도 한다.

위기홀릭인 파퍼 씨는 완벽주의적이고 성취중심적인 덕에 직장에서는 인정을 받지만 가족으로부터는 남인 사람이다. 그래서 자신의 아이들이 온다는 사실에 기뻐하면서도 정작 만나면 어떻게 대하고 이야기를 풀어 가야 할지 어색해한다.

우리가 알고 있는 많은 전문직 직장맘들은 파퍼 씨와 같은 마음의 병을 앓고 있다. 성취지향형 직장맘을 더 생생히 이해하는 데 도움이 되는 영화이다.

Tip

성취지향의 엄마는 대체로 기본적인 성향이나 기질이 타인의 감정을 공감하거나 자신의 감정을 알아채는 데 둔감한 데 반해 상황을 이성적으로 판단하고 해결 중심적으로 접근하려는 경향이 매우 강하다. 그러므로 이런 타입의 엄마에게 자녀의 힘든 감정을 알아주고 공감해 주라는 치료자의 말은 공허하고 모호하게 들릴 가능성이 많다.

엄마와 치료자가 아직 신뢰감이 형성되지 않은 상황에서 엄마의 방식으로 인해 아이가 느낀 좌절감과 갈등을 먼저 얘기하다 보면 이런 타입의 엄마들은 상담 자체에 대해 거부적이 될 가능성이 있다. 왜냐하면 성취중심적이기 때문에 자녀가 느끼는 좌절감이나 정서적 불안정감을 엄마 자신의 태도에서 찾기보다는 자녀가 나약하거나 해결할 의지가 부족해서 그러는 것이라고 느끼기 쉽기 때문이다. 이런 타입의 엄마들은 자신에게 생기는 심리적 어려움이나 거의 대부분의 문제들을 스스로 해결하는 데 익숙하다.

상황과 문제, 앞으로의 상담의 방향과 목표를 단계적으로, 체계적으로 정리해서 면담할 필요가 있다. 상담 초기에는 엄마의 특성에 맞춰 체계적으로 접근하면서 치료자가 엄마와 신뢰감을 쌓아 가는 것이 필요하다. 아이와 함께할 수 있는 현실적인 해결책이나 팁을 조금씩 제안하면서 부모의 태도나 반응으로 인해 느끼게 되는 자녀의 심리적 갈등을 언급하는 것이 좋다.

어머니는 자신의 사회적 지위에 상응하는 수준으로 자녀를 키우고 싶어
하나 정서적 허기에 지친 자녀는 어머니의 기대를 따르지 않는 것으로 어머니에
대한 원망감을 해결하려 하는 안타까운 현상을 보이기도 한다. 이런 경우
상담센터를 찾은 어머니들은 자신의 삶에 대해 상당한 허망감을 느끼고 돌
이킬 수 없는 과거에 대해 후회와 자녀양육에 대한 자책감에 빠지게 된다.

(3) 양육 도피형

가정에서 머물며 가정을 가꾸고 아이들의 사사로운 일상을 챙기는 것
보다는 아침에 출근하여 일하고 저녁에 퇴근하여 최소의 가사일과 양육일을
하며 삶의 만족을 느끼기 위해 일을 하는 유형이다. 가정에서의 역할보다는
직장에서의 역할을 더 편안하게 인식하고 살림과 양육에 대한 심리적 부담은
원하지 않는다. 직장생활이 불만족스럽고 양육 도우미를 위해 지출하는
경제적 부담이 커서 수지타산이 맞지 않더라도 가사일과 양육일에 대한
두려움과 부담으로 직장을 고수하는 경우가 여기에 속한다고 볼 수 있다.
외적으로는 직업을 가지고 일을 하는 것을 원하는 것처럼 보이나 어느 직
장에서도 만족을 느낄 수 없고, 일의 존재를 소중하게 여기지 않는다. 이
들은 일을 하고 싶어서 직장을 선택한 것이 아니라 가정에 머물러 있는 것
이 두려워서 직장을 선택했다고 볼 수 있다. 이 유형에 해당하는 많은 직장
맘들은 친정모와 친인척에게 자녀양육일을 전직으로 의존하며 스스로의 상
대적 갈등으로부터 자유로워지고자 한다.

2) 역할 선택과 갈등에 따른 유형

(1) 혼란 갈대형

아이를 임신한 이후부터 현재까지 늘 직장을 그만두어야 하는가에 문제에 대해 고민하고 정보를 알아보는 등 직장과 아이 양육에 대한 명확한 자기 가치관이 세워지지 않는 유형이다. 이 집단의 특징은 마음이 계속 흔들리고 중심을 잡지 못하여 어느 곳에도 온전한 몰입을 할 수 없다는 것이다. 직장에서의 태도는 지지부진하고 어머니로서의 역할도 똑 부러지게 하지 못하여 시간이 흘러도 어머니의 삶은 늘 제자리걸음이다. 아이들이 자라는 동안 부모도 더 성숙해져 가며 변화와 성장을 거듭하게 마련이다. 그러나 길을 헤매느라 목적지를 향해 달려 보지 못한 자동차는 괜한 기름만 길거리에서 낭비하고 운전자는 점점 소진되어 간다.

또 다른 면으로는 이들은 환경이나 남들을 원망하나 적극적인 실천 의지는 없다고 볼 수 있다. 고민과 갈등은 많으나, 실제적인 해결책은 나오지 않으니 직장맘 스스로나 자녀들도 모두 혼란을 경험하기 쉽다.

Tip

이런 타입의 엄마는 자신이 제기한 문제에 대해 실행할 수 있는 팁을 주면 그것을 할 수 없는 이유만을 늘어놓는 경우가 많다. 그래서 외적인 행동에 직면해 주거나 다양한 대처방법을 제시해 주는 것이 의미 없는 작업일 수도 있다. 그들에게는 무엇보다 내면에 숨어 있는 심리적 문제를 잘 탐색해 볼 필요가 잇다. 무엇보다도 직장맘이 내적인 혼란과 갈등을 왜, 어떻게, 무엇 때문에 느끼는지 충분히 표현할 수 있는 시간이 필요하다. 본인 스스로에 대한 확신이 없기 때문에 치료자가 이런저런 방법들을 알려 주는 것부터 하면 오히려 죄책감을 느낄 수 있으므로 충분히 들어주는 것이 중요하다. 무엇을 선택하든 자신이 잘 해낼 수 없다는 자신감 부족과 불안, 그리고 무엇을 잃는 것이 두려운지에 대해 살펴보고 그것을 다루어 주어야 한다. 그들을 갈팡질팡하게 하는 불안과 두려움의 씨앗을 찾아내고 꺼내어 충분히 표현할 수 있는 기회를 주는 것이 무엇보다 필요하다.

(2) 메뚜기형

아이양육에 대한 욕심으로 더 적합한 일터를 찾기 위해 이 직장 저 직장을 전전하는 직장맘들이 여기에 속한다. 생각보다는 행동이 앞서는 그들은 시간과 에너지를 의미 없이 보내고 있는 것조차 모르는 경우가 많다. 이 부류에

속하는 어머니들은 아이를 잘 키우기 위한 끊임없는 의지와 노력성은 좋으나 적절하게 문제를 해결하기 위해 맺고 끊는 능력은 부족하다. 어느 순간에서 만족할 수준의 직장을 찾고 결정한 후 남은 에너지를 아이양육의 질을 높이고 직업인으로서의 경력을 쌓는 준비를 해야 하나 그 지점을 정하지 못하는 것이 큰 단점이다. 몇 년이 지나서 만나도 아직도 적합한 직업을 찾지 못하고 있고 아이들은 부모의 불안정한 직업으로 잦은 생활환경변화를 겪고 있다. 양육을 위해 직업의 변화를 찾고 있으나 정작 아이들은 불안전감으로 제대로 된 양육을 받아 보지 못하고 부쩍 커 버렸다.

Tip

양육에 대한 욕심과 애정은 있으나 근본적으로 신중하게 생각하는 패턴이나 자기 결정에 대한 확신이 부족한 타입일 수 있다. 이런 타입의 직장맘은 이리저리 시간을 버리는 비효율적인 생활양식에 대해 통찰시킬 필요가 있다.
또한 자녀 양육에 있어서도 자신감이 부족할 수 있기 때문에 무엇보다도 작은 부분에서도 결정을 내린 것에 대해 지지해 주는 치료자의 태도가 필요하다. 또한 이러한 타입은 막연하게 불안해하는 것이기 때문에 직장맘이 결정한 것과 선택한 것에 대해 객관적으로 판단하고 점검할 수 있는 목록표 등을 만들어 구체적이고 객관적으로 직장맘 스스로의 결정에 대한 장점, 약점을 파악해 보는 것도 좋다.

(3) 일 중심 타협형

일을 중심에 두고 아이양육에 대한 문제를 사회적 지원체계에 의존하거나 자신의 할 수 있는 역할 안에서 한계를 설정하는 사람들이 이 유형에 속한다. 이들은 타인의 양육에 대해 개의치 않고 자신이 양육하지 못해서 일어나는 것들에 대해서도 대범하게 받아들이는 편이다. 아이와의 관계에서도 애정이 넘치지는 않으나 정상범위 아래로 떨어질 정도의 부족한 부모자녀관계라고 볼 수도 없는 것이 특징이다. 자녀들은 합리적인 지도로 키워지고 외적으로 문제를 보이지는 않으나 정서적으로 방임되어 무미건조한 대인관계를 형성할 확률이 높다.

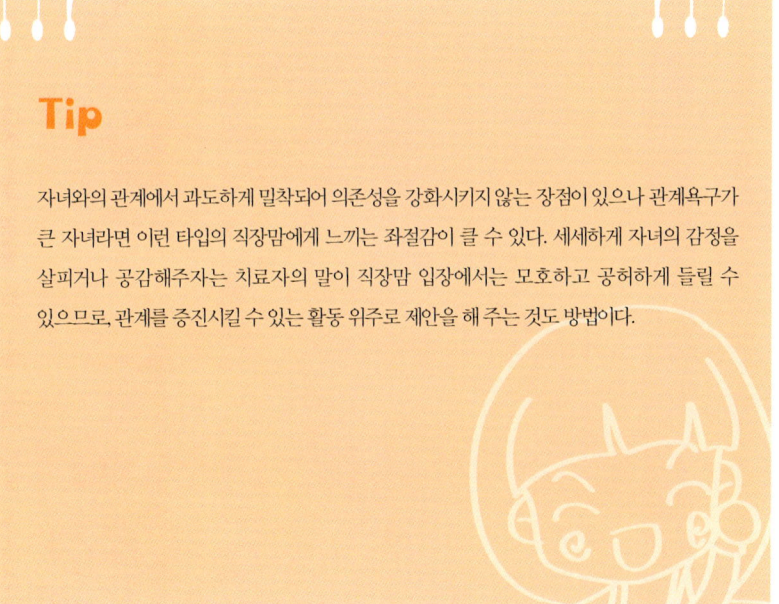

Tip

자녀와의 관계에서 과도하게 밀착되어 의존성을 강화시키지 않는 장점이 있으나 관계욕구가 큰 자녀라면 이런 타입의 직장맘에게 느끼는 좌절감이 클 수 있다. 세세하게 자녀의 감정을 살피거나 공감해주는 치료자의 말이 직장맘 입장에서는 모호하고 공허하게 들릴 수 있으므로, 관계를 증진시킬 수 있는 활동 위주로 제안을 해 주는 것도 방법이다.

(4) 양육 중심 절충형

이 유형에 속하는 어머니들은 아이를 출산하고 기존의 직장일을 그대로 지속하는 데는 무리가 있음을 인지한다. 그들은 자신의 경력에 마이너스가 온다는 것을 알지만 감수하며 장기 휴가를 내거나 근무량을 조정하여 양육에 더 많은 시간을 할애하기 위해 노력한다. 가정과 아이양육이 직업에서의 자기성취보다 상대적으로 중요하다고 생각하여 절충하는 경우가 여기에 속한다. 그러나 일을 완전히 그만두기보다는 경력과 자기 분야의 일은 유지하되, 가족에 더 중요도를 두고 생활을 조율한다.

Tip

그들은 시시때때로 자신의 방법에 대해 지지를 받기를 바랄 것이다. 또한 미래에 직장에서의 자신의 입지에 대해 불안해하며 상담에서 이를 해소하기를 바랄 것이다. 우선적으로 치료자는 엄마의 이러한 결정을 지지해 주고 구체적인 불안내용에 대해 다루어 줄 필요가 있다. 직장과 가정에 적절한 에너지를 분배하는 과정에서 가끔은 혼란스러워하거나 시행착오를 겪기도 할 것이다. 에너지 분배가 적절하도록 안내하고 가끔 과도한 에너지를 아이에게 보내 아이의 경계를 침해하지 않도록 안내한다.

특히 중요한 것은 이런 타입의 어머니는 직장과 양육 어느 쪽이든 완벽하게 잘해 내려는 면이 있기 때문에 스스로에게 여유를 줄 수 있도록 도움을 주는 것이 좋다.

이들은 아이가 어려서 어머니와의 시간이 많이 필요한 경우에는 상대적으로 근무시간을 줄이다가 아이가 혼자 자신의 신변처리와 학교생활을 할 수 있는 연령대로 접어들면 일하는 시간을 늘려 가족들이 무리를 하지 않는 상황에서 자신의 직업을 유지해 가는 사람들이다.

3) 양육 행동 문제에 따른 분류

(1) 슈퍼우먼형

이 유형의 어머니들은 대부분 일과 육아 모두에서 완벽하게 수행하는 모습을 스스로에게 기대하고 또 실제로 그러기 위해 맹렬히 집중한다. 성격적으로 완벽주의적인 면이 있기 때문에 직장에서나 자녀를 키울 때 최선을 다한다는 장점이 있다. 그러나 한정된 에너지로 고군분투하게 되고, 자신을 돌볼 겨를 없이 바쁘게 살다 보니 신체적·정신적 건강상에서 어려움을 지니기도 한다. 이들은 쉽게 번아웃(burn out)되어 어느 때는 완벽한 어머니와 직장인으로 보이지만 신체적인 병을 얻어 드러눕거나 에너지 고갈로 과제를 올스톱하는 때가 오기도 한다. 또한 한정된 시간과 에너지로 모든 것을 다 아우르려다 보니, 정작 자녀 양육에서 중요한 감정발달을 돕고 기분을 헤아려 주는 정서적 교류는 간과할 가능성도 있겠다. 이와 더불어 자신에게 거는 기대가 높다 보니 아이들에게도 기대 수준이 높고 그런 삶의 방식을 의식적, 무의식적으로 요구할 수도 있다.

"어머니가 그렇게 힘들게 유지하고 있는 모유수유를 포기하더라도, 어머니가 아이 이유식을 직접 만들지 않아도, 회사에 5분 지각을 하더라도, 회사에서 최고 성과를 이루지 못하더라도 어머님은 소중하고 좋은 엄마이며 훌륭한 직장인입니다. 그리고 어머니의 세상은 그대로 잘 돌아갑니다."

(2) 의존형

자기 행동이나 감정에 대한 확신이 부족하기 때문에 양육에서도 주변 사람들의 도움에 전적으로 의존하는 경우이다. 기본적으로 자녀를 잘 키우려는 마음은 있으나 자기 믿음이 부족하고 잘하기 위해 애를 쓰는 것이 두렵고 힘들어 자기보다 잘해 줄 것 같은 사람에게 떠넘기려고 한다. 친정엄마, 친정언니, 시부모, 베이비시터에게 아이양육의 전반을 맡기고 책임을 전가하고 아이와의 관계에서는 쉽고 편한 과제를 책임지기도 한다. 심지어 밤에 아이를 재우거나 함께 자는 일도 다른 사람에게 맡기며 아이양육과 관련된 불안이나 두려움으로부터 도망치려 한다. 이런 특성으로 인해 자녀와의 관계는 빈약하나 아이가 자신을 잘 따르지 않거나 유일한 양육자로 인정해 주지 않는 것에 불만을 가지거나 걱정을 한다. 아이 또한 부모자녀관계가 빈약하고, 힘 있게 버티어 주는 부모상이 부재하므로 자신감이 없고 안정적이지 못할 가능성이 있다.

Tip

의존적인 태도를 취하는 직장맘들의 속을 들여다보면 100% 의존감만 있는 것은 아니다. 그들에게도 통제 욕구는 많으나 해결되지 않았을 뿐이다. 그들은 이런저런 이유로 통제욕구는 눌러 놓은 채 완전히 반대 감정인 의존욕구를 발현하고 있는 타입이다. 그래서 이런 내적인 양가감정이 끊임없이 자신과 주변사람들을 괴롭히게 되고 지치게 된다. 치료 상황에 왔을 때도 그들은 치료자에게 강하게 의존하려고 하지만 일면으로는 치료과정과 치료자행동을 통제하려 드는 것으로 해석할 수 있으므로 무조건 수용해서는 안 된다. 상담의 구조화를 명확히 하고 치료자가 도울 수 있는 부분이나 영역, 엄마의 영역 등을 명확히 구분하여 접근하는 것이 유리하다.

(3) 물질공세형

이 집단에 속하는 직장맘은 아이양육을 전적으로 책임지지 못한 미안함을 자녀가 갖고 싶어 하는 장난감이나 물건으로 충족시켜 주는 타입이다. 일을 하기 때문에 경제적인 여유가 있어 전업주부보다 더 자유롭기 때문에 아이들의 물질적인 욕구를 충족해 줄 수 있다. 이런 직장맘들의 뇌리에는 자녀가 어릴 때 갖고 싶은 물건에 대한 부족함이 충분히 채워지면 나중에 커서 그런 욕심이 줄어들 것이라는 기대가 스쳐 간다. 또는 엄마의 시간과 사랑으로 채워 주지 못한 결핍을 물질로 채워 주자는 마음도 있다.

이러한 타입의 자녀들은 엄마의 잦은 부재에 대한 공허감과 좌절감을 물건을 소유하는 것으로 대체하고자 하는 욕구가 많고 또 실제적으로 엄마가 그러한 충족감을 즉각적으로 해결해 주기 때문에 더 강화를 받게 된다. 이들의 자녀들은 욕구지연에 어려움을 보이거나 어머니의 물질적 지원이 멈추게 되면 수단과 방법을 가리지 않고 물질에 대한 욕구를 채우려 한다. 궁극적으로 이 아이들은 엄마의 애정이나 관심에 대한 욕구는 해결되지 않아 우울감이나 공허감으로 인한 문제행동이 발생하거나 지속될 가능성이 높다.

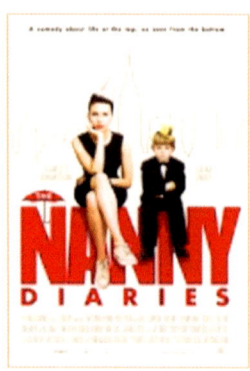

「내니 다이어리」

유모 에나가 맡게 된 조녀은 마국 상류층의 아이이다. 이 아이는 하루 종일 갖어도 다 볼 수 없는 방이 있는 집에 살고 죽을 때까지 신어도 남을 신발이 가득하고 최고의 명품들로 가득 찬 옷어 옷장에 가득하지만, 정작 일반 아이들에게는 당연한 엄마의 사랑이 늘 고프고 갈망하며 산다. 이런 간절한 마음을 이런저런 돌발 행동으로 표현하며 주변 사람들을 놀라게 한다. 조녀의 엄마는 아이에게 필요한 물건들은 넘칠 정도로 주지만 아이가 정작 원하는 애정은 주지못한다.

직장맘들은 자녀가 필요한 것을 다 해 주었다고 말하지만 정작 아이는 필요한 것은 하나도 없은 것이없다고 한다. 물질공세형 직장맘이 주고 있는 것은 '아이가 원하는 진짜 그것' 이아니라는 의미다.

4. 직장맘의 양육행동 특성

직장맘들의 양육행동은 몇몇 특성으로 정리된다. 그러나 모든 직장맘들이 아동을 양육함에 있어 부정적인 측면만 있는 것은 아니다. 삶의 모든 측면이 그러하듯, 일득일실인 면이 많다. 어머니가 직장을 다니기 때문에 아이들에게 줄 수 있는 것과 줄 수 없는 것이 있다는 것은 극명한 진리이다.

많은 연구들은 직장맘과 비직장맘 간에 양육태도의 차이가 있다고 보고하고 있다. 그러나 그 이면에서는 어머니 개개인의 상황과 정신건강과도 연관이 있을 것이다. 즉, 어머니의 취업 여부 그 자체보다는 어머니의 현실적 상황과 정신건강 등에 의해 양육태도가 달라질 수 있다는 것이다. 본 장에서는 직장맘들의 양육특성에 대해 선행연구를 바탕으로 긍정적인 면과 부정적인 면으로 나누어 살펴보고자 한다. 아래의 내용은 모든 직장맘이 그렇다는 의미보다는 현재 이루어진 연구들에서 나온 결과들이라는 점을 감안하길 바란다. 다시 말해 모든 직장맘이 이러한 특성이 있다기보다 직장맘들이 비직장맘들에 비해 아래의 특성이 다소 높다고 보고된 결과들에 중심을 두고 소개하는 차원임을 기억하고 읽어 내려가길 바란다.

1) 긍정적 측면

(1) 질적 상호작용의 시도

직장맘은 아이와 많은 시간을 함께할 수 없다는 단점을 보완하기 위해 질적으로 상호작용하려는 노력을 한다. 한 연구에 의하면 직장맘은 자녀를 더 존중하는 경향이 있고, 자녀에게 더 다정하며, 규칙준수를 더 격려하고, 자녀의 생활에 관심이 많으며, 자녀에게 보다 융통성 있는 성역할을 가르치는 등 아동의 발달에 긍정적(이옥 등, 2002)이라고 하였다.

직장맘의 근무시간이 길수록 직장에서 빼앗긴 시간을 보상하기 위해 아동에게 정서적으로 더 세심한 반응을 보이고, 덜 처벌적이며, 인지적으로 긍정적이고 질적인 양육행동을 한다(Brady-Smith, 2002; Huston & Aronson, 2005). 또 다른 연구에 따르면 직장맘은 비직장맘에 비해 자녀의 독립심을 더 강조하고, 자녀를 보다 엄격하고 일관된 방식으로 양육하였는데(Gold, 1978), 직장맘의 직장이 육아 관련 복지 여건이 좋은 경우 애정적·적극적

참여 양육행동을 많이 하고 근무시간의 융통성이 많을 때 합리적 지도를 더 많이 하였다(박성연·임미리, 2002). 다른 연구에서는 직장맘이 비직장맘보다 자녀에게 더 온정적 양육행동을 한다는 결과도 있다(김영미, 2001). 그러나 그와는 달리 비직장맘은 직장맘에 비해 더 애정적, 수용적, 외향적이었다(우대식, 1992; 이은수, 1985)는 상반된 결과도 있다.

이러한 모든 질적인 양육행동은 직장맘의 직업만족도와 관련이 있다는 연구들이 많이 보고되고 있다. 직업에 만족하는 직장맘은 양육에 대한 죄책감을 갖기 때문에 자녀에게 애정으로 보상을 하려고 하며, 자율적인 태도로 대하고, 자녀 훈육 시 가벼운 체벌을 사용하는 반면, 직업에 불만족하는 직장맘은 양육자 역할을 잘 수행하지 못하며, 거부적이며, 덜 애정적이며 덜 훈육적이었다(김윤숙, 1989; 안유경, 1994; 전보윤, 1989; Hoffman, 1961).

결국, 직장맘의 삶의 질이 어느 정도 보장되었을 때 자녀와 짧은 시간 안에 질적 상호작용을 시도할 수 있으므로 직장맘의 정신건강과 삶의 질 보장은 자녀와의 질적 상호작용의 조건이 된다고 할 수 있다.

(2) 지적 자극

직장맘들의 경우 오랜 직장생활로 지식과 정보수집능력이 탁월하고 신속하여 아이들의 인지적 발달에 유리한 장점이 있다. 직장맘 스스로 사회적 상황에 대해 많이 인지하고 아이들과의 대화에서 다양한 주제로 접근하며, 사회적 변화와 흐름에 대해 아이 양육의 방향설정에도 도움이 된다. 어머니의 일터는 현대 사회의 좋은 양육자로서의 정보를 얻고 공유할 수 있는 기회를 제공한다. 연구결과에서도 직장맘의 직업이 전문적이고 수입이 높을수록 아동에게 지적으로 자극적이고 성취적 태도를 보인다(김재희·박경란, 2004; Geschwender & Parcel, 1995; Raver, 2003; Menaghan & Parcel, 1991, 1995)고 하였다.

그러나 요즈음 많은 젊은 어머니들 사이에서는 정보전쟁이 일어나고 있다. 거대하게 축적되는 정보의 홍수 속에서 아이의 발달 연령이나 수준을 고려하여 아이가 소화할 수 있는 범위 안에서 지적자극을 위한 노력을 하는 것이 중요하다. 그래야 아이가 스트레스에 무방비로 노출되지 않으면서 건강하게 도와주는 것임을 기억해야 한다.

2) 부정적 측면

(1) 과잉보호

방임하는 직장맘 집단과 마찬가지로 과잉보호하는 집단도 건강하지 않은 양육행동 집단에 속한다. 직장맘들은 아이들을 실제로 볼 수 있는 시간보다는 전화로 상황을 확인하거나 대리 양육자의 보고를 통해 아이의 일과를 알게 된다. 직접 눈으로 확인할 수 없는 상황은 모든 사람에게 높은 걱정과 불안을 야기한다. 직장맘들은 이러한 이유로 자녀를 양육하는 데 확신감이 낮고 합리적 기준도 지키기가 어렵다.

함께 이와 직장맘들의 과도한 죄책감이 맞물려 자녀를 과보호하게 되기도 한다. 부모의 과보호행동은 자녀에게 불안정한 정서를 야기하고 적응력을 떨어뜨린다는 연구결과들이 있다. 직장맘들은 자녀양육에 대해 항상 긴장을 하고 있으며 잘 돌보지 못한다는 자책으로 인해 과잉 보상하려는 노력을 많이 한다(Bowlby, 1956). 분별력 없고 합리적인 태도를 넘어서는 조부모와 대리양육자의 과잉지원도 같은 결과를 초래할 것이다.

과잉보호를 받은 아동들은 자주성이 부족하고, 의타적(의존적)이며, 적극성이 떨어질 가능성이 높다. 또한 성격이 급하고 완벽주의인 직장맘들은 아이의 시행착오를 기다려 주지 못해서 부모가 많은 일을 해결해 주어 유능감을 획득할 기회를 빼앗게 된다.

이 세상 모든 엄마들의 과보호 뇌

EBS 〈다큐프라임〉 제작팀이 고려대학교 심리학과와 한국의 엄마와 미국의 엄마를 대상으로 실험을 진행하였는데, 기능성 자기공명영상(F-MRI)을 통해 엄마들의 뇌를 스캔하여 모성의 특성을 알아보았다. 엄마 자신과 자신의 자녀, 타인을 판단할 때 뇌의 어느 부위가 활성화되는지 알아본 결과, 사회적 정보처리와 관련된 부위로 자기 자신을 생각할 때 활성화되는 영역인 내측전전두엽이 자녀를 판단할 때도 똑같이 활성화되는 것으로 나타났다. 이에 반해 타인을 판단할 때는 등측전전두엽이 활성화되었다고 한다. 즉, 엄마는 아이와 자신이 동일하다는 동일시 현상이 실제 엄마의 뇌 속에서도 뇌의 작용으로 일어나고 있다는 것이다. 이 결과는 한국과 미국의 엄마 모두에게 나타난 결과였다. 이것이 자식에 대한 무조건적인 사랑이 가능한 것이라는 것을 말해 주기도 하지만, 한편으로는 과도하게 자녀에게 개입하고 과보호하는 결과를 초래할 수도 있다. 아이의 좌절과 기쁨이 마치 엄마의 것인 양 느끼기 쉽다는 것이다.

할머니의 대리양육과 과보호
(요구르트 빨대와 단추 끼우기 이야기)

어느 직장맘이 어린이집 부모면담에 다녀온 이야기입니다. 친정어머니가 아이를 돌봐 주고 계시고 저녁 늦게야 퇴근하여 아이를 만나 어린이집 선생님을 뵐 날이 별로 없었습니다. 면담에서 선생님은 어린이집에 요구르트 빨대를 못 꽂는 아이, 단추 끼우기 과제를 못 하는 아이, 점퍼를 못 잠그는 아이가 3명이 있다고 했습니다. 그 아이들 모두가 인지와 언어능력이 좋다고 했습니다. 양육상의 공통점은 직장맘의 아이들인 데다 모두 할머니가 아이들을 돌봐 주는 경우라고 했습니다. 집에 와서 관찰해 보니 친정어머니는 아이의 요구르트 빨대를 매번 꽂아 주시고, 단추도 모두 끼워 주시고, 점퍼도 끝까지 잠가 주시며 키우고 계셨습니다. 제 아이는 그런 일들을 연습할 기회가 없었던 거지요.

(2) 직장맘의 분리불안

최근 많은 아이들이 등교거부행동을 보이고 있다. 그 등교거부 아이들의 주된 원인은 분리불안인 경우가 많다. 그런데 아동의 분리불안 증상 뒤에 부모의 분리불안 증상은 하나의 복병으로 숨어 있다는 것을 명심할 필요가 있다. 상담센터에 오는 많은 분리불안 증상을 가진 내담아동들은 부모의 분리불안이 원인이 된다.

직장맘들의 경우 아이와 보내는 시간이 절대적으로 부족하다는 점과 어머니의 과거 원부모와의 관계에서 해결되지 않은 불안정 애착, 현재 자녀와의 불안정한 애착, 어머니의 높음 불안수준 등으로 인해 분리불안을 경험하고 있을 가능성이 높다.

어머니의 분리불안은 아이의 분리불안을 가중시키는 것은 물론이고 자녀가 세상 밖으로 자신 있게 나아가는 것을 방해하며 등교거부나 학교부적응과 같은 제3의 문제를 파생시키는 원인이 된다.

아래의 체크리스트를 통해 어머니의 분리불안 내용과 수준을 파악해 보고 아이와의 보다 안정된 관계를 모색하여 보다 건강하고 자신 있는 직장맘으로서의 역할을 수행하도록 해야 할 것이다.

아래 척도는 Hock 등(1989)이 개발한 Maternal Separation Anxiety Scale(MSAS) 중 일부인 '어머니의 일반적인 분리불안' 요인을 안지영과 도현심(1989)이 번안한 것으로 점수가 높을수록 어머니의 분리불안 수준이 높음을 의미한다.

• 어머니의 분리불안 척도

	문항	거의 그렇지 않다	그렇지 않은 편이다	대체로 그런 편이다	매우 그렇다
1	아이를 다른 사람에게 맡기고 떠나는 순간, 아이를 꺼안아 주거나 귀여워해 주고 싶어진다.	1	2	3	4
2	우리 아이는 다른 사람이나 교사보다 나와 함께 있을 때 더 행복해한다.	1	2	3	4
3	아이들은 엄마 없이 새로운 장소에 가기를 무서워할 것이다.	1	2	3	4
4	내가 아이를 다른 사람에게 맡기려 할 때, 나는 그 사람이 아이를 잘 돌보아 줄지 염려될 때가 많다.	1	2	3	4
5	나는 아이를 꺼안아 주면 기분이 좋고, 아이가 없을 때는 몹시 안아 주고 싶은 생각이 든다.	1	2	3	4
6	우리 아이는 다른 사람이 돌보아 주는 동안에 불편해할 것이다.	1	2	3	4
7	아이와 떨어져 있으면, 나는 쓸쓸하고 아이가 매우 보고 싶다.	1	2	3	4

8	우는 아이를 어떻게 편안하게 해 줄지는 오직 엄마만이 자연적으로 알 수 있다.	1	2	3	4
9	나는 아이와 함께 많은 시간을 같이 있고 싶어 한다.	1	2	3	4
10	나는 누구보다도 내아이를 가장 안전하게 잘 돌볼 수 있다.	1	2	3	4
11	다른 사람이 내 아이를 돌봐 줄 때, 내 아이가 나를 몹시 보고 싶어 하리라고 생각한다.	1	2	3	4
12	나는 아이와 떨어져 있는 것을 좋아하지 않는다.	1	2	3	4
13	우리 아이는 누구보다 나와 함께 있는 것을 더 좋아한다.	1	2	3	4
14	우리 아이는 나와 떨어져 있을 때, 두려워하고 슬퍼한다.	1	2	3	4
15	아이와 떨어져 있는 동안, 나는 내 아이가 울고 나를 찾을까 봐 걱정한다.	1	2	3	4
16	나는 아이와 함께 있지 않으면 즐겁지가 않다.	1	2	3	4
17	나와 함께 있지 않으면, 내 아이가 낯선 상황에서 결코 편안해하지 않아서 걱정이다.	1	2	3	4
18	나는 다른 사람에게 내아이를 맡길 때 걱정이 된다.	1	2	3	4
19	다른 사람에게 아이를 맡기는 경우, 나는 그 사람이 아이가 울 때 잘 달래 줄지 걱정된다.	1	2	3	4
어머니의 분리불안 총점		점수의 합 : ___			

출처: 안지영·도현심(1989). 자녀양육행동, 아동의 낯가림 경험 및 분리불안과 어머니의 분리불안.

(3) 방임

위에서 살펴본 과잉보호와는 반대적인 태도로 직장맘의 아이들 중에는 방임된 아이들도 있다. 학교를 마치고 집으로 돌아왔을 때 스스로 집안 문을 열고 들어가 점심과 간식을 챙겨 먹고 컴퓨터 게임을 즐기거나 친구들과 동네에서 무분별한 놀이로 오후 시간을 다 보내는 일명 '열쇠 아동'들이 있다. 시간 제한 없이 오래 컴퓨터 게임을 할 수 있기 때문에 오후 스케줄이 없는 아이들에게는 '금지된 놀이를 할 수 있는 아지트'가 되기도 한다.

마음대로 시간과 공간을 사용함으로써 느끼는 자유로움의 이면에 가정과 부모로부터 보호받지 못하여 느끼는 허전함이나 애정좌절, 불안감, 금지된 행동을 하고 난 뒤에 느끼는 죄책감 등도 상당히 크다.

자녀들은 비록 부모로부터 받는 간섭이 귀찮고 짜증날 수도 있지만 부모의 적절한 간섭과 감독은 안전감을 준다. 특히 이들이 신체적으로 아플 때 돌봐 줄 사람이 없다는 것은 심리내적으로 큰 상실감과 결핍감을 느끼고 부모에 대한 원망과 분노가 쌓일 수도 있다. 이런 자녀들은 향후 청소년시기가 되면 자신의 애정욕구를 충족할 수 있고 지지를 받을 수 있는 동성친구나 이성 친구에 쉽게 빠지게 된다.

(4) 정서적 교류의 결핍

직장맘들은 아이들이 경험하는 사소한 일상들은 물론이고 세세한 감정이나 스트레스를 감지하고 읽어 주는 것이 현실적으로 어렵다. 자녀가 어떤 욕구가 있는지, 심리적으로 어떤 어려움이 있는지, 학교생활에서 불편함이 무엇인지를 세밀하게 알고 도와줄 수가 없다.

많은 직장맘의 자녀들이 욕구불만을 가지고 있고, 우울이나 불안, 주의력문제, 또래관계에서의 어려움, 학업문제로 괴로워하고 있지만 바쁜 엄마가 알아주기란 쉽지 않다.

특히 새로운 학급이나 학교의 진학으로 겪게 되는 심리적 위축과 불안은 부모로부터의 지지를 받아 극복해야 할 문제이지만 그렇지 못한 경우가 더 많다.

많은 사례들 중에 학기 초 등교거부 어려움을 가진 아이들은 어머니가 직장을 다니는 경우가 많았다. 정작 어려움을 겪는 시간 동안은 부모가 알아차리지 못하다가 문제가 쌓여 심각한 수준에 이르러 기관이나 학교에서 문제가 발현되었을 때는 이미 부모가 대처하기에 늦은 경우가 많다.

실제 연구들에 의하면 직장맘이 직장에서 스트레스를 받은 날은 집에서 말을 별로 하지 않고 감정표현을 덜 하게 된다(Repetti, 1989). 또한 24시간 직장일이 머리에서 떠나지 않는 상황에서 자녀의 이야기를 잘 들어주기 힘들고, 질적인 조언도 어려우며, 자녀에게 문제가 있어도 그 문제를 알아채지 못한다(Bolger, Delongis, Kessler & Wethington, 1989)고 한다.

(5) 강압적, 통제적인, 비일관적 양육태도

직장맘들의 일과를 잘 살펴보면 퇴근 후 밀린 집안일과 자녀의 과제 챙기기, 이런저런 집안의 대소사를 해결하느라 시간과 전쟁을 한다. 아이가 행동문제를 보이면 책에서 배운 좋은 방법은 생각이 안 나고 되도록 빠른 방법으로 통제하기 위해 강압적인 방법을 쓰거나 벌을 주게 된다.

행동문제를 바로잡기 위해 기다려 주거나 감정을 수용, 공감해 주는 과정을 거쳐 존중하는 태도로 행동문제에 대해 제한을 하는 이상적 방법은 현실과는 먼 이야기다. 실제 연구결과에 의하면 저소득층 직장맘은 자녀에게 주로 강압적인 방법을 사용하며 자녀와의 대화나 상호작용이 거의 없었다(이경우, 1989)고 한다.

양육 스트레스가 높고 우울감이 높은 직장맘들은 자녀의 부적절한 행동이나 자신을 불편하게 하는 행동에 대해 폭발적으로 분노 표출을 하거나 강압적이고 체벌적인 행동을 보이기도 한다. 때로는 자녀가 지키지 못할 매우 엄격한 잣대를 적용하여 자녀를 제재하려 하며 자신의 불안감을 낮추려 하지만 이는 자녀들에게 반감이나 적대감을 쌓는 경우도 많다.

PART 02
직장맘 아이들
이해하기

맞벌이 가정의 아동들은 어머니의 취업으로 물질적으로 보상받는 기회를 더 많이 제공받는다. 그러나 한편으로는 학교뿐만 아니라 가정에서도 자기 스스로를 보호해야 하는 상황에 놓이기가 쉬워 외로움과 소외감을 느낄 가능성이 크다.

특히 유아의 경우 보육시설에서 어머니가 퇴근 시까지 기다려야 하거나 대리 양육자에 의해 양육되고, 초등학생의 경우 어머니 대신 양육해 주는 사람이 없는 경우 방과 후 시간 동안 학원 등을 옮겨 다니거나 혼자서 시간을 보내게 되는 경우가 많다. 또한 이들은 어린 나이에 어머니가 없기 때문에 스스로 식사나 간식을 챙겨 먹어야 한다. 연령이 증가하여 중·고등학생이 되면 학교나 학원에서 보내는 시간이 많기 때문에 직장맘의 빈자리가 크게 불편하게 느껴지지 않으며, 경제적인 이유로 오히려 어머니의 취업을 반기기도 한다.

어머니의 취업 여부가 아동의 발달에 영향을 미친다는 연구들은 상반된 견해를 보이고 있다. 아동의 발달에 긍정적인 영향을 미친다는 연구도 있으며, 부정적인 영향을 미친다는 연구도 있다. 또한 어머니의 취업 여부가 아동의 발달과 무관하다는 연구도 상당수 수행되었다(강문희, 1980; 김수란, 2001; 박영선, 1999; 이용숙, 1998; 최정욱, 2000; 한항문, 1981; Hoffman, 1974; Owen

Chase Landale, 1978).

　　연구들을 면밀히 살펴보면 어머니의 취업 여부 그 자체보다는 어머니의 직업에 대한 만족도와 부모자녀관계, 부모의 양육태도 등을 통해 아동의 발달에 간접적인 영향을 미친다는 사실을 발견할 수 있다. 본 장에서는 직장맘 자녀의 행동특성에 대해 선행연구를 바탕으로 긍정적·부정적인 면을 바탕으로 살펴보고자 한다. 아래의 내용은 직장맘과 아동발달에 대한 연구가 진행되는 과정에 있다는 점을 감안하여 특정 결과만이 맞고 틀리다는 관점보다는 다양한 결과와 견해를 소개하는 차원으로 진술해 가겠다.

1. 긍정적 특성들

1) 독립심과 책임감 발달

　　직장맘의 자녀들은 비직장맘의 가정에서 어머니가 해 주는 이런저런 일들을 스스로 해결해야 할 때가 많다. 스스로 자신의 준비물을 챙기거나 동생을 돌보거나 보호하고, 자신의 몸을 스스로 챙겨야 하는 일을 많이 하게 된다. 그들은 또래들에 비해 스스로 해결하려는 의지나 행동수준이 높고 무엇인가 주어진 것에 대해 책임을 지고 처리하는 경향도 높다. 또래 아이들이 엄마에게 어리광을 부리고 의존하는 많은 시간을 혼자 해결해야 하고 이겨 내야 하기 때문이다.

연구에 의하면 직장맘은 비직장맘에 비해 자녀의 독립심을 더 강조하고, 자녀를 보다 엄격하고 일관된 방식으로 양육한다(Gold, 1978)는 보고가 있다. 또한 직장맘의 자녀는 비직장맘의 자녀보다 가사일을 분담하는 수준이 높고 가사에 대한 책임감을 더 많이 느낀다(최외선 등, 2008).

그러나 이러한 경향은 아동의 연령이 적절히 준비가 되었을 때는 긍정적으로 작용하지만 너무 어린 자녀에게 독립심과 책임감을 부여하는 것은 장기적으로 보면 옳지 못하다. 어린 자녀에게 연령에 맞지 않는 많은 과제를 주게 되면 부모화되거나 아이들에게 방치된 느낌을 주게 된다. 이들은 발달 단계에 필요한 적절한 보호를 받거나 욕구 충족이 되지 않아 안정적으로 성숙해 갈 수 없고 우울과 불안, 대인관계 문제 등으로 고통을 받게 된다.

Tip

1. 직장맘이 혼돈하는 독립과 방치

엄마가 직장생활을 하기 때문에 어린 나이부터 혼자 근처 학원을 혼자 걸어가고, 동네 김밥집에서 밥을 사 먹거나, 알아서 친구 집에 놀러 갔다가 저녁때 집으로 돌아오는 등의 행동을 하는 아이들이 있다. 엄마가 집에 있지만 스스로 일을 해내는 일들을 하며 유능감을 느끼는 아동과 달리 이런 아이들은 어쩔 수 없이 해야 하는 일이기도 하다. 특히 유아 후기나 초등학교 저학년 시기에 이런 상황을 혼자 해내기는 쉽지 않다. 학령전기 아이들이 오후 시간을 마음대로 쓰고 동네에 혼자서 다닌다는 것은 시간 관리문제와 불시에 맞닥뜨리는 일을 융통성있게 대처하는 상황과 관련해 연령에 부적절한 일이다.

아이가 독립적인 것과 방치되는 것은 다른데 이는 아동, 청소년기에 나타나는 성취동기에서 차이를 보인다. '강하게 키운다'며 아이를 방치하면 일상생활에서 독립적인 행동은 가능하지만 성취감을 느끼지는 못하여 이후 발달단계에 필요한 성취동기를 키우지는 못한다. 부모의 사랑과 관심 안에서 스스로 해내고 난 뒤 '하면 된다'는 자신감이 생기고 자아존중감이 생겨나야 하는데, 방치하면 혼자서 한 일이 성취감보다는 외로움을 느끼게 하는 일이 된다.

2. 직장맘 자녀의 독립심발달을 방해하는 행동

직장일로 늘 시간에 쫓기고 급한 엄마들은 아이들의 기본적인 일들을 빨리 처리해야 하는 경우가 많다. 유아기 자녀들의 경우, 잠자기, 씻기, 먹기, 옷 입기, 방 정리 등 사소하고 기본적인 것을 스스로 할 수 있도록 기다려 주며, 사소하지만 '일상적인 것'을 중심으로 독립심을 키워 나가야 한다. 그러나 많은 바쁜 엄마들은 이 일이 쉽지 않다. 빨리빨리 일을 끝내거나 신변처리를 해 주고 엄마가 해야 할 또 다른 일을 해야 하기에 마음이 급하고 행동이 먼저 나오게 된다. 그러나 명심할 것은 이 시기에 이런 사소한 활동들이 아동과 청소년, 성인자녀가 되어 독립적인 삶을 살 수 있다는 것이다. 다른 사회적 지원의 도움을 받아 엄마의 일의 양을 줄이고 아이의 발달에 필요한 양육시간을 질적으로 가지는 것이 좋다.

3. 빌 게이츠 어머니의 독립심교육

빌 게이츠의 어머니는 아들과 계약을 맺었다. '네가 방문을 닫고 있으면 절대로 장난감을 치우라고 하지 않겠다.' 이는 아이의 독립적인 생활공간을 인정해 준다는 뜻으로, 방 안에선 스스로 책임지고 삶을 꾸리라는 의미였다.

빌 게이츠가 대학을 중퇴하고 컴퓨터에 인생을 던지는 독립된 인격체로서 결정할 수 있던 것은 어린 시절 몸에 익은 이런 분위기와 무관하지 않을 것이다(『자녀를 리더로 이끄는 아빠의 대화법 콘서트』 중에서).

2) 높은 성취동기

연구결과에 따르면 직장맘의 자녀들은 비직장맘의 자녀에 비해 자녀의 자기성취능력(조복희, 1995)이 높다고 하였는데 특히 부모가 스스로 성취하고 있는 바에 대하여 자긍심을 가지고 있을 때 자녀의 성취동기는 더욱 높아진다고 하였다. 직장맘이 가진 폭넓은 사회적 관계로 인해 자녀는 광범위한 역할모델을 제공받게 되고(최외선 등, 2008), 이는 다양한 세계를 경험하도록 하여 성취동기가 높아진다고 보고하였다. 또한 직장맘은 딸에게 전통적인 여성성을 강조하기 않기 때문에 이들의 딸들은 높은 성취도를 보인다(이소희등, 2000).

남녀 아동의 성취동기의 발달은 앞서 설명한 독립성 발달과 무관하지 않고 초기 독립심 발달을 성공적으로 이룬 아이들은 성취동기도 건강하게 잘 발달시켰을 것이다. 그러나 중요한 것은 독립적인 행동이 자율의지에 의해 부모의 관심과 사랑의 바탕 위에 이루어지지 않으면 성취동기를 기대하기는 어려울 것이다.

3) 진로발달과 직업의식

어머니가 직업을 가진 경우 자녀들은 직업에 관련한 생생한 경험과 직업적 지식을 얻을 확률이 높다. 상대적으로 아버지보다는 상호작용이 많고 대화의 기회가 많아 어머니의 생활로부터 사회인으로서의 다양한 역할을 익히게 되어 자녀의 진로발달에 긍정적 영향을 줄 것으로 추측된다. 연구결과 직장맘의 직업

지위가 높고, 직장맘이 자신의 직업에 만족할수록 자녀의 진로발달은 긍정적이었다(변정진, 2002). 또한 어머니의 취업은 아들보다 10대의 딸들에게 진로발달에 긍정적인 영향을 주었는데, 특히 여중생들은 내적·외적 직업가치관에 긍정적인 영향을 받았다(변정진, 2002)고 한다.

4) 높은 자존감

위에서 설명한 독립심과 성취동기의 발달은 자존감과 연관이 있다. 직장맘의 자녀가 비직장맘의 자녀에 비해 가사분담 역할을 더 많이 이행하게 되고, 독립심이 발달되어 혼자 수행한 일이 많을수록 자녀들은 자기성취능력, 자기통제능력, 자존감 등을 향상시킨다(조복희, 1995). 또한 사회적 성취를 이룬 직장맘의 자아존중감은 자녀에게 전이되어 자녀들은 자신을 존중하고 귀하게 여기는 삶의 태도를 배우게 된다. 어머니들은 일터에서의 활발한 사회적 교류를 통해 자녀를 대하는 태도에서 최신 정보나 좋은 부모역할에 대해 듣고 실천하게 된다. 그 밖에도 전통적인 부모자녀관계를 벗어나 아동중심적 태도를 보이고 아이를 존중하는 양육태도를 보여 아이들의 자아존중감에 긍정적인 영향을 미친다고 볼 수 있다.

5) 탈 성역할 고정관념

직장맘 자녀들은 어머니의 사회적 활동을 보면서 여성의 사회적 지위와 역할에 대해 보다 개방된 사고를 가지게 된다. 특히 어머니가 보여 주는 사회적 자신감은 남녀 자녀에게 전달되어 평등주의적 성역할 개념을 향상시켰다(Hoffman, 1974, 1987). 실제 연구결과에 의하면 직장맘의 딸은 비직장맘의 딸보다 대부분의 일에서 더 많은 자부심과 높은 수행성적을 거두며, 그들 역시 직업을 갖고자 하는 경향이 강할 뿐 아니라 자신의 어머니를 존중했으며, 여성의 역할에 대해서도 긍정적인 견해를 가지고 있었다(Hoffman, 1983). 그 밖의 연구에서도 직장맘의 자녀는 높은 양성성을 가지며, 평등주의적 성역할 개념이 높은 것으로 나타났다.

6) 문제해결과 대처능력

아이들의 연령이 높은 경우, 직장맘의 자녀는 비직장맘의 자녀보다 부모의 보살핌을 상대적으로 적게 받을 수밖에 없다. 어느 정도 학년이 높아지면 대리 양육자 없이 혼자 방과 후를 관리하며 보내는 아이들이 많다. 그들은 문제가 닥쳤을 때 스스로 해결해야 할 일이나 융통성을 발휘해 계획을 수정해야 할 때도 있을 것이다. 이뿐만 아니라 문제를 적극적으로 해결하지 못했을 시 자신에게 돌아오는 부정적인 결과로 괴롭고 힘든 경험을 했을 것이다. 이러한 경험들이 축적되면서 아이들은 자신에게 유리한 방향으로 무엇인가 준비하고 결정하며 피해가는 대처능력을 키우게 되었을 것이다. 자신의 유능감을 키우기 위해서라기보다는 스스로 해결할 수밖에 없는 현실적 상황에 의한 것이다. 그러나 아이들은 자신의 해결방법이나 대처방식에 대해 이중감정이 있을 것이다. 자신의 행동이 안전하고 옳은 것이었을까에 의문을 가지게 된다. 따라서 직장맘들은 아이들에게 문제해결과 대처능력에 대해 지지해 주되,

스스로 발달된 문제해결방식과 대처방식에 대해 이야기를 나누어 보다 안전하고 건강한 방식을 선택하여 행하도록 도와줄 필요가 있다.

2. 부정적 특성들

본 장에서는 현재까지 이루어진 직장맘 자녀의 부정적 발달에 대한 연구와 상담센터에 내원하는 직장맘 자녀들의 공통된 주 호소 문제들을 정리하여 소개하고자 한다. 부정적 특성들을 모두 특정 문제행동으로 진단할 수는 없으나 많은 직장맘들의 자녀들이 아래의 문제를 공통적으로 지니고 있다는 것이 중요한 점이다. 그러나 분명한 것은 수위의 차이는 있고, 직장맘의 개인적 노력으로 해결되는 부분도 있지만 문제가 두드러질 때는 반드시 전문적인 개입이 필요하다.

1) 아동의 불안정 애착

직장맘 자녀의 아이들이 상담센터를 찾았을 때 아이들의 연령과 문제행동의 양상은 다르지만 근본적인 원인으로 추적해 들어가 보면 애착문제가 많다. 애착발달의 결정적 시기를 어머니의 직장생활에 의해 놓치고 계속되는 직장생활로 회복할 기회를 가지지 못했기 때문으로 여겨진다. 연구자들에 의하면 전일제 대리모의 영아가 경험하는 매일의 엄마와의 분리는 불안회피형 애착을 형성하는데, 이처럼 반복되는 일상적 격리 경험은 안정된 애착을 형성하기 어려워 애착의 위험요인이 된다(Baglow, Vanghn & Molitor, 1987). 생후 30개월에서 40개월 사이의 영아를 대상으로 한 연구에서도 시설탁아의 영아가 낯선 상황에서 회피반응을 많이 보이며, 어머니와 영아 간 불안정 애착을 보였다(Bleher, 1974).

또한 주당 20시간 이상의 위탁 경험을 한 영아가 주당 20시간 이하의 위탁경험을 가진 영아보다 불안정애착이 많았다(김민정, 1990). 이는 직장 맘들이 아이와 일상적 상호작용이 부족하기 때문에 아이가 보내는 신호의 의미를 정확히 파악하지 못하는 경우가 많아 안정된 애착형성이 어려울 수 있다(최정욱, 2000).

그러나 직장맘 중에서 아이와 접촉시간 및 사회적 상호작용 시간이 많은 경우 안정된 애착을 맺고 있었다(고경애, 1984; Ainsworth, 1978). 또 Yarrow, Scott, Deleeuw 및 Geining(1962)의 연구에서도 어머니의 취업 여부와 상관없이 자신이 하는 일에 만족할 때 자녀에게 적절한 역할을 제공할 수 있으며, 그렇게 될 때 안정적인 애착형성이 가능하였다(장경미, 1995). 정리하면 직장맘일 경우 아이가 불안정 애착을 형성할 확률은 높지만 어떻게 아이와 상호작용을 질적으로 하느냐에 달려 있으며 어머니가 24시간 집에서 아이양육에만 전념한다고 하여 모두가 안정애착을 형성하는 것은 아니다.

(1) 아이의 분리불안

초기 부모-자녀관계에서 안정애착을 경험한 아이들은 '세상이란 이렇게 안전하면서도 즐거운 곳이구나.'라는 느낌을 가지고 새로운 세계에 기꺼이 참여하려고 한다. 그러나 어머니의 직장으로 인한 잦은 (준비되지 못한 상황에서의) 분리는 불안정애착이 원인이 되어 분리불안 행동을 하게 된다. 어머니로부터 충분히 애착경험을 할 기회가 없었으므로 많은 직장맘의 아이들이 분리불안 문제로 상담센터에 내원하게 되는 것이다. 아래는 분리불안 아동의 진단기준이다. 아이의 분리불안 행동이 생활에 불편함을 일으킬 정도로 심각하다면 전문적인 도움을 받고 향후 다른 발달과제에 미칠 악영향을 예방하는 것이 좋다.

▸ DSM-IV 분리불안장애(Separation Anxiety Disorder) 진단기준

A. 집 또는 애착 대상과의 분리에 대한 불안이 발달 수준에 부적절하게 지나친 정도로 나타나며, 다음 3가지(또는 그 이상) 상황에서 드러난다.

① 집 또는 주된 애착 대상과 분리되거나 분리가 예상될 때 반복적으로 심한 불안을 느낀다.

② 주된 애착 대상을 잃거나 그에게 해로운 일이 일어날 거라고 계속적으로 심하게 걱정한다.

③ 운 나쁜 사고가 생겨 주된 애착 대상과 분리될 거라는 비현실적이고 지속적인 걱정을 한다(예: 길을 잃거나 납치되는 것).

④ 분리에 대한 불안 때문에 학교나 그 외의 장소에 지속적으로 가기 싫어하거나 거부한다.

⑤ 혼자 있거나 주된 애착 대상 없이 지내는 데 대해 지속적이고 과도하게 두려움을 느끼거나 거부한다.

⑥ 주된 애착 대상이 가까이 있지 않은 상황이나 집을 떠나는 상황에서는 잠자기를 지속적으로 싫어하거나 거부한다.

⑦ 분리의 주체와 연관되는 반복적인 악몽을 꾼다.

⑧ 주된 애착 대상과의 분리가 예상될 때 반복적인 신체 증상을 호소한다(예: 두통, 복통, 오심, 구토).

B. 장해 기간이 적어도 4주 이상이어야 한다.

C. 18세 이전에 발병한다.

D. 사회적, 학업적(직업적), 또는 다른 중요한 기능 영역에서 임상적으로 심각한 고통이나 장해를 일으킨다.

E. 광범위성 발달장애, 정신분열증, 다른 정신증적 장애 기간 중에만 증상이 나타나는 것이 아니어야 하고, 청소년과 성인에서는 광장공포증이 있는 공황장애로 잘 설명되지 않아야 한다.

(2) 흔들리는 부모자녀관계

연령이 증가할수록 대부분의 아동, 청소년들은 부모와의 관계보다는 또래관계에 더 많은 관심과 기대를 가지게 된다. 특히 직장맘 자녀들의 경우, 어머니가 하루 종일 밖에서 일을 하기 때문에 어머니와의 교류를 할 수 있는 절대적인 시간이 부족한 현실이다. 연구결과 비직장맘의 자녀가 직장맘의 자녀보다 부모의 양육태도를 더 애정적이고 합리적이며 적극적으로 지각했다(오순환, 1990; 함미영, 1993). 또한 비직장맘의 자녀가 어머니의 역할을 더 긍정적으로 지각했으며(안유경, 1994), 자신의 가정을 더 자율적인 것으로 인지했다(유수남, 1980).

정리하면 직장맘의 자녀들은 부모의 양육태도나 부모의 역할, 가정의 분위기 등에서 비직장맘의 자녀보다 더 부정적인 지각을 가지고 있다는 것이다. 이는 바쁜 어머니의 생활과 이를 보완해 주지 못한 아버지의 역할이 자녀들이 부모와의 관계나 집안 분위기에 대해 부정적 인식을 하도록 하였을 것으로 추측된다. 특히 앞서 설명한 불안정애착은 아동기와 청소년기 부모자녀관계에 부정적인 영향을 미쳤을 것으로 추측된다. 이들 자녀들은 빈약한 부모자녀관계에서 해결되지 않는 애정과 관계욕구를 동성친구나 이성친구에게 비정상적으로 몰입하는 행동으로 발전하게 된다.

■ 자녀가 지각하는 부모자녀관계 체크해 보기

연령이 높은 자녀들과 부모와의 관계를 측정해 볼 수 있는 척도이다. Armsden과 Greenberg(1987)가 제작한 "부모 및 또래 애착 척도(Inventory of Parent and Peer Attachment: IPPA)"를 수정한 개정본(IPPSA-R) 중 부모와의 애착에 대한 내용이다. 하위요인은 부모와 아동이 서로를 이해하기 위해 자유롭고 편안하게 의사소통이 이루어지는지에 대한 내용(의사소통), 부모가 아동이 자신을 믿어 준다고 느끼고 아동도 부모를 믿음직하게 느끼는지에 대한 내용(신뢰감), 아동 자신이 부모로부터 관심을 받고 있다고 느끼는지에 대한 내용(소외감)으로 구성된다. 각 요인 점수의 합에서 어느 부분이 상대적으로 취약한지에 대해 판단할 수 있고, 부모자녀관계 문제해결 초점을 어디에 둘 것인가를 정하는 데 도움이 될 것이다.

• 부모 애착 척도

문항	우리 부모님과 나는	결코 그렇지 않다	드물게 그렇다	가끔 그렇다	자주 그렇다	항상 그렇다
	의사소통					
1	우리 부모님은 나의 감정을 존중해 주신다.	1	2	3	4	5
2	부모님에게 나의 감정을 드러내 봐야 소용없다고 생각한다.	5	4	3	2	1
3	우리 부모님은 내가 어떤 일로 기분이 상했을 때 알아차린다.	1	2	3	4	5
4	어떤 일에 대해 상의할 때 부모님은 나의 의견을 고려해 주신다.	1	2	3	4	5
5	우리 부모님은 내가 나 자신을 더 잘 이해할 수 있도록 도와주신다.	1	2	3	4	5
6	나는 부모님께 나의 어려움과 근심거리에 대해 말씀드린다.	1	2	3	4	5
7	우리 부모님은 내가 나의 어려움을 이야기하도록 격려해 주신다.	1	2	3	4	5
8	우리 부모님은 내가 어떤 일로 화가 났을 때 이해하려고 노력하신다.	1	2	3	4	5

9	만약 부모님께서 내게 고민거리가 있다는 것 아신다면 나에게 그것에 대해 물어보신다.	1	2	3	4	5

요인 점수의 합/9: _____

신뢰감

10	우리 부모님은 부모님으로서 본분을 다한다고 생각한다.	1	2	3	4	5
11	다른 분이 우리 부모님이었으면 좋겠다.	5	4	3	2	1
12	우리 부모님은 나를 있는 그대로 받아들여 주신다.	1	2	3	4	5
13	나는 걱정되는 일이 있을 때 부모님의 의견을 받아들이고 싶다.	1	2	3	4	5
14	우리 부모님은 내게 너무 많은 것을 바라신다.	1	2	3	4	5
15	우리 부모님은 나의 판단을 신뢰한다.	1	2	3	4	5
16	나는 부모님에게 분노를 느낀다.	1	2	3	4	5
17	우리 부모님은 나를 이해해 주신다.	1	2	3	4	5
18	나는 우리 부모님을 신뢰한다.	1	2	3	4	5
19	나는 마음의 부담을 떨쳐 버리고 싶을 때 부모님께 의지할 수 있다.	1	2	3	4	5

요인 점수의 합/10: _____

소외감

20	부모님과 함께 나의 문제를 상의할 때 나는 수치스럽고 바보 같다고 생각한다.	5	4	3	2	1
21	나는 부모님과 함께 있을 때 쉽게 기분이 나빠진다.	1	2	3	4	5
22	나는 기분 나쁜 일이 있을 때 부모님이 생각하는 것보다 훨씬 더 속상해한다.	5	4	3	2	1
23	우리 부모님은 부모님 나름대로의 문제가 있기 때문에 나의 문제로 부모님을 귀찮게 하지 않는다.	5	4	3	2	1
24	나는 부모님으로부터 별 관심을 받지 못한다.	5	4	3	2	1

25	우리 부모님은 내가 요즘 어떤 일을 겪는지 이해하지 못하신다.	5	4	3	2	1
		요인 점수의 합/6 ____				
부모와의 애착 총점		점				

출처: Armsden, G. C. & Greenberg, M. T.(1987). The inventory of Parent and Peer Attachment: Individual differences and their relationship to psychological well-being in adolescence. *Journal of Youth and Adolescence*, *16*(5), 427-453.

(3) 사회성 문제

애착 발달을 위한 결정적인 시기를 보낸 유아들은 성공적인 또래관계형성을 위해 고군분투하게 된다. 이때 부모들은 자녀가 또래들과 잘 지낼 수 있도록 다양한 차원에서 지지와 지원을 하게 된다. 그러나 직장맘들의 경우, 자녀의 또래관계 향상을 위해 또래들을 만날 수 있는 다양한 물리적·인적 환경의 기회를 마련해 주는 것이 현실적으로 어렵다. 또한 자녀의 놀이 활동 및 또래 간 상호작용을 직접 지도(상호작용 기술)하거나 또래관계에 대한 정보를 수집하고 그들의 활동을 조절하는 것, 그리고 또래관계에서 생기는 문제들에 대해 심적 여유를 가지고 이야기를 들어주거나 질적인 도움을 주는 것이 불가능하다.

연구결과에 의하면 직장맘의 자녀들은 사회적 관계에서 불안수준이 높았으며, 특히 친구로부터 받는 스트레스가 높았다(강문희, 1980; 김수란, 2001; 박현경, 2004; 윤종기, 1997; 정진성, 1980; 최덕순, 1998). 그들의 사회적 행동특성을 살펴보면 직장맘 유아기 자녀들은 비직장맘의 아동보다 친구와의 놀이 상황에서 모에 대한 의존성은 더 높았고(Hoffman & McCord et. al., 1960; Rouman, 1957), 활동성, 지배성, 사려성, 사회성, 근면성, 안정성, 적극성은 낮아

전체적으로 사회적 능력이 낮았다(김용관, 1994; 김재근, 1985; 노경모, 1986; 안유경, 1994; 안현숙, 2000; 유수남, 1980; 이광주, 1989). 그러나 위의 결과와는 달리 어머니의 취업 여부가 아동의 사회적 능력에 영향을 미치지 않는다는 연구도 있다(조명례, 2006). 지도성의 경우, 직장맘의 아동이 비직장맘의 아동보다 지도력이 높다는 연구(이미경, 2002)와 지도력이 더 낮다는 연구(안유경, 1994)도 있어 결론적으로 일관되지 않는 결과를 보여 준다.

정리하면 엄마가 직장을 다니는 경우, 유아들은 또래관계에서의 유능성을 얻기에 충분할 만큼의 엄마의 지원을 받지 못하는 이유로 전반적으로 사회성이 떨어질 수 있을 것이다. 그러나 직장을 다님에도 불구하고 성실히 자녀의 또래관계를 위해 노력한 직장맘의 자녀는 비직장맘의 자녀와 사회성에 차이가 없다고 한다. 다시 말해 직장맘이 자녀의 또래관계를 위해 다양한 노력을 시도한다면 아이들에게 회복 불가능한 환경으로만 작용하지는 않는다는 것이다. 사회성에 대한 척도는 국내외에 많이 소개되어 있어 본 장에서는 생략하고자 한다. 마음맑음 시리즈 「사회성이 부족한 아이 돕기」 편에 사회성 문제를 가진 아동들을 위한 임상적 척도뿐만 아니라 연구자를 위한 유용한 척도들이 소개되어 있으므로 참고하길 바란다.

(4) 학습문제

어머니의 취업이 아동의 학업성적에 미치는 영향에 대한 연구결과들은 직장맘의 아동이 비직장맘의 아동보다 학업성적이 낮다는 연구(김용관, 1994; 정현옥, 2004; 한항문, 1982)와 학업성적이 더 높다는 연구(길경옥, 1994)가 있으며, 직장맘과 비직장맘의 아동의 학업성적은 차이가 없다는 연구(박영선,

1999; 이용숙, 1998)가 있다. 위의 연구결과들로 단편적으로 일관된 결론을 내리기는 어려우나 보다 면밀한 연구설계를 이용한 연구결과는 그 원인을 찾아 주고 있다. 직장맘의 직업 만족도가 낮은 경우와 직업이 안정적이지 못한 경우에 어머니의 양육행동을 통해 아동의 인지발달에 부정적인 영향을 미치고 있었다(Geschwender & Parcel, 1995; Parcel & Menaghan, 1990). 또한 직장맘의 근무시간이 긴 경우 아동은 비직장맘에 비해 인지발달이 낮았다(Brooks-Gunn, Han, & Waldfogel, 2002). 즉, 어머니의 취업유무 그 자체가 학습문제에 영향을 준다기보다 어머니의 직업으로 인한 정신건강과 양육태도, 근무시간 등의 문제가 원인이 되어 학습문제에 영향을 준다는 것이다.

많은 직장맘들이 자녀의 학업문제로 상담센터를 찾는다. 학습을 위한 자원을 충분히 가진 아이임에도 불구하고 학습부진의 문제를 가진 아동들의 경우, 부모와의 관계를 살펴볼 필요가 있다. 부모와 애정적 유대가 빈약하고, 정서적으로 안정되지 않아 집중력에 어려움을 보이거나 학습동기가 낮은 아이들도 있다. 또한 연령이 높은 아이들의 경우, 가정에서 해결되지 않은 애정욕구를 이성친구에 집착하거나 게임에 몰입하는 등으로 해소하려는 경우도 있다. 간혹 청소년들 중에는 어린 시절 부모로부터 좌절되었던 애정욕구가 해결되지 않아 분노감정으로 쌓아 두었다가 학업부진방법으로 부모를 속 타게 하며 고통을 돌려주고자 하는 아이들도 있다.

직장맘 자녀의 학업부진 문제를 볼 때 우선적으로 살펴보아야 할 것은 부모자녀관계이다. 부모와의 관계가 안정적이고 탄탄하다면 아동은 부모에 대한 애정욕구에 집착하지 않고 세상 속 자신의 과업으로 관심을 돌리고 에너지를 쏟게 된다. 부모자녀관계에서 미해결된 욕구를 지닌 아동들은 연령이 증가하면서, 부모의 사랑을 대체할 대상을 찾고 몰입하여 애정욕구를 해결하려는 것이다. 다시 말해 부모로부터의 애정을 충족하려는 과거 미해결욕구에 집착하여 자신의 발달과업을 수행하는 것은 등한시하게 된다.

이런 아이들에게 학습결과 그 자체에 관심을 두고 꾸중하게 되면 부모자녀관계는 더 악화되고 아이들도 행동문제의 수위를 더 높이게 된다. 이런 경우 학습부진 그 자체에 초점을 맞추기보다 기저에 깔려 있는 원인인 부모와의 애착관계를 다시 다져 주는 것이 근본 해결책이 된다.

"공부 잘하는 아이가 되지 않을 거예요. 엄마가 원하면 원할수록 더더욱……. 엄마가 원하는 아이가 되어 주기 싫어요. 엄마도 제가 원하는 것을 주지 않았잖아요. 제가 힘들 때, 아플 때 엄마는 늘 옆에 없었어요. 정말 제가 원하는 것은 옆에 있어 주는 것이었다고요. 용돈을 많이 주고 좋은 컴퓨터와 좋은 옷을 사 주는 것이 제가 원하는 것이 아니었다고요. 엄마가 제게 원하는 것이 무엇인지 알아요. 그래서 더 공부하기 싫어요. 절대 엄마가 원하는 공부 잘하는 아들이 되지 않을 거예요."

■ 집중력 문제 체크해 보기

공부를 잘하는 데 필요한 3가지는 집중력, 인지능력, 호기심과 동기이다. 이 요소들 중 집중력에 문제를 지닌 아이들이 학습에 대한 동기가 높다면 집중력 문제를 완화할 수 있다고 한다.

집중할 수 있는 능력을 키우는 방법은 어릴 때부터 부모와의 다양한 관계경험에서 형성되고 학습을 본격적으로 시작할 때도 부모의 지도와 감독, 그리고 어려운 과제에 대해 도움을 받으며 집중시간을 늘려 가면서 키워진다. 처음 학습과제를 수행할 때 아이들은 부모의 세밀한 관찰과 조언을 받으며 집중력을 향상시키고 집중할 수 없는 문제들에 대해 극복할 수 있는 도움을 받는다. 그러나 문제는 이 세상 모든 아이들이 그렇게 교과서처럼 양질의 양육과 교육경험을 할 수는 없고 때를 놓치는 경우가 많다. 늦었지만 지금부터라도 아이들의 문제를 체크해 보고 해결방안을 모색, 실천해 보자. 구체적인 부모의 대처행동은 4부를 참조 바란다.

아래 척도는 부모용 간이형 ADHD 성향을 알아보는 것이다. 병원과 상담센터에서 ADS 검사와 같은 표준화된 검사를 받으러 가기 전에 코너스 단축형 증상질문지(Conners Abbreviated Symptom Questionnaire: ASQ)를 통해 아이 문제를 탐색해 볼 수 있다. 통상적으로 총점이 남자는 15점, 여자는 16점 이상일 때, ADHD 가능성이 있으므로 전문가와 상담이 필요하다고 한다.

• ADHD 척도(코너스 단축형 증상 질문지)

문항	자녀(학생)는	전혀 없음	약간 있음	상당히 있음	아주 심함
1	차분하지 못하고 너무 활동적이다.	0	1	2	3
2	쉽사리 흥분하고 충동적이다.	0	1	2	3
3	다른 아이들에게 방해가 된다.	0	1	2	3
4	한번 시작한 일을 끝내지 못한다. - 주의집중 시간이 짧다.	0	1	2	3
5	늘 안절부절못한다.	0	1	2	3
6	주의력이 없고 쉽게 주의분산이 된다.	0	1	2	3
7	요구하는 것이 있으면 금방 들어주어야 한다.	0	1	2	3
8	자주 또 쉽게 울어 버린다.	0	1	2	3
9	금방 기분이 확 변한다.	0	1	2	3
10	화를 터트리거나 감정이 격하기 쉽고, 행동을 예측하기 어렵다.	0	1	2	3
ADHD 총점		점수의 합: ____			

(5) 공격성

많은 직장맘 자녀들은 어머니에 대해 애정욕구 좌절을 경험하고 있다. 퇴근 후 만나는 어머니가 심적 여유가 없고 아동의 욕구에 대해 민감하고 반응적이기에는 현실적으로 어려움이 있다. 이러한 애정욕구에 대한 반복된 좌절감은 공격성을 일으킨다(Berkowitz, 1993). 특히 연구에 의하면 불안정 애착 문제를 지닌 아동들은 내적 작동모델의 영향으로 부정적 감정을 더 잘 기억하고 처리하게 되고 부정적 감정에 더 민감하다(Laible & Thompson, 1998). 아동은 애착욕구가 거부당하면 공격성이 유발되는데(장휘숙, 2003), 연구결과상으로도 안정애착 아동에 비해 불안정 애착 아동은 공격적·파괴적, 독단적·통제적 행동을 더 많이 보이고(Turner, 1991), 애착과 관련된 분노는 공격성과 반사회적 행동으로 나타날 수 있다(Kobak, 1999). 즉, 직장맘의 어린 자녀들이 보이는 공격성 문제는 애정과 관심을 얻기 위한 행동일 수도 있고 애정욕구의 좌절감이 원인이 될 수도 있다. 공격적 행동 그 자체를 강압적으로 수정하려 들기보다는 먼저 아이에게 좌절되었던 것을 충족해 주는 것이 공격성을 줄이는 지름길이다.

아래는 부모가 체크해 볼 수 있는 유아의 공격성 척도(아동청소년용 – 부모보고)이다. √ 점수가 높을수록 공격성이 높음을 의미한다. 직장맘 자녀들의 주 호소문제 중 공격성은 많은 비율을 차지한다. 아래에 여러 가지 행동들을 체크해 본다면 아이의 다양한 행동들을 공격행동으로 분류하고 인식하게 될 것이다. '가끔 있다'와 '자주 있다'에 체크된 문항의 빈도가 높다면 전문가의 도움이 필요하다고 보겠다.

• 공격성 척도(K-CBCL 중)-부모보고용

문항	내 아이는	전혀 아니다	가끔 있다	자주 있다
1	말다툼을 자주 한다.	0	1	2
2	허풍을 치고 자랑을 많이 한다.	0	1	2
3	남에게 잔인한 짓을 하거나 괴롭히고 못살게 군다.	0	1	2
4	자기에게 관심을 많이 가져주기를 요구한다.	0	1	2
5	자기 물건을 부순다.	0	1	2
6	다른 아이가 갖고 있는 물건을 부순다.	0	1	2
7	집에서 말을 안 듣는다.	0	1	2
8	학교에서 말을 안 듣는다.	0	1	2
9	샘을 잘 낸다.	0	1	2
10	자주 싸운다.	0	1	2
11	신체적으로 남을 공격한다.	0	1	2
12	고함을 지른다.	0	1	2
13	으스대거나 남을 웃기려고 싱거운 짓을 한다.	0	1	2
14	고집에 세고 시무룩해지거나 성질을 부린다.	0	1	2
15	감정이나 기분이 갑자기 변하곤 한다.	0	1	2
16	지나치게 수다스럽다.	0	1	2
17	남을 잘 놀린다.	0	1	2
18	성미가 급하고 제 뜻대로 안 되면 데굴데굴 구른다.	0	1	2
19	남을 위협한다.	0	1	2
20	유난히 소란스럽다.	0	1	2
공격성 총점		점수의 합: ____		

출처: 한미옥(2000), 유아 공격성 척도, 아동 청소년 행동평가 척도 K-CBCL.

(6) 등교거부

상담센터에 내원하는 직장맘 자녀들의 주호소문제 중 등교거부도 많은 빈도를 차지한다. 어머니가 직장을 가야 하지만 아이는 학교 등교를 거부해 아침마다 전쟁을 하는 맞벌이 가족이 많다. 대리 양육자에게 상황을 맡기고 출근한 경우에 어머니보다 통제력이 약해서 등교거부문제는 심각한 수준으로 치닫는다. 때로는 어머니의 출근 문제로 등교거부 아이를 집 안에 둔 채 출근하여 문제가 더욱 악화되고 등교거부로 파생되는 학교적응상의 문제가 눈덩이처럼 불어나는 사례가 적지 않다. 아래의 척도를 체크하다 보면 등교거부를 하는 아이들의 근본 원인이 어디에 있는지 파악할 수 있다. 등교거부 행동을 일으키는 원인은 학교 관련 스트레스, 사회적·평가적 상황에서의 불안, 중요인물로부터의 관심이나 인정 욕구, 학교 밖 활동에의 관심으로 크게 분류된다. 연령이 어리거나 어머니가 직장을 다니는 경우는 분리불안 문제나 중요인물로부터의 관심이나 인정욕구가 해결되지 않아 문제가 발생한 경우가 많다. 그 외에도 직장맘 자녀가 학교 관련 스트레스와 사회적·평가적 상황에서의 불안, 학교 밖 활동에서의 관심 점수가 높다면 자녀들에게 그런 문제가 초기에 발생하였을 때 어머니의 충분한 지지와 지원을 받지 못한 데서 하나의 원인을 찾을 수 있다. 따라서 등교거부 행동의 다양한 원인을 측정하고 원인을 제거하는 방향으로 치료전략을 세우길 바란다. 등교거부에 대한 보다 많은 지식을 얻고자 한다면 마음맑음 시리즈 『등교거부 아이 달래기』 편을 참조하길 바란다. 아래 자료는 Kearney(2006)가 개발한 SRAS-R-C(School Refusal Scale-Revice-Children)를 한영희(2008)가 박사논문에서 번안하여 소개한 것을 제시한 것이다.

• 등교거부 경향성 척도

문항	나는	전혀 아니다	아니다	중간이다	그렇다	매우 그렇다
학교 관련 스트레스						
1	시험 치는 것을 생각하거나 선생님을 떠올리면 기분이 나빠지고 무서워서 학교에 가기 싫다.	1	2	3	4	5
2	학교에 가려면 슬프거나 우울한 기분이 들어서 학교에 가고 싶지 않다.	1	2	3	4	5
3	학교에 있으면 두렵고, 긴장되고, 슬픈 기분이 들지만 집에서는 그렇지 않다.	1	2	3	4	5
4	주말이나 휴일에 다음 날 학교에 갈 것을 생각하면 두렵고 긴장되고 슬픈 기분이 든다.	1	2	3	4	5
5	만약 학교에 대해 두렵고 초조하고 슬픈 감정이 적어지면 학교 가는 것이 더 편안할 것이다.	1	2	3	4	5
6	학교를 떠올리면 겁이 나고 긴장되고, 슬픈 기분이 다른 친구들보다 더 많이 생긴다.	1	2	3	4	5
	요인 점수의 합: ___					
사회적·평가적 상황에서의 불안						
7	학교에서 친구들과 이야기하는 것이 어렵기 때문에 학교에 가기 싫다.	1	2	3	4	5
8	학교에서 선생님이나 친구들 앞에서 어떻게 행동해야 할지 당황스러워서 학교에 있고 싶지 않다.	1	2	3	4	5
9	학교에 친구들이 많이 없어서 학교에 가고 싶지 않다.	1	2	3	4	5
10	학교에 있을 때 선생님이나 학생들이 많이 모인 장소에 가지 않는다.	1	2	3	4	5
11	학교에서 친한 친구가 생기면 학교에 가는 것이 더 편안할 것이다.	1	2	3	4	5
12	친구들에 비해 학교에서 사람들과 잘 어울리지 못한다.	1	2	3	4	5
	요인 점수의 합: ___					

중요인물로부터의 관심이나 인정 욕구

13	학교에 가는 것보다 부모님과 함께 있을 때의 기분이 더 좋다.	1	2	3	4	5
14	학교에 있을 때 부모님이나 가족들이 자주 생각이 난다.	1	2	3	4	5
15	학교에 가는 것보다 가족과 함께 많은 시간을 보낸다.	1	2	3	4	5
16	학교 밖에서 선생님께 배우는 것보다 부모님께 배우는 것이 더 좋다.	1	2	3	4	5
17	만약 부모님이 학교에 데려다 준다면 학교 가는 것이 더 쉬울 것이다.	1	2	3	4	5
18	다른 친구들에 비해 부모님과 함께 집에 있는 것을 더 좋아한다.	1	2	3	4	5
	요인 점수의 합: ____					

학교 밖 활동에의 관심

19	학교에 가는 도중에 학교에 가지 않고 자주 재미있는 놀잇거리를 찾는다.	1	2	3	4	5
20	학교에 가지 않고 자주 학교 밖에서 다른 친구들을 만나서 대화를 한다.	1	2	3	4	5
21	학교에 가지 않고 자주 친구들과 만나서 놀거나 PC방 같은 곳에 간다.	1	2	3	4	5
22	학교 밖에서 친구들과 즐겁고 재미있는 것을 하고 싶어서 자주 학교에 가기 싫다.	1	2	3	4	5
23	만약 방과 후에 내가 좋아하는 것을 더 많이 할 수 있으면 학교에 가는 것이 더 쉬울 것이다.	1	2	3	4	5
24	다른 친구들에 비해 학교 밖에서 재미있는 활동을 하는 것을 더 좋아한다.	1	2	3	4	5
	요인 점수의 합: ____					

등교거부 경향성 총점	점

출처: Kearney, C. A.(2006). Confirmatory factor analysis of the school refusal assessment scale-revised: Child and parent versions. Journal of Psychopathology and behavioral Assessment, 28(3), 139-144.

(7) 인터넷 및 게임 중독

많은 직장맘 자녀들은 방과 후에 인터넷과 게임 중독에 빠져 있다. 초기 컴퓨터 매체를 접했을 때 집 안에 부모의 부재로 인해 관리와 감독이 소홀하고 아동 스스로도 자기통제가 어려웠기 때문에 그들은 쉽게 중독행동에 이르게 된다. 그러나 막상 중독증상이 나타나고 나면 후폭풍으로 학습문제는 물론이고 또래관계는 빈약하고 부모자녀관계도 악화되어 갈등 수준이 심각하게 진행된다. 인터넷과 게임 중독 그 자체의 문제보다 그로 인해 유발되는 문제가 꼬리를 물고 늘어나기 시작한다는 것이 더 큰 문제이다. 현재 직장맘의 자녀가 인터넷과 게임에 많은 시간을 할애하고 있다면 아래의 척도를 통해 그 수준을 파악하고 전문적 개입 여부를 판단할 필요가 있다.

■ 인터넷 중독

아래 척도에서 총 점수가 총점이 108점 이상인 경우 √고위험 사용자군에 속한다. 구체적으로 일상생활 장애요인의 점수가 26점 이상이고, 금단요인의 점수가 18점 이상이며, 내성요인의 점수가 17점 이상인 경우다. √잠재적 위험 사용자군은 총점이 95~107점 사이인 경우로 일상생활 장애요인의 점수가 23점 이상이고 금단요인의 점수가 16점 이상인 경우, 내성요인의 점수가 15점 이상인 경우이다. 앞의 두 집단의 경우는 전문적 도움을 받아 문제를 해결하는 것이 필요하다. √일반 사용자군은 위의 두 집단 중 어느 하나에도 속하지 않는 집단으로 부모와의 조율하에 인터넷 사용의 적정 수준을 정하여 갈 수 있다.

문항	나는	전혀 그렇지 않다	때때로 그렇다	자주 그렇다	항상 그렇다
	일상생활장애				
1	인터넷 사용으로 인해서 생활이 불규칙해졌다.	1	2	3	4
2	인터넷 사용으로 건강이 이전보다 나빠진 것 같다.	1	2	3	4
3	인터넷 사용으로 학교 성적이 떨어졌다.	1	2	3	4
4	인터넷을 너무 사용해서 머리가 아프다.	1	2	3	4
5	인터넷을 하다가 계획한 일들을 제대로 못 한 적이 있다.	1	2	3	4
6	인터넷을 하느라고 피곤해서 수업시간에 잠을 자기도 한다.	1	2	3	4
7	요즘 인터넷을 너무 사용해서 시력 등에 문제가 생겼다.	1	2	3	4
8	다른 할 일이 많을 때에도 인터넷을 사용하게 된다.	1	2	3	4
9	인터넷 사용으로 인해 가족들과 마찰이 있다.	1	2	3	4
	요인 점수의 합: ___				
	현실구분장애				
10	인터넷을 하지 않을 때에도 하고 있는 듯한 환상을 느낀 적이 있다.	1	2	3	4
11	인터넷을 하고 있지 않을 때에도 인터넷에서 나오는 소리가 들리고 인터넷을 하는 꿈을 꾼다.	1	2	3	4
12	인터넷 사용 때문에 부모님이 원하지 않으시는 행위(음란 사이트 보기, 사이버 머니/현금 훔치기, 사이트에 올려진 과제물 그대로 복사/제출하기, 욕설 등)를 저지르게 된다.	1	2	3	4
	요인 점수의 합: ___				
	긍정적 기대				
13	인터넷을 하는 동안 나는 가장 자유롭다.	1	2	3	4
14	인터넷을 하고 있으면, 기분이 좋아지고 흥미진진해진다.	1	2	3	4
15	인터넷을 하는 동안 나는 더욱 자신감이 생긴다.	1	2	3	4

16	인터넷을 하고 있을 때 마음이 제일 편하다.	1	2	3	4
17	인터넷을 하면 스트레스가 모두 해소되는 것 같다.	1	2	3	4
18	인터넷이 없다면 내 인생에 재미있는 일이란 없다.	1	2	3	4

요인 점수의 합: ____

금단

19	인터넷을 하지 못하면 생활이 지루하고 재미가 없다.	1	2	3	4
20	만약 인터넷을 다시 할 수 없게 된다면 견디기 힘들 것이다.	1	2	3	4
21	인터넷을 하지 못하면 안절부절못하고 초조해진다.	1	2	3	4
22	인터넷을 하고 있지 않을 때에도 인터넷에 대한 생각이 자꾸 떠오른다.	1	2	3	4
23	인터넷 사용 때문에 실생활에서 문제가 생기더라도 인터넷 사용을 그만두지 못한다.	1	2	3	4
24	인터넷을 하다가 누군가 방해를 하면 짜증스럽고 화가 난다.	1	2	3	4

요인 점수의 합: ____

가상적 대인관계지향성

25	인터넷에서 알게 된 사람들이 현실에서 아는 사람들보다 나에게 더 잘해 준다.	1	2	3	4
26	온라인에서 친구를 만들어 본 적이 있다.	1	2	3	4
27	오프라인에서보다 온라인에서 나를 인정해 주는 사람이 더 많다.	1	2	3	4
28	실제에서보다 인터넷에서 만난 사람들을 더 잘 이해하게 된다.	1	2	3	4
29	실제 생활에서도 인터넷에서 하는 것처럼 해 보고 싶다.	1	2	3	4

요인 점수의 합: ____

일탈행동

| 30 | 인터넷 사용시간을 속이려고 한 적이 있다. | 1 | 2 | 3 | 4 |
| 31 | 인터넷을 하느라고 수업에 빠진 적이 있다. | 1 | 2 | 3 | 4 |

32	부모님 몰래 인터넷을 한다.	1	2	3	4
33	인터넷 때문에 돈을 더 많이 쓰게 된다.	1	2	3	4
34	인터넷에서 무엇을 했는지 숨기려고 한 적이 있다.	1	2	3	4
35	인터넷에 빠져 있다가 다른 사람과의 약속을 어긴 적이 있다.	1	2	3	4
	요인 점수의 합: ____				
내성					
36	인터넷을 한번 시작하면 생각했던 것보다 오랜 시간을 보내게 된다.	1	2	3	4
37	인터넷을 하다가 그만두면 또 하고 싶다.	1	2	3	4
38	인터넷 사용 시간을 줄이려고 해 보았지만 잘 안 된다.	1	2	3	4
39	인터넷 사용을 줄여야 한다는 생각이 끊임없이 들곤 한다.	1	2	3	4
40	주위 사람들이 내가 인터넷을 너무 많이 한다고 지적한다.	1	2	3	4
	요인 점수의 합: ____				
점수의 총합: ____					

출처: 한국정보문화진흥원(김청택 등, 2002).

■ 인터넷 게임 중독

아래 인터넷 게임 중독에서 총점이 11~15점이면, 인터넷 게임 중독일 가능성이 많다. 총점이 6~10점이면, 인터넷 게임 중독에 걸릴 가능성이 있으므로 시간 계획을 세우거나 규칙을 세워 게임을 할 필요가 있다. 총점이 0~5점이면, 인터넷 게임을 휴식시간 등에 잘 활용하는 편이다.

인터넷 게임 중독 진단지			
문항	나는	예	아니오
1	꼭 해야 할 일이 없으면 거의 모든 시간을 게임하는 데 보낸다.	1	0
2	게임을 하고 있지 않은데도 게임을 하는 느낌이 들 때가 있다.	1	0
3	게임을 한 이후로 해야 할 일이나 물건을 잃어버리는 일이 늘었다.	1	0
4	반드시 해야 할 일이 있어도 게임을 그만둘 수 없다.	1	0
5	게임 때문에 시험을 망친 적이 있다.	1	0
6	게임을 통해서는 내가 할 수 없는 일을 할 수 있다고 느낀다.	1	0
7	게임을 하지 않는 날이 거의 없다.	1	0
8	컴퓨터를 켠 후 가장 먼저 게임을 시작한다.	1	0
9	게임을 하지 못할 때면 짜증이 나거나 화가 난다.	1	0
10	게임을 하는 것 때문에 가족들과 싸운 적이 있다.	1	0
11	게임 때문에 밤을 새운 적이 많다.	1	0
12	게임을 하는 도중 주인공이 다치거나 죽으면 마치 내가 죽은 듯한 느낌이 든다.	1	0
13	게임을 하다가 고함을 치는 경우가 많다.	1	0
14	현실생활보다는 게임에서 더 유능하다는 느낌이 든다.	1	0
15	게임 시간을 줄이려고 노력하는데 잘 안 된다.	1	0

인터넷 게임 중독   점수의 합: ___

점수에 따른 해석

출처: 천성문 등(2004). 서울: 학지사.

(8) 전반적인 적응행동

직장맘의 아동들이 적응성이 높다는 연구(이희경, 1981)처럼 직장맘의
자녀가 비직장맘의 자녀에 비해 가지는 긍정적인 면도 분명히 있다. 그러나

다른 많은 연구에서 보이는 바와 같이 직장맘 자녀들의 문제행동은 해결되어야 할 과제로 보인다.

Hoffman(1960)은 직장맘이 비직장맘보다 자녀에 대한 감독이 적절하지 못할 가능성이 많아 자녀의 비행을 유발할 수 있다고 하였다. 또 다른 연구에서도 이들은 비직장맘의 아동보다 충동적이고, 사회성 및 적응성의 부족, 정서적 안정성이 결핍된 것으로 나타났다(김제한, 1978). 또한 이들은 바람직한 행동성향이 낮고, 불안과 스트레스 수준이 높았으며(강문희, 1980; 김수란, 2001; 박현경, 2004; 윤종기, 1997; 정진성, 1980; 최덕순, 1998), 낮은 자기신뢰감과 활동성, 안정성, 사회성을 보이고 충동성은 높게 나타났다(김제한, 1978; 유영주, 1971). 무엇보다 간과할 수 없는 것은 직장맘의 아동들이 스스로를 과잉행동, 불안행동, 위축행동, 공격행동, 미성숙행동 등을 많이 한다고 지각한다(이선희, 2007)는 점이다. 이는 자아상과도 관련이 있어 이후 다른 발달에도 부정적인 영향을 줄 가능성이 높다.

그러나 주목할 점은 직장맘의 아동들이 어머니의 직업을 긍정적으로 생각할 때는 독립기능, 신체발달, 적응행동이 높게 나타났지만, 어머니의 직업을 부정적으로 생각할 때는 사회적 적응, 개인적 적응, 즉 공격 및 반사회적 행동 및 위축 등 부적응행동이 높게 나타났다(이영숙, 1994)는 점과 직장맘의 근무시간이 긴 경우에 아동의 행동문제가 증가되었다(Rogers, Parcel & Menaghan, 1991)는 점이다. 이는 직장맘의 자녀들이 긍정적으로 성장해 가기 위해서 어머니의 직업에 대해 긍정적으로 생각하고 적정수준의 근무시간을 유지하는 것이 문제행동을 줄이는 하나의 대안이 된다는 것을 시사한다.

PART 03

직장맘과 아이들을
위한 상담전략

오전 시간……. 상담실에 전화가 걸려 옵니다.

기운 없는 목소리로 "여보세요……. 한 가지 물어볼 게 있는데요……."라는 말로 시작하여 말을 이어 갑니다. 아이는 초등학교 1학년이고 엄마는 직장을 다니는 중인데, 지난 주말에 학교 담임선생님과 상담을 했는데 결과는 의외였다고 합니다. 명랑하고 쾌활한 아이라고 생각했는데 너무 산만하고 장난을 많이 쳐서 학교에서 지적을 많이 받는다고 합니다. 아이들과 싸우는 경우도 자주 있어 담임선생님 입장에서 곤혹스럽다고 합니다. 놀랍고 당황스러운 마음으로 집으로 돌아오던 중, 한 번 더 충격을 받습니다. 같은 반 아이 엄마로부터 아이가 자꾸 아이들을 때리고 놀리니까 단속을 해 달라고 말입니다. 그리고 엄마가 직장을 다니는 것도 좋지만, 아이 관리를 해야 하지 않겠냐고 하면서 도를 넘는 충고를 했다고 합니다. 그동안 아이가 별 탈 없이 학교를 다니는 줄 알았는데 웬 날벼락인지……. 엄마는 주말 동안 허무하고 화도 나고 아이에게 실망감도 들고 해서 아이를 많이 혼냈다고 합니다. 그리고 출근하자마자 근처 인근에 있는 상담센터에 전화를 해 본인이 직장을 다니는 것이 문제인지를 확인하고자 한다고 합니다. 아무래도 엄마는 길에서 만난 다른 학부형의 말처럼 직장생활로 인해 아이에게 피해를 주고 있다는 생각을 떨쳐 버릴 수 없나 봅니다. 직장을 다니는 엄마는 아이들 문제에 대해 늘 죄인의 입장이 되고 형편없는 엄마가 되어 그간의 양육 족적을 돌아봅니다……. 그런데 언제까지……?

위의 이야기는 많은 직장맘들의 공통된 이야기다. 저자들은 상담실에서 많은 직장맘을 만나며 그들을 효과적으로 도와줄 수 있는 다양한 전략들에 대해 연구하고 시도해 왔다. 본 장에서는 상담자가 이러한 직장맘을 상담실에서 만났을 때 어떻게 도와줄 것인가에 대해 소개하고자 한다.

상담전략의 궁극적인 목적은 다양한 역할을 지닌 직장맘과 자녀가 경험할 수 있는 위험요인을 최대한 보호요인으로 변화시키며 가족이 함께 상담과정 안에서 돈독한 가족관계를 형성할 수 있도록 돕는 것이다.

<표 1>은 직장맘 상담에서 상담자가 다루어야 할 요소에 대해 정리한 내용이다. 직장맘이 자녀의 행동문제로 상담소를 찾았더라도 직장맘의 정신건강과 스트레스 관리, 부부관계와 역할분담, 부모자녀관계의 특성, 부모의 양육관점이나 양육환경, 자녀의 생활관리 등에 대해 체계적이면서도 통합적인 방법으로 도와주도록 한다. 직장맘 개인 스스로의 행복을 바탕으로 자녀와의 좋은 관계, 지원체계가 될 수 있는 부부관계를 형성할 수 있도록 돕고 나아가 직장맘의 지원적인 양육환경과 아이들의 생활관리를 효율적으로 할 수 있도록 안내하여 궁극적으로 자녀의 행동문제를 개선해 가도록 도와주는 전략을 세우도록 한다.

표 1 직장맘 상담에서 주로 다루어야 할 내용

요소	내용
부모의 정신건강	성인으로서 개인의 미해결된 과제, 개인의 인격이 양육에 미치는 영향
시간 및 스트레스 관리	직장맘의 양육시간, 직장생활, 여가시간을 효율적으로 사용할 수 있는 방안
부부의 직업정체성	부부의 직업만족도, 서로의 직업에 대한 이해와 존중 정도, 직업과 자아정체성에 대한 문제, 직업인으로서의 정체성과 자아
부부의 양육에 대한 관점	양육에서 역할 분담, 양육과정에 책임지는 정도와 문제해결방안, 자녀의 정서행동문제에 대한 견해의 일치와 차이 정도
부부역할분담	가사노동에 대한 역할 분담, 직장생활에 대한 부부의 견해와 이해 정도
양육환경개선	대리양육자가 제공하는 환경, 대리양육자와 자녀와의 관계, 대리양육자의 태도, 훈육의 내용과 일관성, 충분히 자녀의 욕구를 해결하는 환경인가에 대한 고려, 대리양육자가 제공하는 환경의 한계와 대안

자녀생활관리	교육기관에서의 생활적응, 학업수행, 자조기술을 기반으로 한 자율적인 생활태도
자녀의 문제행동개선	현재 문제행동의 양상, 부모자녀관계 특성, 자녀의 기질적 특성과 환경적인 특성이 문제행동이나 발달에 미친 영향

1. 직장맘의 정신건강과 양육 효능감을 높이기 위한 상담전략

직장맘은 생활이 가정과 직장으로 양분되어 있고 각각의 영역에서 요구하는 역할이 다르다. 이 모든 역할이 직장맘에게는 중요하다. 주어진 역할이 때로는 과분하고 감당하기 어렵지만, 힘들다고 쉽게 벗어던질 수도 없다. 직장맘은 역할을 성공적으로 수행할 경우에 만족감과 성취감을 얻지만, 그렇지 않을 경우에는 도덕적 책임감, 무능감, 역할에 대한 회의감으로 인해 혼란스러운 심리상태를 경험하게 된다. 특히 자녀에게 문제가 발생될 경우에는 어머니 역할을 충실히 수행하지 못했다는 죄책감으로 본인은 물론이고 가족에게 비난받는 상황을 감수해야 한다.

따라서 직장맘을 상담하는 경우 자녀의 주 호소문제를 다루는 동시에 중요하게 염두에 두어야 할 것은 직장맘들의 정신건강을 돌보는 상담도 병행되어야 한다. 또는 자녀상담이 효과적으로 진행되기 위해서는 부모상담을 먼저 진행하여 아동상담의 질 좋은 지원체계를 구축하는 것이 필요하다.

직장맘은 현실적으로 상담에 접근하는 데 시간을 충분히 활용하기 어렵기 때문에 한정된 시간 안에서 진행하는 것이 효과적일 것이다. 직장맘 개인의 주 호소문제를 해결하고 주 양육자의 역량을 강화시키는 것을 목적으로 10회기 정도의 단기상담이나 구조화된 프로그램을 실시하면 상담의 효과성을 높일 수 있다. 장기적인 상담을 계획한다면 이 또한 직장맘들에게는 또 다른 짐이 될 수 있다. 아래에서는 직장맘의 정신건강을 증진시키고 양육효능감을 높이기 위해 진행할 수 있는 몇몇 전략에 대해 소개하고자 한다.

1) 직장맘을 위한 개별 단기상담 프로그램—자신만을 위한 온전한 시간, 엄마의 행복 치유 여행

직장맘들은 상담에 많은 시간을 할애하기 어렵고 자녀와 가정에서 함께하는 시간이 전업주부에 비해 짧다. 밖에서 다른 일정이 있더라도 아이와 함께 보내지 못하는 것에 대해 늘 마음이 불편하다. 처음 욕심에 자신의 정신건강을 위해 장기상담을 시작하였다가도 아이들과 가사일을 생각하며 중간에 포기하기도 한다. 이러한 현실적 딜레마를 해결하기 위해 짧은 시간에 효과를 얻고 현실에 적용할 수 있는 상담전략이 효과적이다. 또한 직장맘들도 최대한 시간을 아끼면서 문제를 해결하는 방법으로 도움을 받기를 원한다.

단기상담은 정해진 시간 안에 내담자의 변화를 위해 다양한 상담기법을 적극적으로 활용하여 진행하는 전략을 의미한다. 상담자는 회기 내에 치료적인 개입을 가능한 많이 하게 된다. 적극적인 치료자 역할은 직장맘 개인의 정신건강이나 부모자녀관계, 부모로서의 효능감을 높이기 위한 치료목표를 달성하도록 주력한다.

단기상담이 적용될 수 있는 직장맘의 문제유형과 상담목표는 <표 2>와 같다. 직장맘의 주 호소문제 대부분이 일반 부모들이 갖는 어려움들과 공통적인 부분을 지니지만, 직장맘이라는 현실을 중심에 두고 해결해야 할 우선순위와 내용이 다르다. 따라서 직장맘의 경우에는 단기상담이 진행될 경우에 내담자의 욕구와 현실에 보다 더 초점을 맞추어 상담이 진행될 필요가 있다.

표 2 단기상담 유형과 목표

단기상담이 효과적인 직장맘들의 문제유형	직장맘의 상담목표
현재 부모자녀관계에서 문제를 인식하고 해결책을 찾는 부모	· 부모 부재를 많이 경험한 자녀와 정서적인 친밀감을 갖고자 하는 부모 · 유, 아동기에 대리양육자에 의한 안정된 부모자녀 관계가 형성에 어려운 부모자녀관계
과거 원부모와의 관계문제를 해결하여 현재 자녀와의 관계회복을 목적으로 하는 부모	· 과거 부모와의 관계로 인해 미해결된 과제가 양육에 부정적인 영향을 미치는 부모 · 직장이 주는 개인적인 의미와 가정에 대한 책임감, 부담감, 역할갈등에 대한 통찰이 요구되는 부모
부모의 역할, 태도와 관련된 문제로 힘들어하는 부모(죄책감, 양육갈등)	· 부모의 역할갈등과 양육에 주는 영향에 대한 통찰이 필요한 부모 · 과잉보호, 방임에 대한 부모의 양육갈등이 있는 부모 · 조부모에게 자녀양육을 의존하는 부모의 욕구에 대한 통찰이 필요한 부모
청소년 자녀와 심각한 심리적 갈등을 겪고 있는 부모	· 직장으로 인한 자녀의 생활 관리의 어려움을 경험하는 부모 · 청소년기 문제행동으로 인해 부모자녀 간에 갈등이 심화된 경우
재혼가정, 이혼과정, 입양가정, 특별한 가족환경에서의 대처를 도움받고자 하는 부모	· 맞벌이로 인한 특별한 가족의 역동이나 가족의 관계문제가 발생할 경우 · 가족문제로 인해 가족치료적인 접근이 필요한 부모자녀

<표 4>의 단기상담 프로그램은 강진구(2005)가 개발한 단기상담 프로그램을 직장맘 대상에 맞도록 수정한 것이다. 직장맘을 위한 상담개입 방법의 효과성을 높이기 위해 미술, 모래, 역할극 등 매체를 활용하면 인식을

촉진하는 데 도움이 될 것이다. 매체를 활용한다는 것은 언어로 상담할 때보다 감정, 태도, 경험을 실질적으로 느낄 수 있다는 장점이 있다. 상담회기 내에 매체의 적절한 활용방안은 내담자의 무의식적인 욕구를 충족시키면서 더 깊은 통찰을 유도하게 된다. 다음에서 소개하고자 하는 프로그램은 단기상담과정에 준거해 시작단계, 준비단계, 작업단계, 종결단계로 구성된다. 각 단계에서 다루어야 할 내용이나 상담자의 역할, 유의할 점에 대해서 구체적으로 설명하겠다.

(1) 시작단계

이 단계에서는 다른 상담전략과 마찬가지로 상담에 대한 오리엔테이션을 다룬다. 또한 내담자로 하여금 처음부터 방향감을 가지고 적극적으로 상담에 임할 수 있도록 동기를 유발시켜야 한다. 그리고 효과적으로 상담자 자신을 소개하고 내담자의 상담에 대한 예상불안을 취급하는 데 주력한다. 초보 상담자들을 위해 내용을 구체적으로 설명하면 먼저 인사로 내담자를 환영하고 상담자로서의 경력소개와 상담에 대한 열의와 기대를 표현하여 내담자가 준비된 상담시간임을 느끼도록 한다. 여기에서 상담자로서 새로운 상담을 시작할 때 느낄 수 있는 예상불안을 표현하여 내담자에게 마음을 열고 서로를 대하는 모델링이 되어 주기도 한다. 상담자는 간단한 질문을 통해 내담자가 마음의 문을 열고 자기를 소개하도록 한다.

또 이 단계에서의 중요한 요소는 상담구조화를 하는 것이다. 첫 5분 정도 동안 상담의 성격이나 매체, 상담자의 역할, 상담의 기본 규칙과 기타 유의사항에 대해 전달한다. 또한 비밀유지에 대한 설명과 내담자의 출석 및 적극적 참여, 상담기간, 상담시간, 비용 등에 대해서 소개하는 시간을 갖는다.

마지막으로 내담자가 상담을 통해 얻고자 하는 행동목표를 설정하는 단계를 거치게 된다. 이때 상담자와 내담자는 열린 마음으로 서로의 합의하에 실현 가능한 구체적인 목표를 세우는 것이 필요하다. 대부분의 내담자들은 주로 모호하고 불확실한 생각과 기대로 상담을 시작한다. 그러므로 상담자는 내담자의 이러한 현상을 알아차리고 효과적인 길로 안내해야 한다. 내담자의 모호한 문장을 분명하게 수정하도록 돕고 부정적인 관점을 긍정적이고 구체적으로 표현하도록 한다. 행동의 목표는 평가와 관찰이 가능한 것이 되도록 한다. 예를 들어, '혼자 우울하지 않으면 좋겠다'는 '친구들과 아울렛 매장을 다니며 쇼핑한다'로 수정하도록 도와준다.

표 3 예상불안

직장맘과의 상담을 앞둔 상담자의 예상불안	직장맘 내담자의 예상불안
· 직장맘으로서의 어떤 문제를 가지고 있는 사람일까? · 이 직장맘의 문제를 내가 해결해 줄 수 있을까?	· 안 그래도 시간이 없는데 상담을 받으러 가는 것이 잘한 결정일까? · 이 사람이 내 문제를 도와줄 수 있을까? · 내 문제를 상담자가 잘 이해하고 받아들여 줄까?

(2) 준비단계

이 단계는 준비단계로, 다음에 진행될 작업단계를 위한 준비가 이루어진다. 상담자는 공감, 민감한 이해, 상담자의 자기노출 시도 등의 치료적 작업을 시도하게 된다. 상담자는 안정되고 신뢰가 느껴지는 상담분위기를 조성하고, 작업단계를 위해 준비단계에서 내담자의 말과 행동을 신뢰하고 수용하며 힘든 직장맘의 현실에 대한 이해와 노력에 대해 격려해 주는 태도와 반응을 지속적으로 하여야 한다. 이 단계에서는 내담자의 의존성, 저항갈등의 취급, 신뢰관계 구축을 목표로 하고 직장맘의 가족사, 과거경험, 부모와의 보호경험 등의 현재 문제를 탐색하기 위해 필요한 자원을 끌어내는 데 주력한다.

먼저 이 단계의 중요한 이슈인 의존성에 대해 살펴보고자 한다. 직장맘 내담자는 그간의 고달팠던 시간들에 대한 짐을 내려놓고 상담자에게 적극적으로 의존하려는 경향을 보일 것이다. 내담자는 상담자에게 상담과정을 주도하기를 바라거나 지시, 충고, 평가해 주기를 기대하기도 한다. 또한 상담자가 자신의 노력을 인정해 주고 끝없이 수용받고 이해받기를 기대한다. 시작단계에서 상담자가 주도적으로 오리엔테이션을 했기 때문에 내담자는 그 수위로 상담자의 주도를 기대하고 의존성을 보이기도 한다. 전형적인 예로 내담자가 주로 하는 질문은 상담자가 결혼을 했는지, 직장 생활하며 집안 살림을 주로 하는지, 아이가 있는지, 시부모를 모시는지 등의 질문들을 해 온다. 이때 상담자는 직접 응답 대신에 반응의 방향을 내담자에게 돌리는 것이 좋다. 예를 들어, "제가 결혼을 했는지가 궁금하군요. 미혼이어서 어머님의 이야기를 잘 이해 못 하게 될까 봐 조금은 걱정이 되나 봅니다." 또는 "제가 직장과 가정을 병행한 경험이 있는지가 궁금하군요." "제가 어머님 상황을 잘 이해할 수 있을지가 염려되나 봅니다."로 상담자가 대답할 수 있다.

그러나 같은 질문을 두 번 할 때는 내담자의 궁금증을 존중하고 해소해 준다. 간혹 상담자들은 이 단계에서 내담자로부터 독존적 지혜자나 유일한 조력적 역할을 하는 태도 등을 보일 때도 있다. 이는 내담자로 하여금 더 강한 의존심을 불러일으키므로 지양해야 한다.

두 번째로 다루어야 할 중요한 요소는 내담자의 저항 갈등을 취급하는 것이다. 상담자가 의존성을 다루는 과정에서 내담자에게 책임을 돌려주면 내담자는 저항 갈등을 하게 된다. 초기 상담자의 주도는 내담자를 편안하고 쉽게 참여하도록 해 주었으나 준비단계에서는 작업단계를 위한 준비를 하기 위해 내담자의 역할이 더욱 강화될 수밖에 없다. 내담자는 이전보다 더 많은 에너지를 필요로 하게 되므로 상담에 대한 부담과 불안, 조심, 주저감이 생기게 된다. 이들은 직장맘이라는 특수성을 이용해 출장이나 당직, 연장근무나 회의 등을 핑계로 상담에 지각하거나 결석하는 등의 저항행동을 많이 보여 준다.

그 외에도 이 시기에 주로 보이는 저항갈등의 유형은 상담에 와서 말을 적게 하거나 침묵하는 행동, 자기를 개방하지 않고 타인(배우자, 아이, 친구, 교사, 동료, 시댁식구, 친정부모 등)의 문제를 제시하는 행동, 자신은 도움받을 문제가 없으니 남편이나 아이를 집중 상담할 필요가 있다고 역할을 피하려는 행동, 피상적이고 제한적이며 틀에 박힌 이야기(정치, 차, 돈, 전염병, 날씨 등등)들로 상담시간을 보내는 행동 등을 보인다. 상담자는 우선 마음의 여유가 필요하고 상처를 받거나, 답답해하고, 짜증이나 자괴감 등에 빠져서는 안 된다. 이러한 저항행동 후에 내담자들은 자신을 드러내고 진정한 상담을 시도하는 모험을 감행하는 태도를 이해해야 한다. 저항행동 중의 한 예로 침묵하는 내담자는 그 자체를 존중해 주며 끊임없이 공감해 주고, 민감하게 이해해 준다. 이런 치료자의 노력 중, 예기치 않은 일순간에 내담자는 마음을 열고 반응하게 된다. 내담자가 저항행동을 스스로 인정하고 처리하도록 개방적인 분위기를 조성하여 상담에 적극적으로 참여하기 어렵고 방해되는 것이 무엇인지 솔직히 꺼내 놓도록 분위기를 조성한다.

　　마지막으로 이 단계에서의 중요한 요소는 그간의 의존과 저항 갈등의
효과적인 취급을 발판으로 하여 신뢰관계를 구축하는 것이다. 이때 상담자의
공감과 자기노출은 성공의 관건이 된다. 즉 저항과 갈등을 잘 다루고 나면
내담자는 상담자에 대한 신뢰감정이 생겨나고 상담동기가 높아지는데 상담에
대한 매력, 상담자와의 결속감, 일치감, 상담관계에 대한 소속감 등이 생겨나게
된다. 그간 직장맘은 퇴근 후 상담센터로 향하는 발걸음에서 계속 올 것이냐
그만둘 것이냐의 고민했다면 이제는 상담자와의 친근과 자기노출 수위로
고민 주제가 변하게 될 것이다. 상담자는 상담관계가 잘 형성되었는지를
파악하기 위해 저항 감소의 정도, 적극 참여, 친근감 표현, 자기노출 증가 등을
사인으로 확인해 볼 수 있을 것이다.

이 단계에서 유의할 점은 상담 기술 중 질문은 절대적 속성보다 상대적 속성을 중심으로 질문을 하여 객관적인 정보보다 상대적으로 어떻게 느꼈는지를 탐색하는 것이 중요하다. 또한 내담자의 답변 중 모호한 표현은 구체적으로 표현하도록 하여 내담자 스스로도 자신에 대한 문제를 보다 구체적으로 명료하게 지각하도록 도울 필요가 있다.

(3) 작업단계

작업단계에서는 이전 단계에 비해 좀 더 재밌게 진행하도록 노력한다. 상담자의 생동감과 유머가 잘 발휘되어 상담이 늘 심각하고 힘들기만 한 과정이 아니라는 것을 느끼게 할 필요가 있다. 이 단계에서 내담자들은 의미 있는 자기노출을 감행하고 상담자의 지속적인 공감에 대한 결과로 감정의 정화를 경험하게 된다. 상담자는 정서적 포화가 결국 행동의 변화를 이끈다는 원리를 활용하기 위해 지속적인 공감반응을 통해 직장맘 안에 쌓인 죄책감과 응어리들을 풀어내도록 도와준다. 이는 결국 직장맘 스스로 아이 양육에 대해 중심을 잡고 합리적이고 안정적인 태도를 취할 수 있도록 돕는 것이다.

이러한 정서적 정화시간이 지나면 다음 단계로 직장맘의 비효과적 행동패턴을 취급하여 효과적인 행동으로 변화시켜 주는 것이다. 앞서 행한 직장맘의 당면문제와 관련된 감정의 응어리가 충분히 정화되어 심적으로 여유가 생기면 문제상황에 연루되어 헤어나지 못하는 내담자의 행동패턴을 탐색하고, 이해하여 수용하도록 돕는 작업이 필요하다. 지금까지 직장맘이 가정과 남편, 시댁, 친정 그리고 직장과 같은 환경이나 타인에 초점을 두고 다른 사람의 문제점과 관련된 자신의 감정에 대해 토로하는 데 치중해 왔다면

이 단계부터는 자기에게로 시선을 돌리고 스스로의 행동을 탐색하는 시간에 도달하게 된다.

또한 이 단계에서는 상담자가 내담자 행동패턴에 대해 효과적으로 피드백하고 직면함으로써 내담자가 자신의 비효과적인 행동패턴을 탐색하고 이해, 수용하도록 돕는다. 상담자는 내담자가 그동안 상담관계에서 보인 행동과 연관 지어 직면해 주고 자신의 비효과적인 행동패턴을 깨닫고 인정하도록 돕는다.

비효과적인 행동패턴 수정하기

이분법적 사고와 상반적 시각 → 상보적 사고와 초월적 관점 지니기
부정적 자기개념과 열등의식 → 가능성 인식과 자기확신
관계의 단절 → 관계능력의 전달
이기적 욕심과 집착 → 허용적 태도 지니기
예상불안과 반응의 주저 → 직관적으로 반응하기
예상불안과 조급한 행동 → 조화적으로 행동하기

작업단계의 후반부에서는 상담실에서 나눈 상담내용을 실제 생활에서 적용시키기 위해 대안행동을 학습하는 시간을 갖는다. 내담자와 상담자가 유쾌한 분위기에서 실습해 보는 과정으로 두 사람이 합심하여 문제행동을 수정하기 위한 방법을 찾는다. 아이, 남편, 대리양육자, 직장상사, 친정 및 시부모와의 관계에서 할 수 있는 건강한 역할들을 찾기 위해 브레인스토밍을

해 보기도 한다. 내담자가 자유롭게 대안을 제시하고 상담자는 다각도로 살펴보아 위험성을 줄이고 성공 가능성과 효과성을 높이는 논의를 촉진하여 적절한 대안 행동을 찾는다. 상담자는 이 3~4세션을 위해 각 회기마다 행동수정의 원리(역할놀이, 과제부과 등)에 입각한 행동방향을 준비한다. 과제를 부과할 시에 주의할 사항은 직장맘 현실을 감안하여 실행 가능한 양과 과제 난이도를 조절하여 준다. 현재 직장맘들은 가정과 직장을 오가며 고군분투하고 있고, 갑자기 많은 과제를 부과받는다면 그 부담을 감당하지 못해 상담을 포기할 가능성이 있기 때문이다.

(4) 종결단계

직장맘과의 단기상담에서 마지막 단계는 종결단계이다. 그동안 직장을 마치고 무거운 발걸음으로 일주일에 한 번씩 상담에 참여한 것은 쉬운 일이 아니었을 것이다. 그들이 상담에서 이루어진 내용을 잘 실천하고 상담에 대해 좋은 감정으로 떠나도록 돕는 것이 종결과정에서 주력해야 할 부분이다.

이 단계에서는 상담 경험을 요약하고 내담자의 성장 및 변화에 대한 평가를 해 보는 시간을 갖는다. 또한 마지막 상담 종결에 대한 이별 감정 및 미진 사항에 대해 취급해 보는 내용을 다룬다. 상담자는 먼저 자신의 전체적인 상담에 대한 소감을 말하고 내담자의 소감을 질문할 수 있다. 구체적으로 배운 것이나 시도했던 것, 좋았던 것 등에 대해 질문한다. 또한 아쉬운 점에 대해 내담자가 솔직하게 말할 수 있도록 상담자가 먼저 모델링이 되어 줄 필요가 있다. 상담자와 내담자가 전체적인 만족감과 내담자의 상담 전후의 변화에 대해서 이야기를 나누는 것도 종결의 중요한 요소이다.

표 4 직장맘을 위한 단기상담 단계별 특성

발달단계	5회기	10회기	단계별 특징	핵심기술	사용 가능 매체와 기법
시작단계	1~2회기	1~2회기	· 상담자 소개 · 상담구조화 · 호소 문제의 명료화 · 행동목표의 설정	· 관심 기울이기 · 공감	모래상자 꾸미기 (호소 문제의 명료화)

준비단계	2~4회기	2~5회기	· 의존성의 처리
			· 저항 갈등의 처리
			· 신뢰관계의 형성
				· 공감
				· 자기노출
					· 현재 문제 탐색과 표현
					  하기
					· 모래상자 꾸미기
					· 동물가족화
					  부모자녀관계 확장하기
					  형제관계 확장하기
					  직장에서의 모습
					  가정에서의 모습

작업단계	4~5회기	5~9회기	· 자기노출과 감정의
			  정화
			· 비효과적 행동패턴의
			  이해, 수용, 개방
			· 대안행동의 선택과
			  학습
				· 공감
				· 자기노출
				· 직면
				· 역할연습
				· 과제부과
					· 적극적 치료-정서적 포화
					  → 변화
					· 주제별 모래상자 꾸미기
					· 대화게임
					· 도서 활용
					· 브레인스토밍

종결단계	5회기	10회기(+1)	· 상담경험의 개관/요약
			· 내담자의 성장과
			  변화에 대한 평가
			· 이별감정과
			  미진사항의 취급
				· 요약
				· 피드백
					현재 모습 꾸며 보기

제목: 나의 휴식의자

위의 사진은 어느 직장맘이 준비단계에서 모래상자에 꾸민 자신의 일상의
모습을 동물세계로 비유한 것이다. 그녀는 토끼처럼 달리다가 쉬기도 하지만
그녀가 쉬는 의자는 딱딱하고 긴장이 느껴지는 의자라고 하였다. 그녀에게
있어 휴식의자는 '무엇인가 해야 할 것 같은, 금방이라도 일어나야만 할 것
같은 책상의자'였다. 쉬다가 무슨 일이라도 나면 금방 일어나야 하기 때문에
푹신한 소파나 편안한 의자에는 앉아서 쉴 수가 없다고 한다. 거기서 잠시
휴식한 바쁜 토끼는 달리고 또 달린다고 한다.

2) 직장맘의 애착문제를 해결하기

많은 직장맘들이 자녀와의 분리문제로 고통을 호소해 온다. 원부모와의
애착문제가 해결되지 않은 직장맘들에게는 아이와의 분리가 아이만큼이나
큰 고통이다. 원부모와의 애착문제가 잘 해결된다면 아이와의 분리가 보다
건강해지고 아이 또한 분리불안 문제를 해결하여 높은 적응능력을 보일 것이다.

　상담센터에 찾아오는 직장맘들 중 많은 수가 애착문제에 어려움을 가지고 있다. 그래서 이들을 위해 집중적인 애착문제해결 단기상담접근을 소개하고자 한다. 직장맘과의 개인상담을 중심으로 한 성인애착유형을 탐색하면서 과거의 원부모와의 미해결된 과제를 해결하고 원부모와의 관계뿐만 아니라 자녀와의 건강한 애착관계를 형성하는 데 도움이 될 수 있다. 회기는 10회기 내외로 하여 부모상담에서 부모자신과 원가족과의 애착을 중심으로 살펴보면서 과거의 미해결된 과제를 탐색하고 직장맘의 자기인식과 통찰을 돕는 개입방법이다. 애착은 초기 부모자녀 사이에 형성된 관계특성이지만, 지속성을 가지며 내적 실행모델을 통한 세대 간 전이가 이루어진다는 점에서 현재 직장맘과 자녀관계에 영향을 주었을 것으로 볼 수 있다. 즉, 부모가 영유아기에 경험한 자신의 부모의 행동이 내재화되어 성인이 되었을 때 자녀를 대하는 방식으로 영향을 줄 수 있다는 것을 전제하고 한다. 상담진행은 성인애착면접(Adult Attachment Interview)을 중심으로 상담이 이루어지고 주요한 생활사건에 대해서는 그림이나 모래를 활용하여 이미지화하여 상담을 진행할 수 있다. 그러나 이러한 방법은 효과적일 수 있으나, 내담자의 개방의 준비정도에 따라서는 압도적인 경험이 될 수 있기 때문에 상담자와 내담자의 정서적 튜닝을 통해서 개방수위를 조절해야 한다.

표 5 성인애착면접 Adult Attachment Interview

성인애착면접(Adult Attachment Interview)
부모의 과거 어린 시절 경험

부모의 과거 어린 시절 경험

1. 가족과 관련된 질문을 드릴게요. 어디에 사셨어요?(14세 이전) 부모님은 무슨 일을 하셨나요? 형제자매들과 같이 살았나요? 할머니 할아버지와 함께 살았나요?

2. 기억해 낼 수 있는 가장 어린 시절을 회상해 보세요. 그 시절에 부모님과의 관계를 한번 말씀해 주세요.

3. 기억해 낼 수 있는 가장 어린 시절로 돌아가서(14세 이전) 어머니와의 관계를 표현해 줄 수 있는 5개의 형용사를 말씀해 주세요. 형용사를 왜 선택했는지 질문을 드리겠습니다(순서대로 각 단어와 관련된 사건이나 기억을 묻는다).

*주의사항: 직접 예시를 들어 주면 안 되며 형용사에 대해 대답하기 어려워하면 관계를 표현해 줄 수 있는 단어를 말해 달라고 한다.

4. 아버지에 대해서도 똑같은 질문과 과정을 반복한다.

5. 부모님 중 누구와 더 가까웠습니까? 그 이유는? 다른 쪽 부모와는 왜 같은 느낌이 아닐까요?

6. 어린 시절 정서적으로 화나거나 속상한 일 중 기억나시는 게 있으신가요? 그러면 그때 부모님이 어떻게 하셨나요? 어린 시절 신체적으로 다쳤던 기억이 있으신가요? / 몸이 아팠을 때

7. 부모님과 처음으로 일정기간 떨어졌던 경험에 대해 이야기해 봅시다. 맨 처음 떨어졌을 때가 언제입니까? 그때 어떠셨어요?

8. 어린 시절에 부모님께서 안 돌봐 주었다고 느낀 적이 있습니까? 물론 지금은 정말 거부가 아니었다고 생각되지만, 어린 시절에 거부당했다고 느꼈던 적이 있는지입니다. 몇 살 때인가요? 당신은 어떻게 했습니까? 당신은 부모가 왜 그렇게 행동을 했다고 생각하십니까? 당신이 그렇게 느끼는 것을 부모가 알았다고 생각하십니까?

9. 어릴 때 부모가 심하게 겁을 줬던 경험이 있습니까? 부모로서 양육을 위해서 그랬다거나 장난으로 그럴 수는 있으나 매우 겁나게 느꼈을 수도 있는 기억이 포함됩니다(학대에 대한 내용이 포함됨).

10. 전반적으로 부모와의 경험이 당신의 현재 성격에 어떤 영향을 주었습니까? 어린 시절 어떤 경험이 발달과정에 나쁜 영향을 미친 적이 있다고 생각하십니까?

11. 어린 시절에 당시의 부모들이 왜 그렇게 생각했다고 생각합니까?

관계문제와 상실

12. 어릴 때 부모처럼 가까웠던 어른이 있습니까? 또 부모님 같지 않더라도 특별히 중요한 어른이 있습니까?

13. 어릴 때 부모나 다른 친한 사람을 잃은 적이 있습니까? 그 당시 나이와 갑작스러운 상실인지 / 예측된 상실입니까? 어떤 영향을 주었습니까?

14. 어릴 때 아주 충격적인 경험에 대해 이야기해 주십시오.

15. 아동기부터 성인기가 되는 동안에 시간에 따라 부모와의 관계가 많이 변화되었다고 생각하십니까?

16. 성인으로서 지금 당신의 부모와의 관계는 어떠한가요?

자녀에 대한 소망

17. 현재 자신의 자녀와 분리된다면 어떻게 느낄 것 같습니까? 자녀가 다치거나 어떻게 될까 봐 걱정해 본 적이 있습니까?

18. 지금으로부터 20년이 흘렀다고 가정해 봅시다. 자녀가 어떻게 성장했으면 좋은지 세 가지 소원을 말해 보세요. 자녀에게 바라는 미래는 어떤 것입니까?

19. 어릴 때 경험을 통해서 배운 것이 있다면 어떤 것일까요? 자신의 어린 시절을 통해서 얻은 것이라고 생각되는 것이 있습니까?

20. 당신의 아동이 당신에게 양육되어지는 경험으로부터 어떤 것을 배우길 바라십니까?

표 6 성인애착면접(Adult Attachment Interview)을 활용한 단기 부모상담

	주제	내용
1	부모의 과거 어린 시절 경험	가계도 작성 초기 기억을 모래상자에 꾸미기
2		부모와 어린 시절 기억을 이야기로 구성하기 (6하원칙과 감정표현 단어가 7개 포함)
3		어린 시절 부모와 최초의 분리경험을 모래상자에 꾸미기
4		어린시절 가장 가슴 아픈 기억/ 화가 난 경험 찰흙으로 표현하기
5		나의 성격특성을 5가지 선택하고 관련된 과거 기억 연관 짓기 부모님이 생각하는 나의 특성(과거 부모님이 말을 인용)
6	관계경험과 상실경험	어린 시절 나에게 영향을 준 어른을 그림으로 그리기
7		어린 시절 중요한 사람을 잃어본 경험을 동화로 꾸미기

8		자녀와의 분리경험이나 분리되었을 때 나의 모습 모래상자에 꾸미기
9	자녀에 대한 소망	나의 자녀의 과거, 현재, 미래를 상징을 사용하여 그리기 나의 과거, 현재, 미래를 상징을 사용하여 그리기
10		어렸을 때 경험을 통해 내가 배운 것 찾아보기 자녀가 나에게 배웠으면 좋은 점을 5가지 찾아보기

3) 직장맘들의 만남과 성장 이야기: 직장맘의 자아성장을 위한 집단 프로그램

부모상담에서 개별부모상담이 심적 또는 경제적으로 부담이 된다고 호소하는 사람들이 있다. 그래서 공통된 문제를 가진 직장맘들을 대상으로 그들 간의 집단역동을 이용하여 상담성과를 얻는 집단프로그램도 직장맘들의 자신을 탐색하고 성장할 수 있는 하나의 방법이 될 수 있을 것이다. 아래에서는 직장맘들의 자기 성장을 위한 집단 프로그램을 소개하고자 한다.

직장맘들의 당면한 문제를 해결할 수 있도록 도와주는 방법도 그들의 삶의 무게를 줄여 주는 방법이지만 궁극적으로 본다면 직장맘의 내적 성장은 앞으로 일어날 다양한 문제에 대한 대처능력과 자원을 키워 주는 면에서 더 장기적인 대안이 될 수 있다. 즉, 직장맘의 내적인 성장을 통해서 직장인과 어머니로서의 역할을 효과적으로 해낼 수 있는 능력을 키워 주는 접근방식이다.

아래에 제시한 프로그램은 처음에 관계형성과 자기탐색과정을 통해 문제를 보다 명확하게 인식하도록 하는 과정을 거친다. 그리고 과거 가족관계와 현재 가족관계 및 하위관계, 직장에서의 관계 등을 탐색하여 자신의 문제의 근원이 어디에 있는지, 각 상황 속의 자신의 모습을 보다 객관적으로 보는 시간을

가진다. 집단 구성원과 리더의 존중, 이해, 수용과 공감을 경험하면서 정서적

포화를 얻게 된다. 그 후 자기표현방법과 갈등 처리, 문제해결능력과 대처 기술

등을 익히고 실천하는 과정을 집단 내에서 경험하게 된다. 본 장에서 소개하는

것은 자기이해를 통한 의사소통, 갈등해결에 중점을 둔 프로그램으로서

상담자가 집단 상담구성원의 특성과 상담목표를 중심으로 구성을 달리할

수 있다. 직장맘은 특히 직장에서의 사회적인 대처에 비해 가정에서의 대처는

상대적으로 미숙할 수 있고 자녀에게도 적절한 사회적인 의사소통방법을

모델링을 보여 주는 데 어려움이 있다. 자녀들과의 의사소통을 질적으로 향

상시키기 위해서는 부모 자신의 의사소통의 태도와 감정인식과 표현방법을

살펴보고 다양한 갈등상황에서의 대처방법에 대해 익힐 수 있는 기회가 될

것이다. 본 프로그램을 통한 직장맘들의 자아성장 경험은 직장맘으로서 직

장과 가정, 부모자녀관계 등 다양한 인간관계에서 좋은 자원을 획득하여 직

장맘의 삶의 질을 높이는 데 도움이 될 것이다.

표 7 직장맘 집단상담 프로그램의 예 – 감정인식과 의사소통을 중심으로

회기	단계	목표	활동내용
1	도입 신뢰감 형성	· 집단구성원 간의 신뢰감 형성, 친밀감	· 프로그램 안내 · 별칭짓기/자기소개 · 프로그램에 참가하게 된 동기와 기대
2	(과거로부터의) 자기이해 I	· 개인의 과거탐색을 통해 현재 자신의 모습을 이해할 수 있는 동기증가	· 과거경험에 대한 탐색 (가계도, 인생곡선 그리기)
3	(전성기로부터의) 자기이해 II	· 개인의 과거를 통한 긍정성, 심리적 자원 찾기	· 내 삶의 전성기를 통한 자기 삶 돌아 보기(내 삶의 전성기 그리기)

4	(현재 가족 안에서) 자기이해 III	· 현재의 가족 안에서 자기인식 · 감정 경험하기	· 현재 가족관계(부부, 시부모, 친정부모와의 관계)에 대한 탐색 · 감정 단어표를 보고 가족관계 경험 연상하기
5	(현재 자녀관계에서) 자기이해 IV	· 자녀와의 갈등 · 자녀와의 감정 경험하기	· 자녀와의 관계에 대한 탐색 · 감정 단어표를 보고 자녀와의 관계상황 떠올리기 · 감정인식과 표현방식에 대한 탐색
6	(현재 직장에서) 자기이해 V	현재의 직장생활에서의 어려움 · 감정 경험하기	현재 직장에서의 어려움 탐색 · 감정 단어표를 보고 경험연상하기 · 감정인식과 표현방식에 대한 탐색
7	(문제해결을 위한) 자기표현 I	감정인식과 표현	· 위의 상황에서 주로 나타났던 감정인식 의 고리를 찾아 수정하기 (자신의 주된 감정양식에 대해 발표) · 감정표현의 문제를 수정하기
8	(문제해결을 위한) 자기표현 II	자기표현과 주장	· 의사소통 유형검사 · 자신의 의사소통 유형을 탐색하고 좋은 관계유지를 위한 대화방법 학습
9	(문제해결을 위한) 갈등대처방법	· 갈등해결하기	· 양육 갈등의 소유가리기 · 대처행동에 대한 브레인스토밍
10	자기성장	· 자기개방과 성장	· 직장맘으로서 자기성장을 방해하는 요인은 무엇인가? · 나의 성장 나무 만들기
11	종결	· 자기긍정	· 나에게 선물 주기

무관심 아빠! 화내는 엄마! - 4회기 현재의 가족 안에서 자기인식 세션에서

A직장맘은 결혼 전 예뻤던 자신의 모습을 잃은 지 오래라고 한다. 직장 다니며 아이 키우느라 늘 전투적인 자신에 비해 남편은 아이양육에는 관심 없고 말쑥하게 차려입고 딴 곳만 본다고 했다.

남편에게 화가 난 A직장맘은 아무 죄 없는 아이에게 화를 내고 다시 죄책감을 느끼곤 한다며 눈물을 흘렸다.

A직장맘의 현실에 대해 집단 구성원들 대부분이 유사한 경험을 한 적이 있다며 공감하였다.

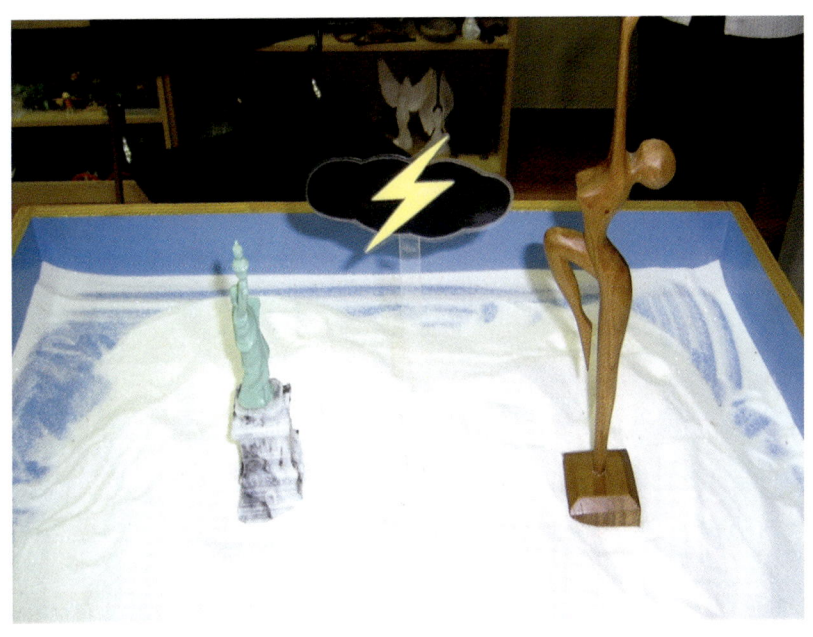

B직장맘은 직장생활을 하며 늘 양육죄책감에 시달려서 회사와 가정 둘 다 몰두하지 못하고 갈팡질팡하며 살았다고 했다. 하루에도 몇 번씩 아이에게 문제가 일어날까봐 불안해서 전화기에 신경 쓰느라 회사일에 몰두할 수가 없었다고 하였다. 회사에서는 업무능력이 갈수록 떨어져 미혼 때와 달리 무능해져 가는 자신의 모습에 많은 자신을 포함하여 동료들과 선배들이 실망한다고 하였다. 그러나 상담을 통해 어머니의 불안과 죄책감을 다루어 어머니는 이제 어머니로서의 불필요한 죄책감으로부터 벗어나 자신의 역할을 온전히 해내는 사람이 되었다고 한다. 번개의 힘을 얻어 하늘로 치솟고 싶을 정도로 힘찬 에너지를 얻었으며 마음이 자유로워졌다고 하였다. 그동안

자신은 불안과 우울, 죄책감에 사로잡혀 심리적 에너지를 잃었다고 하며 이제부터는 심리적으로 자유롭고 자신 있게 일하면서 아이를 키우는 엄마가 되겠노라고 행복한 포부를 발표했다.

4) 양육문제해결을 위한 집단양육상담

집단양육상담은 자녀양육에 대한 정보를 일상생활에서 실천하기 위해 구체적인 양육방법, 기술, 자녀와의 놀이방법을 경험하는 시간이다. 이뿐만 아니라 다양한 놀이상황에서 부모의 감정조절하기를 배우고 직접 역할시연을 통해 보다 안정적이고 질적인 자녀와의 상호작용 방법을 배우는 과정이다. 그러나 이러한 부모역할 기술을 배우기에 앞서 무엇보다 선행되어야 할 것은 직장맘 자신의 내적인 욕구와 과거 삶과 현재의 삶에 대한 통찰이 동시에 다루어져야 한다. 집단 양육상담은 부모의 양육적인 기능에 도움을 주는 것이 목적이나 더 근본적인 목적은 부모로서 성장하여 가족이 화목하게 지낼 수 있도록 하는 것이다.

부모로서의 역할을 지원하는 데 가장 중요한 기능은 가족 간의 의사 소통기능이다. 의사소통은 가족 간의 화목을 다질 수 있고 많은 시간을 할애할 수 없는 부모의 입장에서 정서를 공유하여 친밀감을 높이고 상호작용의 질을 향상시키는 데 도움이 된다. 상호작용을 촉진하는 의사소통방법은 공감적인 의사소통하기, 나-전달법, 분노 다스리기, 갈등 해결하기 등을 주요 내용으로 한다.

또한 부모에게 아동, 청소년발달에 대한 기본 정보를 제공하여 발달에 따른 자녀의 성장과정을 이해함으로써 적절한 양육방법과 훈육, 생활관리를 할 수 있도록 내용을 구성한다. 이 과정은 자녀의 연령별로 집단을 구성하여 발달과정에 따른 발달과업을 성취하기 위한 부모의 역할이나 양육방법에 대한 내용이 초점화되어야 한다. 집단 양육상담을 가족이 함께 참여하거나 부부가 함께 참여하면 양육과정에서 부부간의 역할을 효과적으로 나눌 수 있어 부부간의 역할갈등을 줄일 수 있다. 또한 집단 양육상담에 부모와 아동을 참여시켜 가족치료적인 내용을 포함한다면 가족의 새로운 화합모델을 안전하게 경험하기 때문에 일상생활에서 일상화하는 데 도움이 된다.

또 다른 하나는 부모효능감 증진을 목적으로 부모역할이나 양육에 대한 직접적인 정보제공과 구체적이고 현실적인 양육방법을 교육하여 부모역할을 충실하게 수행하는 데 도움을 주는 방식이 있다.

2. 직장맘–자녀관계 상담전략

아이 문제로 센터를 찾은 직장맘을 상담하면서 늘 직면하는 딜레마가 있다. 아이만 만나거나 엄마만 만나는 과정은 어쨌든 한 장면에서 동시에 만나는 것보다는 효과가 더디다는 것이다. 그들의 어려움을 만드는 문제상황과 그들을 동시에 치료과정에 포함하여 작업하는 것은 매우 의미 있고 상담목표를 빨리 이룰 수 있는 방법이다. 대부분의 아동 청소년상담자는 부모나 가족을 포함한 치료보다는 개별 아동, 청소년을 대상으로 한 상담에 익숙해져 있기 때문에 부모상담, 가족상담이 다소 부담스러울 수 있다. 그러나 자녀와 부부문제가 얽혀 있는 직장맘을 만나 상담할 때 가족 전체 또는 부모자녀, 그리고 형제관계를 동시에 상담 장면에서 만나 접근하는 것은 반드시 필요하다.

특히 상담자는 상담실에서 아동청소년의 개별적인 욕구수준을 고려하여 상담한 후 내담자의 긍정적인 변화를 보고 만족감을 가질 수 있다. 그러나 부모님들은 상담실과는 달리 실생활에서는 여전히 골칫거리 자녀의 모습으로 힘들어 하는 경우가 많다. 특히 직장맘의 경우에는 짧은 시간 동안 아이 행동을 보거나 대리양육자에게 듣는 부정적인 보고로 인해 상담에 대해 회의적인 반응을 지니고 급기야는 조기종결을 하기에 이른다.

상담자가 개별 내담 아동청소년과 가족과의 전체적인 상태를 조망해 보기 위해서는 가족치료적인 접근이 필요하고 부모를 적극적으로 상담에 포함시키는 전략이 필요하다. 이러한 상담전략을 세우기 위해서는 가족평가가 이루어져야 하고 그에 관한 자료수집은 부모상담이나 부모자녀 놀이관찰, 가계도 작성 등을 통해서 가능하다. 가족을 포함한 상담에는 부모자녀관계를 촉진시키는 방법을 중심으로 부모자녀관계프로그램, 가족모래놀이치료 등이 있다. 본 장에서는 앞에서 제기한 내용을 다루면서 각 내용이 직장맘에게 어떠한 의미가 있는지 소개하려고 한다. 이러한 프로그램은 아동 청소년 개별상담과정 중에 몇 세션을 부가적인 방법으로 활용할 수 있고 경우에 따라서는 전체를 대상으로 상담과정으로 진행해 볼 수도 있다.

1) 부모자녀 관계 놀이치료의 치료적 의미와 요소

제 것을 같이 보면서 내가 저런 사람이었구나, 알게 됐죠. 막연히는 저도 알죠. 그런데 책으로 공부하는 게 아니라, 딱 그 현장으로 딱 보니까 내가 이런 엄마였구나! 문제점 내지 그런 것 보이고 그렇구나……. 너무 웃기고 슈퍼비전 받으면서 다 웃었잖아요. 너무 웃기고 정말 저렇구나 바꿔야지, 그런 자각도 되고 그러니까 알아야 바꾸는데, 그냥 뭐 그렇지 뭐 괜찮아…… 뭐 이러는데 이게 단면이지만, 계속 가면 안 되겠구나…… 바꿔야 되겠구나, 하는 생각이 들고 재미있었어요.

부모자녀 놀이치료에 참여한 어머니(김숙경, 2010)

직장맘의 경우에 자녀양육과정에서 많은 시간을 함께 보낼 수 없기 때문에 정서적인 교류나 질적 관계를 형성하는 데 어려움을 지니며 특히 의사소통이나 상호작용의 기술이나 방법을 구사하는 데 한계를 많이 경험한다. 항상 아이들과 충분한 시간을 함께 할 수 없다는 생각에 양육 자신감이 떨어진다. 또한 아이들과 에너지를 소모해 가며 정서적인 교류를 하기보다는 손쉽게 일상생활에서 물질적인 욕구로 보상한 후 죄책감을 느끼기도 한다. 이는 직장맘과 자녀 간의 관계가 안정적으로 익어 가지 못하게 되는 악순환을 일으키고 결국 연령이 증가한 후 청소년기에 접어든 자녀와 관계가 악화될 대로 되어 상담센터를 찾게 된다.

이러한 점에서 부모자녀놀이치료는 부모에게 효과적인 상호작용 기술과 자녀와 정서적인 교류를 촉진하도록 돕기 때문에 부모자녀관계를 상호작용적으로 전환하는 데 도움을 줄 수 있다. 이 접근법은 부모들에게 기본적인 아동중심놀이치료기술을 배우도록 훈련하여 아동과 정서적인 친밀감을 형성하며 놀이치료에서 활용되는 촉진적인 상호작용을 생활에서 일반화하는 데 그 목적이 있다. 자녀의 문제행동이 부모가 부모로서 필요한 지식과 기술이 부족한 데서 나타나는 산물이고 이것은 부모의 태도가 변화된다면 없어질 행동으로 보는 기본가정이 전제되어 있다.

직장맘은 자녀와 생활적으로 결합되어 있기 때문에 치료자와의 놀이 치료시간보다 아동에게 훨씬 더 많은 실천을 할 수 있고 그 결과 긍정적인 정서를 나눌 수 있는 기회가 더 풍부하다. 부모자녀 놀이치료의 목적은 가족 간의 상호작용을 개선하고 문제해결전략을 찾아 가족 사이의 애정과 따뜻함, 신뢰의 감정을 증진시킴으로써 부모자녀관계를 향상시키고 강화시켜 준다.

부모자녀놀이치료에서 아동을 위한 치료목표는 아동 문제행동의 증상을 감소시키고 문제해결 전략을 개발하고 자기 가치감과 자아개념에 대해 긍정적인 인식을 증진시켜 준다. 부모의 치료목적은 아동의 정서적인 세계를 수용하고 이해하며 부모 자신과 아동에 대하여 좀 더 현실적이고 관대한 인식과 태도를 지니도록 하는 것이다. 그리고 발달적으로 적절한 양육전략을 수립하고 실시하여 부모로서 좀 더 효율적인 양육기술을 개발하고 부모됨의 즐거움을 느낄 수 있도록 도와주는 것이다.

부모 상호작용 기술은 부모를 변화의 동반자로 활용하면서 부모에게 부모로서 유능감을 심어 줄 수 있어 자녀의 어려움이나 문제행동에 봉착했을 때 문제해결에 대한 무력감이나 자괴감을 줄일 수 있다. 또한 효과적인 부모자녀 상호작용 방법을 익힘으로써 생활에서 활용이 가능하고 가정의 처지와 여건에 맞추어 얼마든지 적용 가능하다는 점에서 직장맘에게는 중요한 기법이라고 볼 수 있다.

특히 자녀가 아동기라면 놀이를 통한 교류가 주는 이점을 충분히 발휘할 수 있다. 이 기법은 자녀와 가장 자연스럽게 의사소통할 수 있는 놀이에 기초를 둔다는 점이다. 아동의 일상은 놀이이고 놀이는 아동을 표현해 주는 가장 기본적인 매체이다. 놀이는 아동의 욕구, 감정, 필요성, 소망, 환상, 경험과 생각을 나타낸다. 놀이는 부모와 자녀 간 긴장을 이완할 수 있고 상대방의 감정에 민감하게 반응하고 편안하고 안전하게 할 수 있으며 자녀의 정서에게 초점을 맞출 수 있다.

직장맘에게 놀이기술 향상이 주는 이점으로는 가정의 화목, 공동체 의식 증가, 내면에 좋은 대사표상이 형성, 정서적인 교류를 증진시킬 수 있는 소재가 다양해진다. 또한 모자 간 시간과 놀이를 공유하면서 가족 안에서 소속감과 유대감, 친밀감을 형성한다. 아이와 짧은 시간에 질적인 상호작용을 유도한다. 엄마의 심리적 안도감 역할갈등을 감소하고 죄책감을 감소시킨다. 놀이를 하다 보면 서로 관심과 놀이에 대한 민감성을 증진시켜서 관계가 발달하는 데 도움을 준다.

직장맘 부모에게 가장 절실한 욕구는 자녀와 충분한 시간을 의미 있게 보내는 것이다. 마음은 굴뚝같은데 실제로 어떻게 해야 하는지 어떤 방법이 올바른 방법인지, 알 수가 없어서 심리적인 압박과 스트레스를 느낀다. 또한 놀이를 하려고 해도 막상 재미가 없어서 참여하고 싶지 않은 양가적인 마음이 생기기도 한다. 부모자녀 놀이치료는 몸과 마음이 자녀와 함께하고 자녀와 함께 머무는 것에 대한 놀라운 효과를 경험하게 된다. 자녀는 부모와 함께 있음으로 해서 정서적 욕구를 충족하고 자신에게 진정한 몰두를 통해 자기 발전을 꾀하게 된다. 한편 부모는 자녀와 머무르면서 부모로서의 자존감을 형성하게 되고 아이의 놀이를 통해서 정서적인 교감과 의사소통으로 더 친밀감을 경험하게 된다.

부모자녀놀이치료는 부모가 놀이치료교육에 참여하고 실습을 하는 과정에서 새로운 역할 수행방법을 배울 수 있게 된다. 또한 서로의 현실적인 모습을 봄으로써 이해하고 수용하게 되면서 자녀에 대한 현실가능한 기대와 상호작용이 가능해진다. 또한 긍정적인 상호작용은 부부간 관계에도 긍정적인 영향을 준다. 이 과정은 자녀와의 관계뿐만이 아니라 부부간에 신뢰감과 친밀감을 배가시킬 수 있다. 만약 부부가 동시에 참여할 수 없다 해도 서로의 행동과 모습은 좋은 모델링이 되기 때문에, 느리지만 지속적인 교육효과를 거둘 수 있는 장점이 있다.

이 프로그램은 다양한 형태로 실시될 수 있지만, 공통적으로 부모가 부모됨을 배우고 용기와 격려를 받는 시간이 되는 효과를 낳는다. 이 시간을 통해서 배운 기법은 생활 속에서 활용되면 더 긍정적인 기법들이기에 일석삼조의 효과를 누릴 수 있다. 지금까지는 전반적인 효과를 설명하였다. 아래는 부모자녀 관계치료의 치료적 요소에 대해 소개하겠다.

(1) 구조화하기

구조화는 아동의 행동을 수용하고 정보를 얻고 아동의 행동을 해석하거나 제한하는 활동에 관한 틀을 구성한다. 구조화하기는 가정에서 일정시간 모와 특별한 놀이시간을 가지는 형식, 내용, 규칙을 전달하는 것이고 다른 시간과는 달리 자녀와 모가 특별한 시간을 마련하는 것에 대한 뼈대를 제공하는 것이다. 이 시간은 방해를 받지 않기 위해서 모가 방해요소를 미리 차단한다. 예를 들어 전화 차단하기, 친구 놀러 오지 않도록 약속, 형제의 방해에 대한 대안을 마련하는 것이다. 이 시간은 자녀와 미리 상의하여 정하고 규칙적으로 실시하여 놀이시간을 미리 예상하고 준비할 수 있어야 한다. 시간을 정기적으로 미리 정하면 안정적으로 놀이시간을 고려하여 생활 스케줄을 구성할 수 있고 매시간이 각자의 노력에 의해 지켜지는 모습만으로도 서로에 대한 신뢰감을 형성하는 데 도움이 된다. 그렇기 때문에 이 시간을 보장하기 위해 도움을 주거나 지원을 해 줄 사람이 있어야 하며 가족이나 주변의 인적 자원, 아이의 스케줄을 고려해서 미리 부모가 사전준비를 해야 한다.

그리고 자녀와 이 시간에 대해 "특별한 시간"임을 서로가 인식할 수 있도록 놀이방, 장난감 등이 준비되어야 한다. 특별한 시간을 갖는다는 것은 참여하는 부모의 태도 또한 일반적으로 보어 주었던 모습과는 다른 태도여야 하며 일상생활에서 주어진 일들이나 화제에 대해서는 스스로 제한해야 한다.

(2) 촉진적인 의사소통기법

놀이실에서 아이와 특별한 시간을 보내는 과정은 언어적, 비언어적인 의사소통을 통해서 서로 간의 신뢰 있는 관계를 형성하고 자녀가 스스로 자신에게 몰두하는 안정적인 시간을 갖는 것이다. 그렇기 때문에 부모의 언어적인 반응은 중요한 요소이고 이러한 기법은 프로그램 실시 전에 교 육과정을 통해서 익히게 된다.

촉진적 의사소통기법으로는 민감한 이해, 돌봄적 수용, 촉진적 반응, ㉠ 추적반응, ㉡ 공감적 경청과 진술, ㉢ 명료화, 아동에게 책임 돌려주기 등이 있다.

① 민감한 이해: 민감한 이해는 아동의 비언어적, 언어적인 메시지를 치료자가 듣고 아동을 이해하고 감정을 공유하는 것이다. 이것은 아동의 주관적인 현실을 이해하는 데 도움이 된다. 상담자가 아동을 자의적으로 평가하거나 판단하기보다 아동의 관점에서 아동이 느끼는 주관적인 느낌과 현상을 이해하는 것이다.

② 돌봄적 수용: 아동을 수용한다는 것은 아동이 자신을 스스로 책임질 수 있는 능력이 있다는 신념에서 비롯된다. 놀이실에서 나타나는 아동의 행동을 승낙하거나 허락하는 것이 아니라, 비난이나 비평 없이 보상을 바라지 않고 한 인간으로서 수용받는 것을 경험하는 것이다. 이것을 아동이 느끼면서 자신의 감정이나 행위를 자유롭게 표현할 수 있다. 아동은 자신의 욕구나 감정이 존중받는다고 느낀다. 수용받는 경험은 아동이 자신의 감정이나 욕구를 탐색하고 자신을 수용할 수 있도록 한다.

③ 촉진적 반응: 아동은 놀이를 통해 자신을 표현하고 치료자는 아동의 놀이를 언어로 표현하면서 아동과 의사소통한다. 따라서 촉진적 반응은 의사소통에서 매우 중요한 과정이고 아동의 행동을 거울처럼 비추어 주어 스스로 문제를 해결하는 과정을 촉진할 수 있다. 촉진적 반응에는 공감적 경청과 진술하기, 추적반응, 명료화하기가 있다.

㉠ 공감적 경청과 진술하기: 아동의 마음을 이해하고 공유하는 것으로 아동의 행위에만 초점을 두는 것이 아니라 감정에 초점을 두어서 아동을 깊이 이해하는 것이다. 공감은 아동의 놀이현실에 아동과 함께 머무르는 것으로 정서적, 인지적으로 아동과 같은 입장을 경험하는 것이다. 아동이 자신의 문제에 대한 통찰력을 얻고 문제를 직면하고 대처할 수 있는

능력을 개발하고 자신과 만나는 경험을 할 수 있게 된다. 부모가 부모의 관심 표현, 감정수용을 경험하고 건설적인 정서표현을 도와줄 수 있다.

ⓛ 추적반응: 아동이 치료자와 함께 하고 있다고 느끼는 것으로 아동이 현재 자신이 무엇을 하는지 알려 주고 아동에 대한 관심을 전달하는 것이다. 그러나 아동의 행동을 하나하나 모두 반응하게 되면 아동은 부담감을 느끼게 된다. 따라서 치료자는 아동의 감정 상태에 적절한 목소리 크기와 톤을 유지하여 아동과 감정수준을 맞추는 태도가 필요하다.

ⓒ 명료화하기: 명료화는 아동이 나타내는 산발적인 행위를 일목요연하게 정리함으로써 자신에 대한 통찰력을 높이고 변화의 방향과 동기를 아동이 스스로 형성하는 데 도움을 줄 수 있다. 명료화는 치료사가 아동이 하는 행동이나 태도에 대한 반영으로 상담목표를 일관성 있게 한다. 또한 아동이 놀이실에서 자신이 왜 무엇을 하는지를 느낄 수 있고 자신을 성숙시킬 수 있다.

④ 아동에게 책임 돌려주기: 아동의 내적 성장 주체는 아동 자신이다. 놀이치료자는 이러한 기회를 놀이실에서 제공하고 아이에 따라 적절한 반응을 통해 성장의 길을 잘 찾도록 함께하는 것이다. 그러나 현실생활에서 아동에게는 많은 기회가 있지만 현실에서는 비난이나 평가 때문에 아동은 자신의 욕구나 성장에 몰두하기 어렵고 때로는 환경으로 인해 손상을 받는다. 성장과 선택의 기회를 주고 스스로 행동을 결정하고 실행하면서 행동에 대한 감정과 결과에 책임을 지게 한다. 이러한 과정은 아동이 통제감을 느끼고 내적인 동기를 증진시키게 한다(강정원·홍기묵·안지영, 2008).

(3) 제한설정

아동중심놀이치료에서는 아이들이 규칙을 어기고 위험한 행동으로 자신이나 치료자에게 위협을 가할 때 제한설정과정을 통해 이를 스스로 제한하도록 한다. 이 제한설정 과정은 아동의 의사결정, 자기통제, 자기책임감을 촉진하고 적절한 행동을 선택할 수 있는 기회를 제공한다.

제한은 놀이 상황에서 안전감을 준다. 신뢰로움과 일관성을 유지함으로써 건강한 관계를 형성할 수 있다. 아이와 놀이시간이 귀한 만큼 적절한 경계와 최소한의 규칙을 제시하여 서로의 관계를 손상시키지 않고 긍정적인 상호작용의 기회를 갖는다는 점에서 의미가 있다. 또한 제한 설정은 현실에서 경험하는 한계를 수용하고 자신의 행동에 책임을 지는 연습을 통해 현실적응을 높이는 데 도움이 된다. 이러한 효과를 충분히 발휘하기 위해서 제한을 설정할 때 고려할 사항이 있다. 우선 제한 내용을 최소화하고, 제한을 깨뜨렸을 경우에는 책임감을 배울 수 있도록 대안을 마련해야 한다.

또한 제한설정은 아동의 신체적·정서적 안정을 보장하고 부모의 정서적인 복지를 보호하기 위해서이다. 특히 직장맘의 경우에 평소에 아이에게 못 해 주었던 것을 한 번에 만회하려는 마음으로 무리한 아이의 요구를 들어준다든지 어디까지 아이의 요구를 수용해야 할지 몰라서 혼란스러워한다거나 적절한 제한을 두는 것 자체에 대한 불편감이 있을 수 있다. 이러한 감정은 아이가 현실에서 경험할 경계나 한계를 깨뜨리고 자신의 행동에 책임을 지지 않는 태도를 형성하게 된다. 그리고 사회적인 상황에 적응하는 데 보편적인 규칙이나 한계를 수용하지 못하여 적응에 어려움을 주게 된다. 특히 주 양육자가 이러한 태도를 취하는 경우에 아이는 환경에서 불안정감을 느끼고 이상적인 환경에 대한 갈망과 현실에 대한 불만으로 인해 현실적응이나 한계수용에 어려움을 경험한다.

따라서 자녀의 행동을 제한할 때 아이의 행동 이면에 숨겨진 감정이나 욕구를 충분히 공감해 주는 과정이 반드시 동반되어야 한다. 이 과정을 통해서 자신의 행동에 대한 조망능력이 생기고 욕구를 실현할 다른 대안을 찾을 수 있게 된다. 이 과정에서 권위를 내세우거나 감정이 상하거나 불안해지면 자녀는 자신이 수용받지 못했다고 여기고 비난받았거나 거부당했다고 생각한다.

제한설정과정은 적절한 단계가 필요하다. 아동의 동기를 이해, 수용하기 위해 제한을 분명히 하기 위해, 수용 가능한 대안행동을 제시하기 위한 단계는 다음과 같다(강정원·홍기묵·안지영, 2008).

1단계: 아동의 감정, 욕구, 소망의 마음을 읽어 준다(Accept).

아동의 행위보다 아동이 행동을 하게 된 동기를 언어적으로 반영을 해 주면 아동은 감정이 수용받은 경험과 자신이 욕구를 인식하는 계기가 되면서 행동화의 욕구는 감소한다.

예) (아이가 물건을 던지려고 할 때) 네가 정말 화가 났구나! (문을 열고 나가려고 할 때) 너는 여기서 나가고 싶구나! (엄마에게 매달려 있을 때) 엄마가 너를 두고 가 버릴까 걱정되는구나!

2단계: 제한내용을 알린다(Cognition).

제한설정 내용은 구체적이어야 하고 아동에게 분명하게 제시한다. 분명하고 구체적인 제한 내용은 아동이 행동을 조절하는 데 도움이 된다. 만약 아동의 행동이 매우 위험한 경우에는 즉각적으로 아동의 행동을 제지해야 한다.

예) 아이가 크레파스로 벽에 그림을 그리려고 할 때 치료자가 "여기는 더럽히면 안 된다."라고 말하기보다 "벽에는 크레파스로 그림을 그릴 수 없단다."라고 반응하게 된다.

3단계: 아동이 수용 가능한 대안을 제시한다(Tagert).

제한 내용을 아동에게 알린 후 자신의 욕구를 다르게 표현할 수 있는 다른 방식을 제안한다.

예) 그림은 여기에 있는 종이나 그림판에 그릴 수 있어. 네가 화가 났다면 나를 때릴 수 없고 여기 보보인형을 때릴 수 있어.

4단계: 아동에게 선택할 수 있는 기회를 준다.

아동은 제시된 제안을 선택하고 그 선택에 대한 결과는 자신의 행동과 관련되어 있음을 알게 된다. 만약 제한내용을 지키지 않을 경우에 나타나는 결과에 대해서도 아동에게 분명히 제시한다. 아동의 제한 설정과정은 자신이 행동을 하게 된 동기를 인식하고 그 동기에 맞는 적절한 행동양식을 선택하고 행동하도록 돕는다. 그리고 이 과정을 통해 아동이 자기 행동에 책임을 지고 적절한 행동양식을 습득하도록 하는 데 그 목적이 있다.

2) 부모자녀 관계놀이치료 과정

표 8 CPRT모델에 의한 10세션 구성프로그램

회기	주제	내용
1회기	교육목표와 반영적 반응	· 부모들과 부모자녀놀이치료에 대한 전체 개요를 설명하고 아동과 부모자녀관계에서 변화하고 싶은 점에 대해 공유하는 시간 갖는다. · 놀이치료에서 사용하는 반영적인 반응에 대해 교육시간 갖는다.
2회기	놀이회기 기본원칙	· 놀이회기를 실시를 위한 기본 원칙과 지침, 목표에 대해 소개한다. · 치료자와 함께 놀이시간에 사용될 장난감과 놀이방법과 반응에 대해 소개하고 놀이회기에 대한 장면을 직접 본다. · 가정에서 놀이용품과 보관방법, 놀이시간을 계획한다.
3회기	부모자녀 놀이회기 기술과 진행과정	· 놀이세션을 진행하는 데 중요한 태도 중에서 함께 하기를 실습과정으로 익힌다. 함께 하기는 언어적·비언어적인 태도를 모두 포함하며 아동의 놀이시간에 부모가 참여하고 수용하며 아동이 머무는 것에 몸과 마음이 모두 머물러 있는 것을 의미한다. 이 회기 동안 역할 놀이를 통해 부모가 실습을 한 후에 가정에서 자녀와 놀이를 하는 장면을 녹화하여 치료사에게 슈퍼비전을 받는다.
4회기	슈퍼비전 형식과 제한설정	· 가정에서 놀이한 장면을 함께 공유하면서 대리학습을 하고 서로의 어려움에 대해 공감하고 지지하며 슈퍼비전을 받는 과정을 갖는다. · 부모—자녀와의 놀이시간에 참여한 장면에서 최대한 장점을 찾아내고 서로가 긍정적인 태도를 배우며 역할 연습을 통해 기술을 숙달한다.
5회기	놀이회기 기술 연습	· 놀이치료회기 녹화한 부분을 보면서 피드백을 주고받고 자신의 놀이회기를 스스로 돌아보는 시간을 갖는다. · 놀이 시 나타나는 제한설정 내용에 대해 인식하고 제한설정 과정에 대해 집중적으로 배우는 시간을 갖는다.
6회기	놀이회기 실습	· 놀이치료를 매주 실시하면서 모임시간에 녹화분을 보면서 피드백을 주고받는다. · 아동의 자존감 형성하기, 권한 부여하기, 격려하기, 칭찬하기 등에 대해 놀이치료 내용과 적절하게 배우는 시간을 가지면서 이제까지 배운 기법을 일반화하고 다양하게 활용하도록 슈퍼비전을 한다.
7회기		
8회기		
9회기		
10회기	평가	· 부모자녀 간의 배운 내용을 복습하고 놀이치료 이전과 이후의 모습을 평가한다. · 지속적으로 놀이치료 과정을 가정에서 실시할 방안을 계획한다.

추후회기	지속적인 실천	· 2~3개월 지속적으로 가정에서 놀이치료시간을 갖고 한 달에 한 번 정도나 2주에 한 번 정도 개별적으로 슈퍼비전을 통해 가정에서 일반화하고 놀이치료 성과를 지속하도록 실천에 옮긴다.

3. 직장맘의 가족관계를 위한 상담전략

1) 가족놀이치료의 치료적 의미

직장맘의 자녀를 상담하는 아동, 청소년 상담자들은 간혹 부와 모, 그리고 자녀들 간에 미궁으로 빠지고 있는 의사소통패턴이나 문제가 되는 상호작용 패턴, 갈등 해결과정 등이 문제해결의 실마리라는 생각을 할 때가 있다. 그때 아동상담의 보조적 역할로 가족 놀이치료를 실행해 볼 것을 권한다.

가족놀이치료는 "잃어버린 유대관계"를 되찾기 위해서 가족과 아동이 함께 설계하고 찾아가는 과정이다. 가족놀이치료는 중재적인 목표가 강하고 아동놀이치료의 보조적인 역할로 사용된다. 부모와 아동 사이에 차이와 변화를 수용하기 어려운 이유는 변화를 위한 동기유발이 안 되거나 무관심의 영역으로 남겨져 있기 때문이다. 그리고 이러한 부분은 일상생활에 반영되며 반복될 것이라는 가정하에 놀이치료실에 모든 가족을 초대하여 구조화된 놀이치료회기를 진행한다. 놀이치료가 진행되면서 치료자는 가족의 상호작용, 문제해결과정, 의사소통 패턴을 분석하여 부모교육과 새로운 양육기술을 교육하는 데 필요한 기본적인 자료로 활용한다.

가족놀이치료는 놀이를 활용하여 놀이가 갖는 자연스러움으로 인해 부모의 불안을 감소시킨다. 놀이는 은유적으로 내면의 욕구와 감정을 표현한다. 가족은 치료과정에서 직접적인 언어표현보다 은유를 통해서 표현하려는 경향이 있다. 자연스럽게 이루어지는 그림이나 인형놀이는 치료사가 가족문제를 알 수 있는 기회가 된다.

가족놀이치료는 생후 18개월에서 9세 아동을 위한 놀이치료기법이지만 청소년-부모자녀관계에서도 효과적이다. 대부분의 부모는 자신의 양육태도나 아동에 대한 관점을 변화하는 것을 외면하거나 좌절감, 무력감으로 인해 시도를 안 하려고 할 수 있다. 그리고 부모는 아동의 행동이 치료목표에 도달했지만, 긍정적인 진전에 대해 인식하지 않는 경우도 있다. 직장맘-자녀관계에서 질적인 상호작용과 대화의 새로운 방법을 익히고 변화를 수용하는 태도로 발전하는 것은 의미 있다.

치료자는 역동적인 가족 안에서 놀이를 주도하거나 관찰하는 데 필요한 치료를 위한 놀이사용, 가족조직, 집단상담 진행과정, 정신역동에 대한 일정한 훈련과 경험을 지니고 있어야 한다. 그리고 치료자는 놀이치료와 가족치료를 모두 잘 알고 있어야 한다. 치료자는 다양한 가족의 역동 안에서 효과적인 치료적 개입을 하기 위해서는 치료자 자신이 창의적인 기법을 다양하게 시도하고 환경을 치료적으로 활용하는 방안에 대해 확실한 전략으로 개입하여야 한다. 즉 치료자가 문제해결에 성실하고 개방적인 태도를 가져야 한다는 의미이다. 이러한 치료자 태도는 치료과정에 직접적이고 적극적인 역할모델을 다양하게 적용시키며 창의적인 문제해결능력을 증진시킬 수 있다.

치료자의 역할은 치료과정에 따라 세 가지 역할로 변화하게 되는데 초기에는 치료과정에서 실행하는 활동을 소개하고 안내한다. 중기에는 자연적인 상태에서 가족을 관찰하고 평가한 내용을 바탕으로 직접적인 놀이를 통해 치료목표를 달성하기 위한 기술이나 태도, 역할모델을 실행한다. 말기에는 부모나 아이들이 독립적으로 습득한 태도나 기술을 시행, 적용하는 과정으로 치료사의 지지와 피드백, 강화가 필요하다.

2) 가족놀이치료 과정

① 치료적 개입시기: 이 기법은 전체적인 놀이치료과정의 한 부분으로 사용되며 아동과의 치료과정을 면밀히 검토한 후 개입될 시기를 정하는 것이 적절하다. 이 기법을 사용할 때 치료자는 가족과 진실한 관계가 형성되었을 때보다 쉽게 접근할 수 있고 성공적인 효과를 얻을 수 있다.

② 가족평가: 가족평가를 통해 치료계획을 수립하고 가족 전체 속에서 아동이 정체성을 자리 잡아 가는 데 중요한 안목을 제공한다. 다음은 가족평가에서 고려할 사항이다.

- 가족구성원의 특징에 대한 파악: 성숙, 인성적 통합, 자아발달, 친교능력, 스트레스 대처방식, 불안 대처방식 등 구성원의 개인적 발달의 여러 가지 면
- 가족의 하위구조인 부부, 부모-자식, 형제 등 개인 간의 역동성을 평가한다. 동맹양식, 삼각관계, 부모화, 속죄양, 내면적 경계, 외면적 경계, 밀착, 소외

- 가족체계를 광범위하게 살펴보고 세대를 초월한 가계의 신화나 비밀에 대해 확인하기
- 가족체계의 사회 지원망 유형을 특징짓는 데 거주환경, 경력, 학교, 종교, 사교범위 등

③ 목표 설정하기: 부모와의 치료목표 합의는 중요하며 성공적인 치료를 결정짓는 요소이다. 아동의 놀이치료과정 중에서 부모자녀관계를 촉진시킬 수 있는 가장 중요한 기술, 태도, 인식의 변화 등을 목표로 정할 수 있다. 치료목표는 치료자와 합의를 통해서 설정하고, 가능하면 목표는 구체적인 행동을 기술하여 평과과정에 반영되어야 한다. 그러나 생활 속에서 많은 실패와 좌절감을 경험한 부모들은 이 과정에 참여하고 싶지 않기 때문에 목표는 작고, 성취 가능하고, 부모들이 조망해 볼 수 있는 내용이면 더 바람직하다. 치료목표는 가족놀이치료과정 속에서 작고 성공적인 단계 변화를 나타낼 수 있다. 목표를 수립하면서 참여하는 가족 수를 합의할 수 있다. 가족의 역동을 고려해 볼 때 참여 가족이 가족 간의 갈등을 증폭 시키거나 관계를 긍정적으로 형성하는 데 도움이 되지 않을 경우에는 전략적으로 참여를 배제할 수 있다.

④ 활동계획 및 실시: 부모와 자녀가 좋아하는 활동 리스트를 치료사가 주문하고 주로 선택하는 놀이의 특성을 분석한다. 놀이가 과거 어린 시절에 경험했던 놀이가 중심인지, 좋아하고 즐겨 하는 게임의 종류, 누구와 주로 하는 놀이인지를 알게 되면서 놀이치료과정에서 놀이패턴과 내용을 짐작할 수 있다. 이를 토대로 활동을 구성하는데 놀이활동은 재미보다는 상호작용과 가족의 놀이 형태를 지닌 활동으로 선택한다.

⑤ 종결: 가족놀이치료 회기를 수행한 후에 초기에 설정한 치료목표를 확인해 보고 다음 치료전략에 반영한다. 특히 가족과 아동과의 갈등해결이 깊어지는 시기라면 새로운 치료개입전략을 구성할 수 있다.

3) 가족모래놀이치료

(1) 가족모래놀이치료의 치료적 요소

위에서 소개한 가족 놀이치료 외에 직장맘 자녀 중 연령이 높은 아동이나 청소년들과 함께 해 볼 수 있는 방법으로 가족모래놀이치료가 있다. 이 는 놀이치료, 가족치료, 모래놀이치료 등을 이론적 바탕으로 한다. 개별 모래놀이와 가족모래놀이치료는 이론적인 입장, 해석, 중재에 방안에 서로 다른 차이가 있다. 개별아동, 청소년상담 회기와는 다르게 가족을 포함한 치료적 접근은 가족의 의사소통을 증진시키고 가족의 기능수준을 향상을 목적으로 한다. 이런 점에서 직장맘과 자녀들 간의 악화된 관계를 회복하고 해결의 실마리를 푸는 데 유용한 방법이라 볼 수 있다. 많은 직장맘 가족들은 짧은 시간 동안 만나고 헤어지는 과정에서 심적 여유가 없다 보니 역기능적인 의사소통 방식으로 서로에게 상처를 주기도 한다. 그러나 부모와 자녀 모두 바쁜 일상에 쫓기어 문제를 해결할 수 있는 현실적인 여건이 조성되지 않는다는 점에서 관계는 더욱 악화되어 간다.

모래놀이치료는 모래상자 안에 자신의 세계를 피겨로 표현하고 내적인 감정이나 욕구, 개인이 관점, 자아 등을 은유적으로 표현한다. 모래상자에 사용되는 피겨는 언어로 모래상자에 내담아동청소년의 내면을 구성하는 도구로 활용이 되고 각 피겨가 지닌 고유의 상징적 의미를 지닌다. 또한 모래에 사용된 피겨는 내담 아동 청소년이 부여한 의미로 활용되기도 한다. 꾸며진 장면은 내담자의 언어와 이야기로 존재하여 내담자의 내면을 상징적으로 표현함과 동시에 내담자가 자신의 모습을 통찰하고 경험하는 세계가 된다. 그리고 상담에서 언어적인 표현과 더불어 피겨를 통해 나타나는 상징성과 비언어적인 표현은 더 강렬한 메시지를 전달한다. 특히 매체를 활용한 심리치료는 구성된 작품을 감상하면서 언어로만 이루어지는 치료보다 비언어적인 메시지와 시각적인 자극경험을 통해 더 깊은 수중의 통찰이 이루어진다. 이러한 특성은 내담자를 성장하도록 촉진하는 효과와 치료적인 효과를 배가 시킨다.

특히 가족모래놀이치료는 가족의 세계를 직간접적으로 경험하게 된다. 모래상자를 공유하면서 서로에 대해 안전한 거리를 유지하게 되고 상대방을 볼 수 있는 기회를 제공하게 된다. 가족의 비언어적 메시지를 감각적으로 경험하게 되면서 서로에 대한 인식을 높이고 욕구를 서로 수용하는 과정을 경험한다.

가족모래놀이치료를 시작하기 전에 치료목표와 계획을 수립하기 위해 가족역동과 기능을 평가하게 된다. 가족평가는 면담, 가계도 등을 통해 그 양상을 분석하여 자료를 얻는다. 상담자는 평가과정을 통해 가족관계가 강화되기 위해 변화요구가 무엇인지를 즉각적으로 알 수 있고 현재 가족의 욕구수준과 역동을 파악하는 데 도움이 된다. 다음은 가족평가를 위한 준거들이다(니콜스·에버트 1986).

표 9 가족 평가를 위한 준거들

가족평가 준거	내용
가족의 응집정도	협조적·개별적
가족의 합의정도	반대, 찬성, 논의
가족의 참여정도	적극적·소극적
가족참여의 형태	언어·비언어적인 메시지 사용 정도, 메시지의 강도

치료사는 회기 중에 감독자의 역할, 방어와 저항을 조절하는 역할을 한다. 중립적인 태도로 가족의 이야기가 잘 소통하도록 중재하고 적절하게 통제하며 모호한 대화내용은 명료화를 통해 의미가 잘 전달될 수 있도록 돕는다. 의사소통을 하지 않는 가족이 대화를 촉진시키기 위한 토론 주제나 모래상자에서 나타난 주요 테마에 대해 각자의 생각을 나눌 기회를 제시한다. 이를 통해 가족개개인의 욕구와 가족구성원으로서 갖는 각자의 정체감, 다양한 해결방안, 타인의 인식에 대한 조망수용기회를 갖게 된다.

이 과정에서 치료자는 치료자로서 성장기회를 제공받게 된다. 이를테면 상담과정에 참여하면서 경험한 내용을 검토하면서 치료자 태도, 역전이에 대한 내용을 분석할 수 있다. 개별모래놀이치료 과정과는 달리 가족이 참여하기 때문에 가족의 역동을 치료자가 더 민감하게 느끼게 된다. 그리고 치료자의 내적인 무의식에 영향을 미치면서 역전이를 경험할 수 있다. 특히 결혼하여 직장맘으로서 상담사 직업을 갖고 있는 치료사의 경우 자신의 문제와 연관해 더욱 역전이에 빠지기 쉽다. 치료사가 이에 휘말리게 되면 치료과정은 목표를 잃게 되며 가족상황과 동일하게 상담과정에서도 희생양을 생산하게 된다. 따라서 가족적인 개입이 있는 경우에 치료사는 상담과정과 내용을 분석함으로써 가능한 치료자 자신의 경계를 잘 지켜야 한다.

(2) 가족모래놀이치료과정

가족모래놀이치료과정은 다른 치료과정과 동일한 과정으로 이루어진다. 가족평가는 가족이 모였을 때 공동 작업으로 구성하는 과정과 결과물로 평가하게 된다. 치료과정은 대략 4회기에서 20회기 정도 이루어지고 과정은 다음과 같다.

표 10   치료과정

회기	단계	내용
초기	관계형성의 시기	· 치료동맹이 이루어지는 시기 · 치료목표가 결정 · 가족의 관계문제를 해결을 위한 치료전략 구성
중기	문제해결시기	· 가족의 문제를 해결하는 중요한 시기 · 다양한 역동을 경험하면서 개개인의 정체성을 확립하는 시기 · 다양한 모래상자 꾸미기를 통한 의식의 다양화를 추구 · 개별/집단작업을 실시
말기	종결시기	· 창의적 문제해결방안 · 가족구성원의 다양한 의식이 수용되는 시기 · 존중과 정서적 지지, 지원이 이루어지는 시기

가족모래놀이치료과정에서 가족의 토론시간은 가장 중요하다. 가족이 이미 구성된 모래상자를 보면서 언어적인 상호 교류를 통해 가족의 역동을 볼 수 있다. 가족역동을 탐색하는 과정에서 토론은 모래상자에 꾸며진 내용을 중심으로 이루어진다. 가족모래상자의 내용은 은유적인 표현이 많이

사용되고 서로의 이야기를 통해 타인의 입장을 공감하게 된다. 그리고 서로 인식의 차이, 공감하는 점 등에 대해 경험할 수 있는 기회를 제공한다.

(3) 가족모래놀이치료의 효과(L. J. Carey, 1999)

① 모래상자의 크기는 물리적, 상징적으로 모두 한계가 있다. 이것은 경계가 문제인 가족에 대해 담아 두기를 경험하도록 돕는다. 가족구성원들은 자신의 독특한 딜레마를 깨닫게 되고 동시에 그들은 통합과 의사소통을 이루기 위한 새로운 방법을 배우게 된다.

② 가족동맹은 누구와 같이 작업할 것인지, 그들에 의해 선택된 피겨, 피겨를 선택한 사람을 주로 관찰하게 된다. 여기에 선택은 건강한 사람들에게 파괴적인 동맹을 중재하기 위한 개입이 가능해진다. 그래서 치료사에 의해 제공된 개입에 따라 가족을 더 객관적으로 조망할 수 있다.

③ 무의식적 내용들은 잘 드러나고 치료사는 그 내용을 토론하도록 중재한다. 모래상자에 있는 내용을 선택하고 제안을 통해 치료적인 도구로 활용가능하다.

④ 모래는 개개의 가족 내의 아동을 드러낼 수 있고 부모각각에 내재된 "내면의 아이"를 회복시키는 기회를 제공한다.

⑤ 각각 가족의 독특성은 드러난 정신적인 투쟁이 관찰된다. 가족 안에서와 같이 각 개인에게서 보이는 것으로 이 부분은 삶의 원동력이라고 할 수 있다.

4. 직장맘 자녀 주요 문제 상담전략

1) 직장맘 자녀의 애착문제를 위한 치료놀이

상담센터를 찾는, 많은 직장맘 자녀들의 주 호소문제는 애착문제이거나 애착문제가 원인이 되어 촉발된 다른 행동문제들이다. 직장맘 자녀의 상담을 위해 애착치료는 가장 먼저 고려되며, 기초적인 작업으로 보아야 한다. 연구에 의하면 직장맘은 자녀에게 독립을 강조하고 자녀를 더 엄격한 방식으로 양육한다고 한다. 그리고 온정성과 민감성이 낮고 자녀는 의존성이 높고 불안이 높다고 한다. 연구마다 다른 결과를 보이긴 하지만, 자녀의 연령이 어릴 때 초보 직장맘들은 아이와의 관계에서 더 많은 양육실수를 할 가능성이 많다. 또한 그들은 정서적 안정을 가지고 충분한 모성적 돌봄보다는 하루하루 아이를 데려오고 데려다 주며 이중역할에 힘겨워했을 가능성이 높다. 상담센터를 찾는 많은 직장맘 자녀들은 어려서 부모와 정서적인 관계를 형성하는 데 어려움이 있었고 대리양육자의 양육이나 초기에 어머니와의 분리로 인하여 정서적인 상실감을 경험한 경우가 많았다. 이는 아동과 청소년의 애착문제를 야기해 많은 경우 분리불안이나 친구관계 등 관계문제에 어려움을 호소해 온다. 이러한 아동을 위한 치료적 개입 외에도 직장맘 자녀들을 위한 예방적인 차원에서도 치료놀이는 의미 있는 개입방법이라고 확언한다.

치료놀이는 접촉을 통해 수용과 양육의 욕구를 충족하고 심리적인 안전성이 보장된 환경에서 도전을 통해 심리적으로 성장 발달시키는 데 도움이 된다. 또한 어머니와의 긍정적인 관계경험은 자녀로 하여금 자기 인식을 긍정적으로 변화시키고 부모의 참여로 치료적인 상황과 가정의 상황을 일관되게 만들어 주게 된다. 엄마가 자녀의 마음을 이해하고 공감하기 위해 노력하여 정서적인 유대를 깊게 하는 데 많은 도움이 된다. 직장맘에게 긍정적인 상호작용은 자녀가 자신에 대한 통찰을 증진시키고 자신의 정서를 파악하게 하여 언어적, 비언어적인 의사소통이 원활하게 이루어진다.

본 장에서는 직장맘 자녀의 애착문제를 도와주기 위한 주요 전략으로 치료놀이에 대해 소개하고자 한다. 그러나 영아나 유아의 치료놀이에 대한 내용이 시중에 많은 자료들에 소개되어 있어 본 장에서는 생략 하고(마음맑음 시리즈『엄마와 아이 애착 다지기』편 참조), 연령이 높은 아동이나 청소년들을 대상으로 하는 치료놀이에 대해 내용을 중점적으로 소개하고자 한다. 실제로 직장맘 자녀를 상담하다보면 연령이 높은 아이 들이 애착문제로 힘들어 하는 경우가 많다.

(1) 직장맘 자녀를 위한 치료놀이의 치료적 요소

치료놀이는 애착이론, 대상관계이론, 자아심리이론을 근거로 치료자와 아동 사이의 관계를 이용해 생의 초기 단계에서 이루지 못했던 모-자 애착관계를 다시 형성하고자 하는 접근방법이다. 치료놀이는 많은 신체접촉을 포함하고 신체접촉은 정상적인 부모와 아기들 간의 상호작용 패턴을 말한다. 신체접촉은 피부감촉을 자극하고 긍정적인 접촉은 뇌를 자극하고 뇌 영역에 경험으로 깊이 각인되기 때문에 치료는 더 효과적이다.

치료놀이에서 치료자의 역할은 "치료자는 아동을 완전하게 다시 양육할 책임이 있는, 즉 아동의 무의식적 욕구에 대해 자애로운 어머니가 주어야 하는 적절한 본능적 반응을 제공하는 이상적인 어머니다."라고 말한다. 이 말은 부모자녀 관계를 형성하는 데 필요한 이상적인 어머니 상을 얻어 아동의 본능적인 욕구를 해결하고 이를 통해 아동이 성장 발달할 수 있도록 하는 것이 치료자의 역할이라는 것이다. 이 원칙을 토대로 영아기에 이루어지는 스킨십을 놀이로 재현하면서 아동의 심리적인 자아를 성장시킨다. 심리적 자아를 성장시키기 위해서는 신체적인 자아발달이 선행되어야 하며 신체인식을 위에서는 스킨십을 중심으로 하는 놀이가 구조화되어서 활동으로 실천한다. 그렇기 때문에 치료놀이는 매 회기마다 구조화된 활동으로 놀이를 진행하고 회기진행은 치료자가 주도적으로 실시한다. 치료과정에서 아동은 퇴행, 도전, 개입에 대한 내용을 포함한 활동을 통해 안전감을 경험하며 지금-여기에 집중할 수 있게 된다. 다음은 직장맘 자녀의 애착을 촉진하는 치료놀이의 유용한 측면을 살펴보고자 한다.

첫째, 치료놀이는 성인이 책임을 가진다. 성인이 치료과정을 책임지는 이유는 적절하게 규정된 한계나 범위를 통해 안전을 보장하고 양육에 안정감을 경험하면서 양육자와 관계를 공고히 하고 이후 독립적이고 자발적인 활동을 유지하기 위함이다.

둘째, 치료놀이는 접촉의 중요성을 강조한다. 접촉을 중심으로 이루어지는 활동은 자신의 신체 및 신체의 가치에 대해 인식할 수 있도록 돕는다. 건강한 접촉은 자아에 대한 감각을 발달시키고 사람과 사물을 운동력 있고 정서적으로 대처할 수 있는 능력을 개발하는 데 의미가 있다.

셋째, 아동들은 치료놀이를 통해 애착을 재경험함으로써 부모자녀 간의 안정애착을 형성하는 데 도움이 된다. 애착은 부모자녀 간에 형성되는 가장 강하고 지속적인 정서적인 결속이라고 할 수 있다. 생에 초기에 애착형성은 생존을 위한 본능적인 행동에서 출발하지만, 부모와의 지속적인 상호작용을 통해 정서적인 의미로 발전한다. 그리고 애착은 영유아의 모든 발달에 바탕이 되는 기제로 작용을 한다. 부모자녀 간에 형성된 애착의 질은 안정애착과 불안정애착으로 나뉘고 이것은 발달적인 예후를 예측하는 데 가장 타당한 근거를 제시한다. 치료놀이는 생애 초기에 부모자녀 간에 할 수 있는 놀이를 중심으로 이루어지기 때문에 초기 애착을 재경험하는 데 가장 적절한 치료적인 기법이다. 그리고 안정된 애착을 경험함으로써 정서적인 안정과 건강한 부모자녀관계를 형성하는 데 도움을 준다.

넷째, 아동의 퇴행욕구를 촉진하여 건강한 관계를 새로 시작한다. 아동은 환경이 자신의 기대와 어긋날 때 퇴행을 하려고 한다. 퇴행은 아동의 초기 욕구를 충족시키고 여기서부터 발달은 다시 촉진될 수 있다. 치료과정에서 상호작용은 언어적인 자극뿐 아니라 비언어적인 자극을 통해 욕구를 수용하고 안전한 퇴행을 통해 아동의 발달을 촉진할 수 있다.

다섯째, 부모를 포함한다. 치료과정을 잘 이해하고 일반화하기 위한 목적으로 부모를 세션에 포함시킨다. 부모는 아동의 관점을 보다 잘 이해하기 위해 아동을 놀이에 참여시키고 부모가 아동과 관계를 맞을 수 있는 방법을 습득하도록 돕는다. 결국 부모참여는 부모 자체가 변화의주체로 참여한다는 의미이다.

(2) 연령이 높은 직장맘 자녀와의 치료놀이의 의미

청소년은 제2차 성징과 동시에 호르몬 분비의 변화로 신체는 물론 정신적인 부분에서도 많은 혼란과 변화를 경험한다. 이 과정에서 각종 일탈행위, 비행, 반사회적인 행동, 충동적인 감정, 조절능력의 어려움으로 행동문제가 발생한다. 또한 청소년기는 사회적 관계영역이 넓어지는 시기이다. 청소년기는 동조압력이 높아지고 또래집단이 중요하고 사회적 관계형성의 중요한 기반이 되는 시기이다. 사회적 관계를 발달시키는 데 애착은 중요한 심리적인 요인으로서 학령기 후기 아동의 애착안전성이 높을수록 사회적 관계형성이 긍정적이다. 이러한 이유로 청소년기의 발달과업을 잘 성취하기 위해서는 부모자녀 간의 관계를 공고히 할 필요가 있다.

연령이 높은 직장맘 자녀들 중 또래관계 문제나 비행과 같은 행동문제의 원인이 어머니와의 애착 불안정이 원인인 경우가 많다. 어릴 때부터 바쁜 엄마의 일상은 아이에게 늘 공허하고 정서적 결핍으로 고통스러운 시간을 보내게 했을지도 모른다. 이런 아이들은 연령이 증가하였을 때 부모자녀관계에서의 공허감을 친구나 이성친구와의 관계에서 채우려는 경우가 많다. 늦었다고 생각할 때가 빠르다고 한다. 더 늦어지기 전에 연령이 높은 자녀와의 관계를 회복하기 위한 노력을 해야 한다. 아이들의 연령이 증가하더라도 부모는 여전히 안전기지로 남아 있고, 새로운 학교를 입학하거나 학년이 바뀌는 것과 같은 어려운 상황에서 부모와의 건실한 애착체계는 활성화되어 안정감과 적응을 위한 내적 힘을 발휘할 수 있도록 한다. 그렇기 때문에 치료놀이는 자녀의 행동문제를 비롯하여 발달에 기초가 되는 애착체계를 공고히 하는 데 중요한 역할을 한다. 치료놀이 기법은 단순한 놀이로 가능한 많은 신체적인 접촉을 통해 다양한 접촉과 감정을 신체로 느끼고 공유하는 과정으로 점차 언어적인 표현을 증가시킬 수 있도록 돕는다. 언어표현의 증가는 사회적인 관계를 형성하는 데 관계를 맺게 하는 좋은 도구로 활용될 수 있다.

또한 치료놀이는 부모에게 부모역할능력을 강화하고 부모-자녀 간의 정서적 유대감을 증진시켜 서로에 대해 개방적인 정서표현을 하도록 격려한다. 이러한 관계 맺기 경험은 자녀의 상호작용 능력과 자존감을 향상시킬 수 있으며 자신의 정서를 개방적으로 표현할 수 있는 능력을 제공한다. 그 결과 세상과 자신을 둘러싼 환경과 부모와의 관계를 긍정적으로 인식할 수 있도록 돕는다.

청소년들과의 치료놀이는 퇴행적인 욕구를 충분히 표현하고 충족시킬 수 있도록 도와주고 활동경험은 자신의 선택을 책임질 수 있도록 돕는다. 청소년기의 자아정체감 확립에 대한 청소년의 욕구를 존중하면서 기본적인 욕구를 재미라는 요소를 첨가하여 적극적으로 참여하고 경험하도록 한다.

(3) 연령이 높은 아동과 청소년과의 치료놀이에서 고려할 점

청소년과의 치료놀이는 영유아와는 달리 몇 가지 치료과정상에서 주의를 요한다.

첫째, 청소년이 되기 전에 애착욕구가 다루어져야 성인으로서의 삶을 향하여 안전하게 나아갈 수 있다. 활동은 애착욕구가 실현되기 위한 것으로 구성하되 청소년기의 발달과 주 호소 문제를 고려해서 활동을 구성한다.

둘째, 구조화된 세션을 유지하라. 분명한 규칙이 있는 활동을 더 많이 실시한다. 건강하고 정상적으로 발달한 청소년이라도 명확한 구조와 잘 정의된 성인 규칙으로부터 얻는 안정성과 즐거움을 교환하고자 한다. 이를 통해 성인들과 함께하는 기쁨, 성인의 책임감 있는 양육을 받고, 신체접촉으로 위로받으면서 경험하는 확신감은 지속적으로 필요하다. 특히 행동화(Acting out)하는 아이들, 충동적인 청소년들에게 안전을 경험하며 책임감 있는 돌봄을 받지 못한 청소년들에는 특별히 더 필요한 경험이다

셋째, 도전적인 활동을 더 많이 추가하라. 이것은 종종 청소년들의 관심을 지속하는 데 필요하다. 활동을 구성할 때 치료자는 내담자들이 전반적으로는 성공감을 느끼도록 하되, 활동이 너무 쉬워서 가치가 없다는 느낌은 받지 않도록 활동의 난이도를 조절시킬 필요가 있다. 청소년들은 실패를 공손하게 받아들이지 못하고 좌절 인내가 낮을 수 있으므로 체면을 세워 줄 필요가 있다. 달리 말하면 그들은 스스로의 힘을 증명해 보이는 것을 좋아하므로 적당한 난이도가 있는 활동으로 도전하고 싶은 욕구와 활동에 흥미를 돋우도록 할 수 있다.

셋째, 성적인 인식은 청소년들의 치료에서 유의해야 하는 부분이다. 그러므로 치료사들이 아무리 신중하고 적절한 활동을 하더라도 신체적인 접촉은 성적인 의미로 쉽게 오해될 수 있다. 그래서 치료사의 성(gender)은 대개 청소년의 성(gender)과 같도록 해야 한다. 나이 많은 치료사는 성과 관련된 문제를 완화시킨다. 너무 친밀한 활동은 수정하고 꼭 필요하다면 부모가 활동을 하도록 한다. 어떤 활동이든 성욕을 자극하는 영역(zone)으로 가는 것은 피하고 양육적인 접촉과 성적인 접촉의 차이를 구별할 수 있도록 하는 것이 좋다. 활동 중에 내담자의 감정을 존중하고 가끔은 그들의 편안한

수준을 물어보면서 모니터할 기회를 갖는다.

넷째, 모든 세션을 비디오 녹화하라. 비디오 녹화에 대해 부모로부터 서면으로 된 동의를 받아서 치료자가 부적절한 터치를 했다고 잘못 고소되는 경우가 없도록 한다. 치료과정에서 청소년과 부모로부터 오해를 받을 경우 안전장치를 하면 치료사 자신을 보호할 수 있다.

다섯째, 정직하고 올바르게 하라. 만일 그들이 말하는 것과 행동하는 것들이 진실하다면 치료사는 그들을 수용하고 신뢰할 수 있는 더 좋은 기회를 얻는 것이다.

여섯째, 청소년들은 수용과 칭찬이 필요하다. 그러나 부적절한 칭찬은 오히려 관계를 손상시키고 신뢰성을 떨어뜨리기 때문에 주의해야 한다. 치료자의 진실된 격려와 지지가 관계를 친밀하게 하는 데 도움이 된다.

일곱째, 인내를 가지고, 유머를 사용하며 수용받는다는 느낌을 주어라. 청소년들은 자주 적대적인 상태로 급작스럽게 변하고 모든 것을 거절하려는 태세로 있다. 청소년들의 분노감정을 포함한 모든 감정을 수용하고 있다는 사실을 전하기 위해 노력해야 한다. 이를 위한 효과적인 방법은 청소년들의 감각과 유행, 일상생활을 잘 알고 적절히 활용하는 것이다.

여덟째, 변화에 대해 준비하라. 청소년들은 그들이 꼭 필요한 양육(nurturance)을 거절할지도 모른다. 행동과 외모는 '가짜 성인'이지만 정서적으로는 'baby'인 이들을 양육하여 성장하도록 돕는 것이 가장 중요한 치료적 기술이 될 수 있다.

치료사들은 종종 청소년들이 받아들일 수 있는 활동으로 수정해야 한다. 다시 말해 청소년 내담자들은 자신이 너무 '아기처럼' 취급되어 상처에 파우더를 묻히는 것을 원하지 않을지도 모른다. 치료사들은 그들이 거절하는 활동을 강요해서는 안 되지만, 청소년의 욕구에 적절한 활동으로 구성하여 수용 가능한 범위 내에서 활동을 지속할 수 있다. 파우더 찍기 활동을 거부한다면, 치료사는 '나는 네 손금을 봐주려고 해(치료사는 아동의 손을 잡는다). 너의 손바닥 위에 파우더를 조금 놓을 거야. 그러면 그 선들이 분명하게 보일 거야. 좋아. 내가 보려고 했던 것들이 바로 이거야.'라고 말해주어야 한다.

치료사는 청소년을 위해 좋은 운명을 만드는 방향으로 활동을 진행해 간다. 이 활동의 주된 의도는 청소년의 손에 파우더링을 통해 양육의 경험을 하도록 하는 것이다. 손에 파우더를 뿌리고 그리거나 글자나 숫자를 따라가는 것 등과 같은 비슷한 활동 후에, 청소년들은 손을 접촉하여 긍정적인 경험을 할 수 있다는 것을 배우고 그들의 상처가 어루만져지도록 허락하게 될 것이다. 그들은 접촉이 안전할 수 있고 편안함을 준다는 것을 배우게 된다.

아홉째, 자신감 있게, '경쾌하게(upbeat)', 경이로움과 재미가 가득 차도록 한다. 만일 청소년들이 치료자의 불안을 눈치 챘다면 이것은 단지 아이들의 두려움을 보태 주는 것이고 거부감을 늘리는 것이 된다. 재미는 치료놀이 전회기를 구성하는 데 중요한 요소이고 치료가 무겁고 힘든 것이 아님을 경험할 수 있게 해 준다.

열째, '포기하지 마라.' 청소년들은 아마도 치료가 진행되는 동안 언제든지 거부할 수 있다. 거부는 대부분 시작단계에서 주로 나타난다. 되돌려 주기(redirection), 패러독스, 유머를 사용하고 내담자를 참여시키는 데 적극적으로 활동을 발견하고 창조해야 한다. 청소년이 아무리 저항을 많이 하더라도 치료사는 지지적일 필요가 있다. 종종 청소년들 중에는 부모와 교사, 다른 사람들이 '포기하고', '나쁜 아이'로 취급되어 버려지는 경험을 한 후 치료에 참여한다. 그들은 본인 스스로도 나쁜 아이로 생각하기 때문에 치료사가 내담자의 긍정적인 특성에 대해 코멘트하면서 자기상을 변화시키는 데 도움이 된다. 청소년들은 치료사가 원하는 것이 긍정적인 변화라는 것을 느껴야 한다. 치료사의 믿음을 담은 메시지는 청소년의 잠재력을 성장시키고 치유한다. 이 과정에서 치료사는 청소년들이 포기하지 않는다는 믿음을 가질 수 있다.

열하나째, 어떤 신체적인 상해도 허락해서는 안 되고 신체적인 힘으로 싸우면 안 된다. 만일 어떤 신체적인 공격성을 시도해 온다면 즉시 멈추게 하고 "다치게 해서는 안 돼! 이 방 안에서 서로에게 상해를 입혀서는 안 돼."라고 말한다. 치료자의 단호하고 분명한 톤은 위엄을 갖추게 되고 청소년에게 안전한 구조를 제공하게 한다. 치료자는 청소년이 긴장된 상황을 풀도록 활동을 재시도한다. 그러나 내담자가 계속해서 신체적 공격을 해 온다면 그 세션은 멈추도록 한다. "우리는 다음에 다시 시도해 보자. 이번 세션은 끝났다."라고 말한다.

(4) 청소년치료놀이 프로그램

표 11 8회기 치료놀이 구성안의 예

구분	활동내용	기대효과
사전활동	MIM 사전검사 실시 · 개별회기 2회기 (내담 청소년, 부모)	부모자녀관계패턴을 알 수 있고 개별상담을 통해 욕구를 파악

본 활동			
초기	1~2회기	부모자녀 간의 친밀감을 촉진하고 상호작용을 통해 감정이입 및 공감대를 형성하기 위한 활동으로 구성 · 초기에는 개입과 양육을 중심으로 구성	
	개입	손발 그리기, 상처 찾기, 핸드페인팅	· 신체적 접촉, 눈 맞춤과 같은 접촉으로 서로를 인식하고 상호작용의 즐거움을 앎. · 즐거움이라는 정서상태 안에서 공감적 인식과 반응을 경험하기
	양육	발마사지, 밴드 붙이기, 파우더 바르기, 머리 빗기기, 안마하기, 간식 먹여 주기	· 부모의 따뜻한 보살핌과 애정을 통해 자신이 사랑스러운 존재임을 인식하기 · 양육의 경험을 통해 환경과 타인에 대해 수용하기
중기	3~6회기	구조와 애착: 구조와 애착활동, 부모역할능력 강화, 정서적 유대 갖기	
	구조	이어 그리기, 거울 되어 보기, 따라 하기, 카드로 이야기 만들기, 선 따라 걷기	· 규칙과 제한설정 내에서 서로의 역할에 따라 상호작용을 경험하기 · 구조화 속에서 자신만을 고집하지 않고 타인의 감정 수용
말기	7~8회기	부모의 지지에 기초한 도전활동을 통해 내담자의 자신감을 구축하기, 세상과 자신을 둘러싼 환경과 부모 간의 관계를 긍정적으로 인식하기	
	도전	신문지펀치, 미라 만들기, 지시 카드 따라 하기, 감정카드 맞히기, 눈 깜박이지 않기, 모양 흉내 내기	상호작용 활동 시에 서로를 격려하고 할 수 있다는 자신감과 성취감을 얻기
사후활동		MIM 사후검사 실시	

출처: 사회불안 청소년─어머니의 상호 작용 증진을 위한 모─자녀 치료놀이 효과 연구(Case Study on the Mother ─ Adolescents Interaction Theraplay for Social Anxiety), 선우현(청소년시설환경, Vol.7 No.2, [2009]).

2) 사회성 문제

모와의 불안정 애착이 또래관계와 학교생활에 영향을 미친 사례이다. 직장맘들의 자녀가 호소하는 어려움 중 아이의 사회성 문제는 높은 비율을 차지한다. 대부분 어머니와의 불안정애착이 근본적인 원인이 되고 나아가 사회성 발달의 중요한 시기인 유아기에 민감하게 또래관계를 촉진하거나 어려움을 발견하고 개입해 주지 못한 것이 추가적인 원인이 되었을 가능성이 높다.

사회성 문제는 개별 치료뿐만 아니라 2인으로 구성되어 진행되는 짝치료와 집단 사회성 프로그램 등을 통해 도움을 받을 수 있다. 일반적인 사회성 문제를 해결하기 위한 다양한 개입방법은 매우 광범위하고 직장맘 자녀를 위한 접근과 상이하지 않다. 따라서 본서에서는 그 구체적인 방법에 대한 설명을 생략하고 하기로 하고, 사회성에 어려움을 보이는 아동의 상담접근에 대해서는 마음맑음 시리즈 『사회성 부족한 아이 돕기』 편을 참조하길 바란다. 또한 사회성 문제를 가진 아동의 직장맘을 위한 다양한 대처나 예방법에 대해서는 본서의 PART 04에 소개되어 있으므로 참고하길 바란다.

저는 초등학교 3학년 딸아이를 둔 엄마입니다. 결혼 후 계속 직장을 다녔는데 아이를 낳고 지금까지 키워 오는 동안 하루에도 몇 번씩 아이문제로 직장생활에 대한 고민이 옵니다. 오늘은 학교 담임교사와 상담을 하고 온 날입니다. 1학년 때부터 늘 같은 내용의 아이에 대한 이야기를 들었지만 오늘은 좀 다르게 느껴지고 이제는 어떻게든 조치를 취해 주어야겠다는 생각이 들지만 딱히 방법을 모르겠어요. 아이가 혼자 논다고 합니다. 쉬는 시간에도 혼자 앉아 있거나 걸어 다니며 다른 아이들 노는 것을 지켜보고 모둠 활동에서도 적극적으로 참여하지 않는다고 합니다.

제가 직장을 다녀서 엄마들 모임에 같이 가면서 아이들끼리 친하게 지내는 기회를 만들어 주지도 못했고 친구관계는 그냥 그대로 두면 나아지는 줄 알았습니다. 그런데 이 모든 것이 직장을 다니며 잘 키우지 못한 제 잘못인 것 같아서 너무나 죄책감이 듭니다. 만 2살까지 친정엄마가 키워 주시고 친정엄마가 편찮으신 후부터 어린이집 종일반에 보냈어요. 저와 헤어지는 것을 아주 힘들어했지만 그럭저럭 적응한다고 믿었기에 아무 문제가 없을 줄 알았어요.

그런데 그때 아이에게 필요한 것을 해 주지 못한 것이 이렇게 커서 계속 따라다니며 문제가 생길 줄은 몰랐어요.

지금이라도 친구들을 집으로 초대하고 저도 친구 부모들 모임에 나가면서 노력하면 우리 아이의 사회성이 좋아질 수 있을까요? 지금까지 버텨 오느라 힘들었을 우리 아이…… 지금까지 얼마나 힘들었을까……. 마음이 너무 아픕니다.

3) 행동문제

다음으로 직장맘 자녀의 어려움으로 호소해 오는 문제는 행동문제이다. 그중에서도 청소년 자녀의 비행문제는 많은 직장맘들이 고통스러워하고 양육 역사를 돌이키고 싶어 하는 일이다. 이런 행동문제는 하루아침에 발현되었다기보다는 어린 시절부터 축적된 결과로 상담의 예후 또한 긍정적으로 단정하기가 어렵다. 직장맘의 청소년자녀들은 영·유아기부터 안정적이지 못한 부모자녀관계를 경험하고 청소년기 발달 특성과 맞물려 더욱 위태로운 상황에까지 치닫게 된다. 더 자세히 말하면 청소년들의 행동문제는 초기 영·유아기와 아동기에서 축적된 부정적 경험들과 타고난 기질, 그리고 청소년기 발달 특성인 부모로부터의 심리적 독립이나 또래동조와 같은 특징들과 상호작용을 일으키며 발현된다. 특히 직장맘이 자녀와 빈약한 애착관계를 형성한 경우 청소년기의 문제행동과 연합될 가능성은 매우 높다. 직장맘 가정의 아이들은 부모가 없는 낮 시간 동안 보호와 감독의 부재로 인해 일탈행동을 하는 데 더 자유로움을 느낄 수 있고 바쁜 직장일에 치여 사는 부모들은 이를 알아차리지 못하는 경우가 많다. 이러한 결과는 자녀의 충격적 문제행동으로 커지고 부모는 다급하게 상담센터를 찾는다.

(1) 행동문제 발생을 알리는 증상들

어머니가 직장을 다녀서 알아차릴 기회가 적었을지라도 아이들은 행동문제에 대한 단서를 보내왔을 것이다. 그러나 정신없이 하루하루 사느라 그 신호들을 가끔은 알면서도 모른 척, 가끔은 못 알아차리고 지나쳤을지도 모른다. 아래는 아동기부터 청소년기까지 발달적으로 문제행동이 나타나는 징후들이다. 발달 초기에 또는 어렸을 때 부모들이 자녀들에 관해 간과한 문제가 청소년기에 극대화되어 나타난다.

표 12 아동 청소년기의 임상적 징후

초기 아동기
· 투정이 많음.
· 다루기 힘듦.
· 불순종한 태도
· 내적으로 무력함.
· 관계에서 빈곤감, 좌절감
· 반항적 행동, 선택적 함묵증, 섭식장애, 수면장애, 유뇨증, 유분증
· 부모의 태도: 규칙, 과제, 생활습관에서 복종적인 태도를 강요

학령기
· 전반적으로 불복종한 행동
· 부모가 폭력을 사용한 후에 죄책감에 지나치게 허용적인 태도를 취함.
· 권위자와 부정적인 상호작용: 화, 꾸중, 벌에 대해 말대꾸, 남 탓으로 돌리기
· 학교에서 만성적인 비난, 낮은 자긍심, 낮은 적응력
· 불공정한 감정
· 언어, 신체적인 공격
· 빈번한 도둑질, 거짓말이 자주 발생하고 비난에 대해 부인함.
· 분노조절이 어렵고 행동화하는 현상이 나타남.
· 부모의 태도: 무관심, 일탈행동에 대해 비난

청소년기
· 과거에 있었던 공격행동이 다양한 형태도 나타남.
· 폭력과 약탈 절도, 남을 내려하지 않은 폭력에 가담하기
· 흡연, 음주문제를 발생
· 학교무단 조퇴, 이탈 결석이 생김. 가정에서 가출을 시도함.
· 부모의 태도: 방관자적인 태도, 관리감독 소홀

출처: 한국청소년상담원 위기상담개입전략의 일부를 발췌함.

(2) 아동 및 청소년 자녀들의 행동문제에 대한 상담전략

① 직장맘과의 독립 부모상담: 자녀가 상담을 거부할 때

행동상의 문제를 보이는 연령이 높은 아동과 청소년들은 대부분 상담센터에 대해 거부적이다. 그렇다고 이들의 상담을 포기할 수 없기에 상담자들은 우선 부모가 먼저 상담에 참여하여 상담자와 문제해결을 위한 다양한 대안을 짜게 된다.

특히, 직장맘의 경우에는 부모가 함께 있어 주는 시간이 적고 긍정적인 피드백을 주는 기회보다 문제행동에 대해 지적하는 횟수가 많아 부모 자녀관계가 급격하게 손상될 가능성이 높다. 그렇기 때문에 부모상담 및 교육을 통해 청소년 일탈행동에 대한 적극적인 개입방안을 습득하는 과정은 중요하다. 이들 부모를 대상으로 청소년의 발달과정에 대한 이해와 부적절한 행동에 대한 부모의 반응과 바람직한 행동을 격려하는 방법, 그리고 부모가 대안적인 행동을 할 수 있도록 정보를 제공하는 것이 필요하다.

상담자는 부모에게 청소년기에는 신체적인 변화로 인해 정서가 불안정할 수 있고, 뇌의 폭발적인 변화는 사고력의 발달을 동반하지만 발달과정인 사춘기에는 불안정한 모습을 나타낼 수 있음을 부모에게 이해시키는 작업이 필요하다. 또한 부모가 자녀의 행동 실수나 일탈에 대한 비난을 강화하면 오히려 자신의 행동에 대한 조망능력을 향상시키기 어렵다는 점을 이해시킨다. 이뿐만 아니라 문제행동에 대해 부모가 이해와 관심보다는 비난을 하게 될 때 부정적인 감정으로 인해 부모에 대한 정서적인 기대를 철회하고 또래집단에 흡수되어 행동문제가 더 많이 나타날 수 있는 소지가

있음을 숙지시켜야 한다. 그래서 부모는 청소년기의 신체적, 정신적인 변화양상을 고려한 훈육이 필요하고 언제든지 정서적인 지원자로서의 역할을 적극적으로 수용하도록 하는 중요 내용을 상담에서 다루도록 한다.

마지막으로 청소년 행동문제는 아이의 행동을 주시할 필요가 있고 변화에 대한 부모의 민감성을 높일 수 있는 교육이 필요하다. 부모상담에서 다룬 내용으로 자녀에 대한 관심과 감독을 충실히 하게 될 때 청소년의 행동변화와 문제발생에 대해 민감하게 지각하게 되고 적절한 관리감독이 가능하여 청소년 자녀의 행동을 통제하는 데 도움이 된다.

행동문제 자녀를 둔 직장맘과의 주요 상담내용

· 문제해결을 위한 새로운 방법(긍정적 강화. 필요할 때 가벼운 벌. 자녀와 협상하는 방법)을 가르친다.
· 부모 자신이 심리적인 문제가 많고 청소년이 상담에 참여를 잘 하지 않는 문제에 대해서는 부모 자체 상담이 필요하다.
· 아버지 상담을 통해서 청소년기의 아버지의 역할에 대해 인식하도록 돕고 양육갈등을 해소하여 자녀와의 갈등상황에서 유연한 태도를 갖도록 돕는다.
· 아버지가 청소년의 행동문제를 해결하기 위해 체벌을 행사하는 경우. 그 부정적 결과에 대해 인식시킨다.
· 문제발생 시 부부간의 일관된 태도를 유지하도록 교육하고 대처에 대해 부부가 합의할 수 있는 기회를 마련한다.
· 직장맘의 경우에는 자녀의 시간관리에 대해 부부의 적절한 역할 분담 방안을 찾아본다.
· 여가시간에 부모가 함께 할 수 있는 공간을 만든다.

② 해결중심접근

직장맘 자녀의 행동문제는 시급히 해결되어야 하는 일이지만 생각처럼 쉽지는 않다. 그들의 현실적인 상황에 가장 부합하는 단기 상담적 전략을 모색하는 것이 절실히 필요하기 때문에 본서에서는 해결중심적 접근에 대해 보다 상세히 다루고자 한다. 이 접근은 내담자가 가진 장점과 자원에 초점을 두고 단시간 내에 문제를 해결하는 방법을 찾는 상담접근 모델이다. 상담동기가 낮은 청소년 자녀와 시간을 내서 상담센터를 찾는 것이 쉽지 않은 직장맘들에게 특히 유용한 접근이라고 여겨진다. 이 접근은 내담자가 가진 문제에 대해 이미 자기 스스로 해결책을 가지고 있다는 생각을 기본 전제로 한다. 다른 상담접근에서는 내담자의 개인적인 특질, 대인관계, 생활환경의 부정적이고 역기능적인 측면에 더 많은 관심을 둔다. 그러나 해결중심상담에서는 개인이 지닌 강점과 성공적인 경험을 토대로 문제해결을 위한 예외적인 상황을 미리 가정한다. 가능한 실천방안을 실천하게 하여 성공적이고 긍정적인 행동요소를 발견하게 한다. 이를 통해서 내담자 스스로 문제해결을 위한 주체적인 동기를 인식하게 된다.

해결중심상담의 기본원리는 다음과 같다.

첫째, 해결중심상담은 내담자가 문제로 삼지 않는 것은 건드리지 않고 효과가 있는 것이 무엇인지 알고 그것을 더 많이 하도록 독려한다.

둘째, 내담자가 이미 자신의 문제에 대해 실제적이고 즉각적인 방법으로 해결할 수 있는 자원과 해결책을 가지고 있고 자신의 문제에 대해 잘 알고 있음을 인정한다. 따라서 자신의 강점을 이용하고 성공했던 경험에 일차적인 초점을 맞추어 내담자가 원하는 방향으로 변화가 촉진된다.

셋째, 과거보다 현재에 초점을 맞추어 무엇이 잘 되고 있고 미래에 어떻게 활용할 것인가에 관심을 두는 것이다. 즉 관심의 초점이 미래, 해결 방안모색, 새로운 행동유형을 구축하는 데 중점을 둔다. 그리고 모든 상황에서 예외를 찾아내어 해결책을 찾도록 지지한다.

넷째, 인간의 삶은 변화의 과정이고 변화는 삶의 일부이기 때문에 살아가면서 끊임없이 문제는 발생하게 되고 해결되는 과정을 반복한다는 점을 이해한다.

다섯째, 상담자는 내담자와 상호 협력적인 관계로 내담자가 자기 목표를 인식하고 장점과 자원을 활용하여 진정한 성취감을 갖도록 돕는 역할을 한다. 내담자가 호소하는 문제를 기초로 하여 상담을 진행하며 내담자 개인의 욕구를 충족시키도록 돕는다.

여섯째, 내담자 변화의 목표는 내담자가 달성할 수 있고 작고 가능한 실천을 먼저 계획한다. 실천적인 작은 변화가 다른 변화를 야기하며 더 나아가서는 큰 변화를 가져올 수 있다.

해결중심상담을 효율적으로 하기 위해서는 상담자가 내담자에 대해 관심을 가지고 알고 싶어 하는 태도를 취해야 한다. 그러한 과정에 도움을 주는 치료적 의사소통기술은 다음과 같다(Berg, I. K., Steiner, T.(2003). Children's Solution Work).

㉠ 경청: 경청은 내담자의 이야기를 주의 깊게 듣고 내담자의 내적 준거의 틀에 초점을 맞추고 내담자를 상담자가 미리 평가하거나 문제해결방향을

미리 제시하는 태도를 적절하게 제어한다.

ⓛ 내담자의 핵심 언어를 모방: 언어는 자신의 주관적인 신념이나 내적 준거의 틀을 보여 준 대표적인 상징이다. 내담자는 자신의 내적 준거의 틀을 상담자에게 전달하기 위해 언어를 사용하고 상담자는 내담자의 언어를 경청하고 탐색함으로써 내담자에 대해 의미 있는 탐색이 이루어진다. 내담자가 사용하는 핵심용어를 모방하여 문제해결의 전환점이 될 수 있도록 도울 수 있다.

ⓒ 요약하기: 요약하기는 명료화하기로 내담자의 생각, 행동, 느낌에 대해 듣고 있는 그대로 내담자에게 정리를 해서 돌려주는 것이다. 이 과정을 통해서 내담자는 자신의 말을 경청하고 있는 상담자를 신뢰할 수 있고 자기 스스로는 자신의 말을 다시 재인식할 수 있다.

ⓔ 개방적인 질문: 개방적인 질문과 폐쇄적인 질문은 적절하게 균형이 맞아야 한다. 개방적인 질문은 내담자의 인지영역을 확대하고 자신의 느낌, 태도, 생각을 반영하게 된다. 따라서 내담자의 내적 준거의 틀을 보다 더 잘 알 수 있게 된다.

ⓜ 비언어적인 태도에 주목하기: 비언어적인 의사소통은 언어적인 의사소통보다 더 많은 정보를 제공할 수 있고, 특히 청소년의 경우에는 내담자의 상담내용에 대한 내적인 갈등이나 심리적인 측면을 관찰하는 데 도움이 된다. 비언어적인 태도에는 미소, 다른 곳 쳐다보기, 의자에 축 늘어진 태도, 한숨 쉬기, 안경 벗어서 닦기, 엎드리기, 침묵하기, 시계 쳐다보기 등이 있다.

ⓗ 자기노출: 치료자가 자신의 경험이나 생각을 적절하게 노출함으로써

내담자가 상담을 어떻게 경험하고 있으며 자신의 삶에서 일어나는 일에 대해 어떤 인식을 가지고 있는지 명료화하기 위해서 사용한다.

ⓢ 과정에 초점을 맞추기: 상담과정에서 내담자에 대한 이해는 대화의 내용과 과정을 모두 이해하는 것이다. 내용은 내담자의 중요사건이나 갈등에 대한 정보이고 과정은 내담자가 정보를 표현하는 방법으로 내담자의 감정이나 표정 등을 말한다. 이 과정에서 사실에 대한 진위 여부보다는 내담자의 생각을 따라 주기를 통해 내담자가 자신의 생각을 탐색할 수 있도록 돕는 것이다.

ⓞ 초점을 내담자에게 돌려주기: 내담자가 특히 청소년인 경우에는 자신의 문제를 성인, 즉 부모나 교사, 환경의 탓으로 돌리고 문제해결 가능성이 다른 사람에 의해 결정된다고 생각한다. 상담자는 무기력한 내담자에게 권한을 부여한다. 상담자는 내담자에게 자신은 무엇이 달라지기를 원하는지 자신의 문제를 해결하기 위해 어떻게 행동하고 방법을 찾을 것인지에 대해 이야기 초점을 돌린다. 이를 통하여 내담자는 문제 중심적인 대화에서 해결중심적 대화로 전환할 수 있다.

해결중심적 대화를 위해서는 적절한 질문을 통해 문제를 재인식하고 해결할 수 있는 방향이나 자신의 기대나 소방, 현실인식을 가능하게 한다. 해결중심을 이끄는 질문은 다음과 같다.

㉠ 예외질문: 예외는 문제라고 생각한 행동이 일어나지 않은 상황이나 행동이다. 모든 상황에는 예외가 있는데 그것을 강조하고 성공하도록 강화해 준다. 이를 통해 우연히 찾아낸 성공적인 행동을 의도적으로 실천하고

내담자가 스스로 자원을 활용하여 내담자가 긍정적인 방향으로 상황을 이끌고 자존감을 강화하는 것이다. 심각한 상황에서도 덜 심한 상황을 찾거나 순간을 인식하여 해결이 기회를 갖는 것이다.

예) 항상 엄마가 나를 혼냈다고 했는데 안 혼냈던 상황은 언제인가? 동생이 나를 무시한다고 했는데 동생이 내 의견을 존중해 주었던 적은 언제인가?

ⓛ 기적질문: 기적질문은 문제가 모두 해결된 상태를 상상하고 내담자가 변화하고 싶은 상태를 스스로 설명하고 찾아내는 것이다. 이 질문은 현 상태에서 문제가 되는 초점에서 벗어나 변화 가능한 해결점을 찾으려는 과정이다. 기적질문에서는 기적상황 자체가 의미 있는 것이 아니라, 현재 상황과 연결을 시켜서 어떻게 문제를 해결할 것인가로 초점을 강조하는 것이다. 현재의 어려움에 대해 마술적인 사고를 도움받아 자신의 삶을 새롭게 구성하고 발전시키도록 돕는 질문이다. 자신의 삶의 가능성과 문제해결 가능성을 스스로 찾아볼 수 있는 기회가 된다.

예) 오늘 집에서 잠을 자고 있는데 ○○가 생각한 모든 문제가 해결되었다고 생각해 봐. 잠에서 깨어난 후에 지난 밤 동안 모든 문제가 해결되었다는 것을 어떻게 알 수 있을까? 기적이 일어났다는 점을 무엇을 보면 알 수 있을까?

ⓒ 척도질문: 척도질문은 문제해결에 대한 태도보다는 문제에 대해 정확하게 알고 내담자의 변화과정을 격려하고 강화해 주고 구체적인 정보를 아는 데 도움이 되는 질문이다. 이 질문은 내담자의 문제를 명료화시키고 동기화시킨다. 내담자의 목표나 희망으로는 문제를 해결할 수 없다. 현실적인

목표 세우기가 가능해야 하고 구체적인 실천방안을 현실과 연결해야 현실적인 실천방안이 나올 수 있다.

> 예) 1에서 10가지의 척도에서 배운 문제가 다 해결된 지점입니다. 현재 상태는 몇 점에 해당될까? 공부를 열심히 하고 싶다고 했는데 1에서 10까지 척도에서 10은 어떤 상태가 가장 이상적으로 생각하는 열공 상태인가? 그럼 현재 공부 상태는 몇 점일까? 엄마는 내가 1점 높이기 위해서 무엇이 필요하다고 말할까? 내가 1점을 높이기 위해 어떤 일을 가장 먼저 해야 할까?

ⓔ 대처질문: 내담자들은 문제가 발생하면 절망적이고 아무런 희망이 없다고 생각해서 어떠한 행동을 하거나 해결을 위한 방법을 찾으려고 시도하지 않는다. 이런 경우에 대처질문을 통해서 내담자의 무기력과 좌절을 극복하기 하기 위한 방안을 찾아보는 것이다. 그리고 경우에 따라서 내담자가 약간의 성공을 느끼도록 유도할 수 있다. 청소년에게는 자신의 긍정적인 부분을 찾을 수 있고 전문가에게 격려받는다는 생각을 가질 수 있다. 그리고 자신에 대해 긍정적이고 소망적인 태도를 가지며 자기에게 있는 에너지와 재능을 동원하여 자신이 생활을 재구조화할 수 있는 동기를 제공한다.

> 예) 엄마로서 해야 될 일이 무엇입니까? 엄마가 현재 가장 쉽게 할 수 있는 일은 무엇이라고 생각합니까? 그동안 어려웠던 상황을 어떻게 대처해 왔다고 보십니까? 포기하지 않고 그렇게 계속 버틸 수 있었던 것은 무엇입니까?

해결중심상담은 위에 기술된 질문과 상담자의 태도를 상담 초기에 내담자 평가나 가족평가에 적극적으로 활용한다. 가족과 내담 청소년의 평가 이후에 목표를 설정하는데 상담목표는 처음부터 종결을 염두에 주고 그 조건을 함께 이끌어 낸다. 성공적인 상담 효과를 위한 중요한 첫 단계이다. 상담목표는 문제에 초점을 두는 것에서 해결에 초점을 두어 관련된 행동 목표를 정한다. 사회관계적인 맥락에서 사람 간의 상호작용에 대해 이야기하고 결과를 이루기 위한 어려움도 함께 인식한다.

특히 상담목표는 아동청소년의 경우에는 부모목표를 함께 정하여 부모의 양육방법이나 문제해결기술을 향상시킬 수 있도록 돕는다. 해결중심상담은 주로 단기 상담으로 실시되고 구체적인 목표를 정하고 해결하려는 내담자의 태도나 실천을 강조한다.

따라서 직장맘의 경우 자녀의 문제행동에 대한 구체적인 방법과 동시에 낙관적인 태도와 긍정적인 부모나 자녀의 요소를 찾을 수 있다. 그래서 초점이 되는 문제 이외의 다른 현상에 대해 권한을 가지고 적극적으로 해결하는 태도를 지닐 수 있다.

③ 청소년의 문제해결기술훈련

청소년들이 상담을 하러 온다 치더라도 심리치료사가 목표로 하고 진행해 가는 상담과정을 잘 버티지 못한다. 특히 모래놀이치료와 같은 모호하고 잠재적 변화과정을 견디어 내야 하는 심리치료적 접근은 종결기까지 성공적으로 끌어가기가 쉽지 않다. 자아가 강화되고 일정 수준의 심리적 디스트레스가 해소되면 상담을 멈추고 스스로 해결하겠다며 중단 선언을 한다.

자녀에 대한 조급한 직장맘들의 현실적 욕구가 다루어지지 않은 채 상담기간을 끌고 가게 될 때도 마찬가지다. 이런 직장맘과 청소년 자녀를 위한 하나의 상담전략으로 문제해결 기술을 집중적으로 다루는 전략에 대해 소개하고자 한다.

문제해결을 할 수 있는 역량을 강화시키면서 문제해결기술을 찾도록 치료적으로 개입한다. 행동문제를 개선하기 위해 문제를 인식하고 사고하고 예측하여 가장 효과적인 대안을 설정하는 과정을 일상생활에 적용한다. 이 과정에서 행동을 스스로 통제하고 문제해결을 위한 대안을 찾고 결과를 예측해 봄으로써 가장 적절한 행동을 선택하도록 숙달시키는 것을 목적으로 한다. 다음은 행동문제를 개선하는 문제해결기술 훈련내용이다.

☞ 행동문제 개선을 위한 문제해결기술 훈련내용

· 청소년들이 문제를 인식하고 원인을 알아내고 결과를 예측해 보고 어려운 상황을 대처하는 데 대안을 고려해 보도록 한다.
· 반복적으로 공격행동 등으로 행동화를 하는 경우에는 감정을 인식하고 적절한 언어화를 통해 감정을 순화하는 계기를 만든다.
· 반복적인 감정표출과 행동화는 우울감을 증진시킬 수 있기 때문에 가급적이면 감정을 수용하도록 한다.
· 청소년이 경험하는 감정과 현실과의 차이점, 현실에서 기대하는 점, 좌절감의 정도, 기대와 현실의 차이에 대해 인식하여 자기 통찰을 하도록 돕는다.
· 분노를 조절하는 다양한 방법을 가르치고 연습을 통해 스스로 조절할 수 있도록 일반화한다.

④ 가족적 접근

개인은 가족의 구성원이고 가족은 개인이 발달하는 데 가장 중요한 심리적인 성장 환경이다. 특히 개인의 변화를 위해서는 환경적인 변화가 필수적이고 이러한 관점에서 가족이 하나의 체계로서 변화발전을 꾀하는 일은 무리한 요구가 아니다. 특히 청소년들이 발달적으로 민감한 시기이고 부모 또한 청소년기 자녀를 양육하기 위해 적절한 양육 태도를 변화시키는 것을 통해 발달적인 위기를 잘 해결하게 된다.

청소년의 일탈행동 자체를 지적하고 변화시켜야 할 대상으로 생각하기보다 일탈행동이 나타난 배경에 대해 관심을 가진다. 그리고 문제행동이 전체 가족과 가족 개개인에게 어떤 영향을 주는지 분석하여 가족의 역동을 파악하는 과정이 필요하다.

일반적으로 청소년 자녀의 행동문제에 대해 가족들은 비난하거나 의사소통에 있어서 방어적, 적대적인 태도를 취하기 쉽다. 그리고 가족문제의 모든 원인이 희생양이 되면서 진정으로 필요한 가족구조나 문제해결에 대한 대안 마련은 지연되기 쉽다. 많은 가족들은 자녀에 대한 정서적인 지지가 결여되어 오히려 문제행동을 촉진시키는 역효과를 갖기도 한다. 따라서 가족의 태도 변화를 통해 청소년의 일탈행동이 줄어들 수 있는 방안을 찾아보아야 한다.

행동문제 청소년의 가족 개입 방안

- 부부가 가족중심으로 자녀의 문제행동에 권위 있게 대처하여 일관적인 태도, 부모로서의 책임감 유지, 어려운 상황에서 극단적인 행동이나 감정표출 자제하기를 실천한다.
- 부정적인 행동에 대해서는 비난보다 단호한 태도와 구체적인 가족 규칙을 통해 스스로 통제하고 조절하도록 돕는다.
- 자녀의 행동문제로 발생한 부부갈등으로 대립하는 모습을 자녀 앞에 보이지 않는다.
- 가족 간의 의사소통을 촉진하고 정서적인 지지를 늘려나갈 수 있도록 생활의 경험을 다양하게 할 수 있도록 돕는다.
- 사회적으로 용인되는 행동에 대해 긍정적인 피드백을 주며 긍정적 강화를 제공한다.
- 가족행사나 가사일에 적극적으로 참여시켜 가족의 구성원으로서 역할을 부여하고 가족에서의 위치를 공고히 한다.
- 가족들 간의 문제를 해결하는 새로운 방법을 발전시킨다.

Tip 어느 청소년 상담사의 이야기

"나는 청소년에게 심리치료를 행하지 않았고 다만 견디는 역할을 했을 뿐이다."

청소년 행동문제에 대한 상담전략에 가장 중요한 것은 좋은 울타리가 되어 주어야 한다는 것입니다. 어느 상담사는 '힘들어하는 청소년과 함께하며 다만 견디는 역할을 했을 뿐이다.'라고 자신의 소견을 이야기하는 것을 보았습니다.

청소년은 안전한 보호 속에서 안정감을 가지고 자신을 돌아보고 사고하고 판단하는 과정이 필요하기 때문에 잘 견뎌 주는 역할이 필요했던 거지요. 위니컷이 말한 좋은 울타리는 청소년은 자신의 이야기를 진심으로 대해 주는 대상을 찾고 그 대상으로부터 안전하게 보호받고자 한다고 합니다.

하지만 상담에 오는 청소년들은 대부분 학생부에 반성문을 쓰기 위해 오는 문제를 저지르고 잡힌 모습으로 옵니다. 상담자 앞에서는 위축되어 있거나 반항기가 가득하거나 저항을 하다가도 순종적인 태도를 보이지만, 문 밖을 나가면 다른 모습으로 변합니다. 그래서 상담실에서 상담한 내용이 생활에서 실천되지 않거나 전혀 다른 모습으로 나타나는 경우도 많습니다.

행동문제를 보이는 청소년들과 만날 때 무엇보다 중요한 상담자의 자세는 '강한 직업적 신념'을 가지고 '함께 견디어 가는 노력'이 필요하다고 생각합니다.

PART 04

직장맘 아이들의
행동문제 예방과 대처

1. 직장맘의 딜레마 열쇠 찾기

1) 딜레마를 극복하기 위한 힘찬 발걸음

여성은 자신에게 붙여진 이름과 역할이 많다. 직장맘에게는 엄마라는 이름 이외에 한두 가지 호칭이 더 붙는다. 이름이 붙는 만큼 그에 걸맞은 역할이 뒤따른다. 그 역할을 모두 나름대로 소화하지만, 그중에서 가장 무겁게 다가오는 무게는 자녀양육이라는 책임감일 것이다. 다른 역할들은 자신이 행한 만큼 얻어지는 결과이기에 받아들일 수 있지만, 양육은 나로 인해 다른 사람의 인생과 진로와 삶에 지대한 영향을 미치기 때문에 더 강한 책임감과 부담감이 느껴질 수밖에 없다. 하지만 양육은 부모 개인의 인간적인 성숙을 가져온다는 점에서 분명 보람찬 일이다. 부모에게는 대체로 자녀의 연령, 성, 자녀의 특성에 따른 적절한 양육에 대한 공통적인 양육지침이 있다. 그러나 직장맘이라는 특성은 전업주부에 비해 물리적, 시간적, 양육환경에서 많은 차이를 가지고 있다. 그러하기에 이들에게는 양육정보와 양육상 고려할 점, 그리고 직장맘 자신에 대한 생활관리에 대해 전체적인 그림을 그릴 수 있도록 다양한 정보와 도움이 필요하다.

본 장에서는 직장맘들이 자녀 양육에서 겪게 되는 심리적 갈등과 그 해결책에 대해 구체적인 방안을 살펴보려고 한다.

(1) 엄마 스스로 행복해지기-아이에게 행복한 엄마 선물하기

자신을 돌보는 것은 자신을 건강하게 만들고 삶의 에너지를 샘솟게 하는 과정이다. 우물 물이 바닥을 드러냈을 때 잠시 기다려 주면 맑은 물이 올라온다. 이렇듯 엄마 자신에게도 잠시 쉬어 주면서 자기 내부에서 올라오는 샘물로 스스로를 적시고 활력을 얻는 기회가 필요하다. 이런 행복한 엄마가 되기 위해 직장맘들은 아래의 몇몇 약속을 지키는 것이 필요하다. 자신과 아래의 몇 가지 약속을 지킨다면 스스로의 행복은 보장될 것이다.

① 첫 번째 약속: 직장맘 스스로의 욕구를 들여다본다!

직장맘은 엄마로서의 역할, 사회 직업인으로서 역할 등 여러 가지 역할을 부여받는다. 사회에서나 가정이 주는 역할뿐만 아니라, 그 모든 역할을 다 잘해 내야 한다는 생각에 사로잡히지는 않았는지 생각해 보자. 이러한 생각으로 나를 채찍질하고 쉬지 않고 달리는 말이 된다는 의미는 엄마로서 '나는 아이들과 남편이 원하는 대로 되도록 맞춰 주고 잘해 줘야 한다'는 생각으로 모든 생활을 구성하는 태도로 나타난다. 내 손에 들린 바구니는 텅텅 비어 가는데, 가족들에게는 무한히 주려고만 하고 결국 자기에게 줄 마지막 에너지까지 넘겨주게 된다. 비어 있는 바구니는 결국 엄마 자신을 더 공허하게 만들게 되고, 가족들에게 더 잘해 주지 못하는, 더 충실하지 못하는 스스로를 비난하기 쉬워진다. 그래서 가족들에게 내가 가진 것을 주려면 내 바구니가 어느 정도는 채워져야 한다. 이 바구니를 채우기 위해서는 내가 원하는것, 내가 좋아하는것, 나를 행복하게 해주는것을 찾아서 담아보자.

② 두 번째 약속: 표현! 표현하는 엄마가 되자!

엄마, 나 자신을 돌보고 아끼면 표현하게 되느니…… 표현은 자신을 돌보는 양식!

우울증을 앓고 있는 많은 주부들이 자기 마음에 대해 표현하기를 어려워한다. 마음속의 동굴에 자신이 원하는 것을 가둬 두면 썩고 곪아 가기 마련이다. 가끔은 내가 먹고 싶은 것도 사 먹기도 하고, 보고 싶었던 책도 한두 권 고르기도 하면서 나에게 주는 선물을 기쁘게 받아 보자. 그리고 가족들에게 말하지 않아도 '내 마음을 알아주겠지! 이쯤하면 당연히 알겠지! 사람이라면 이 정도는 알아서 할 거야! 당연히 내 생일을 기억하겠지!' 하는 기대를 과감히 버리자.

그래서 알아주었으면 하는 마음만큼 표현하자. 만약 표현이 익숙하지 않다면, 자존심이 살짝 상한다면, 조금은 쑥스럽고 어색하다면 사소한 것부터 조금씩 시도하자. 휴대전화의 문자를 적절하게 이용해 보자. 남편이나 자녀들에게 알아주겠지 하며 참고 기다리다가 정말 알아주지 않으면 사람은 화가 나게 마련이다. 주전자에 내 화가 꾹꾹 눌려져 뚜껑이 날아가기 전에 미리 김을 빼는 연습을 하자. 사소한 일이라도 가족이나 지인들에게 내 솔직한 감정, 알아주었으면 하는 마음, 원하는 것을 말해 보는 연습을 해 두자. 주전자 김을 중간 중간 빼 줘야 뚜껑이 날아가는 불상사가 생기지 않는다.

만약 무한한 인내심을 발휘하려다 폭발된 화는 그때 날아간 주전자 뚜껑이 자신에게 부메랑이 되어 날아오는 것과 같다. 아마도 그것을 다시 맞고 싶은 사람은 없을 것이다.

③ 세 번째 약속: 상황적, 현실적으로 해 줄 수 없는 가족의 요청에 "No"라고 말하기

가족들에게 "No"라고 말한다고 해서 가족에게 충실하지 않은 것이 결코 아니다. 가족에게 말하는 "No"는 엄마가 할 수 있는 범위를 알려 주는 정보이다. 엄마는 당장 해결해야 할 집안일이 있는데, 아이나 남편이 뭔가 다른 것을 요구한다고 가정해 보자. 물론 엄마 일을 제쳐 두고 가족이 원하는 것을 해 주는 것이 더 큰 만족감을 준다면 별 무리가 없다. 그러나 대부분의 상황은 엄마가 꾹 참고 가족이 원하는 것을 먼저 해 주게 된다. 엄마 입장에서는 엄마의 급한 일을 일단 미루고 가족 욕구를 우선적으로 해 주었는데, 매번 같은 요구를 하면 엄마는 가족들이 자신이 얼마나 힘들지 이해해 주지 못한다는 서운한 생각이 들 수 있다. 또, 다른 가족 입장에서는 이전에는 다 해 주었는데, 왜 이번에는 엄마가 버럭 화를 내고 마음이 상했는지 의아해하게 된다. 지금 상황이 이러이러하기 때문에 해 줄 수 없다는 말을 해 보자. 엄마 상황을 이해할 수 있게 설명하는 것이 오히려 더 서로를 이해하게 되고 관계를 손상시키지 않을 수 있다. 엄마가 현실적으로 해 줄 수 있는 일과 해 주고 싶은 일 사이에 우선순위를 정해 두자. 현실적으로 해 줄 수 있는 일은 기분 좋게 하자. 그리고 해 주고 싶으나 현재 할 수 없는 일에는 죄책감 없이 "No"를 외치자. 그리고 상황이 될 때 기분 좋게 "Yes"를 외치고 실행하면 가족이

엄마에 대해 현실적인 기대를 하게 될 것이다.

④ 네 번째 약속: 엄마, 내 안의 어린 자아를 키우자

엄마 자신이 현재 엄마로서 아이에게 해 주고 싶은 마음들을 모아 보면 대체로 어린 시절 자신이 부모님에게 원했던 일인 경우가 많이 있다. 어릴 때 자상함의 이름으로 많은 간섭을 받고 자란 아이는 아이에게 선택권을 많이 주고 편하게 해 주고 싶은 마음이 많다. 어린 시절 부모님의 사랑을 많이 못 받았다고 하는 사람은 무한한 사랑을 주고 싶어 한다. 그래서 아이의 어려움을 그냥 넘기지 못하고 대신 해 주고 싶어 한다. 엄마 자신이 원하는 양육방법과 자신이 어려서 부모님에게 받고 싶었던 양육의 공통점을 찾아보자. 그 양육방법이 내가 받고 싶었으나 받지 못했던 관심과 채우지 못한 애정에 대한 좌절 때문에 생긴 것은 아닐까 고민해 보자. 이러한 고민은 마음이 아프지만, 자신을 돌아보고 내면에 내재된 어린 자아의 욕구를 확인해 보는 데 도움이 된다. 다시 그 옛날로 돌아가 충분히 애정을 받지 못했던 내 부모의 방식을 바꿀 수는 없지만, 그 시절의 어린 자신에게 성인으로 성장한 자아가 토닥여 주고 마음을 헤아려 줄 수 있다. "그래 그때는 부모님이 못 해 주셨지만, 이제 내가 해 줄게! 네가 진정 원하는 것이 뭐니?" 이러한 내면의 대화는 내 안에 어린 자아를 성장하게 하는 데 도움을 준다. 어린 자아를 키우는 방법은 자신의 욕구를 돌보고 자신이 하고 싶은 일을 찾아서 해 보는 것이다. 취미라는 거창한 작업이 아니라도 좋다. 아주 작은 생활의 일부를 실행하면서 내면의 자아를 키운다면 자녀에게는 건강한 엄마의 모습을 보여 주게 된다. 자신의 욕구를 돌보는 사람이 자녀의 욕구에 대해 공감할 수 있고

민감하게 반응할 수 있다. 또한 무리한 욕구나 상황에 부적절한 요구에 대해 경계를 지어 주면서 아이가 사회적인 한계를 자연스럽게 경험하게 된다. 좋은 치유의 경험이 자녀를 성숙하게 하는 첫걸음이라는 사실을 기억해 두자.

⑤ 다섯 번째 약속: 오직 나만을 위한 온전한 시간을 가져 보자!

직장맘은 정신없이 출근하고 바쁘게 퇴근한다. 그래서 자신을 돌아볼 여유가 없고 시간이 남는다면 무언가를 위해서 움직이고 챙기고 준비하는 시간으로 모두 소비를 한다. 그래서 일주일에 한 번이라도 짧은 시간을 낸다면 한결 마음에 여유가 생길 것이다.

Tip

1. 마음 챙기기(심적 자기 관리)
· 좋아하는 작가의 책을 읽거나 좋아할 만한 영화(혼자서든 누구와든)를 보자.
· 스스로 자기에게 친절한 말과 칭찬을 해 주자. "그래 잘했어! 누구라도 이렇게 했을 거야!"
· 마음을 터놓을 만한 친구나 지인을 자주 만나자.
· 전화로라도 실컷 수다를 떨 수 있는 대상을 만들자.

2. 몸 챙기기(신체적 자기 관리)
· 가까운 공원 걷기나 산책, 가벼운 스트레칭, 요가 등 운동을 시작하자.
· 건강에 도움이 되는 영양제를 매일 먹자.
· 계절마다 건강식 챙겨 먹고, 건강검진 정기적으로 받자.

이 시간은 열심히 살고 있는 자신에게 주는 선물이라고 생각해 보자. 그 시간에는 서점에 가서 좋아하는 신간을 뒤적여 보거나 주변 공원을 산책하는 것도 좋다.

가족을 위한 물건을 사거나 쇼핑하는 것보다는 오롯이 엄마 스스로에게 집중할 수 있는 시간을 주는 것이다. 양육과 관련된 많은 연구에서도 엄마의 양육스트레스에서 가장 중요한 변수는 엄마의 휴식이라고 하였다.

⑥ 여섯 번째 약속: 엄마가 먹고 싶은 음식으로 식사 메뉴를 정해 보자

음식은 자신에게 주는 양분이다. 엄마는 항상 누구를 위한 식탁을 차리는 것에 익숙하다. 특히 직장맘은 가족들을 위한 식사를 제대로 차려 주지 못한다는 생각으로 더 마음속에 미안함과 죄책감이 있다. 그러나 가끔씩 엄마가 좋아하는 메뉴를 가족에게 소개해 보자. 엄마가 가족에게 자신에 대해 알리는 것이다.

이런 작은 제스처들은 아이들이나 다른 가족이 느끼기에 엄마도 가족 내에서 그냥 베풀기만 해야 하는 사람이 아니라, 마찬가지로 욕구가 있고 그것이 존중받아야 할 사람임을 이해하게 도와줄 것이다. 작지만 결코 사소한 제스처가 아니다.

⑦ 일곱 번째 약속: 나의 행복 노트를 갖고 다니자

가족이 생기면서, 자녀가 생기면서, 직장을 다니면서, 과거에 내가 좋아한 일, 즐거울 만한 일들을 잊고 살지는 않았는지 생각해 보자. 현재 엄마가 해 보고 싶은 일이 내가 처녀였을 때 배워 보고 싶었던 분야일 수도 있고, 실제로

처녀였을 때 경험해서 즐겁고 좋았던 어떤 것일 수도 있다. 아주 작고 사소한 것이라도 상관없다. 라디오에 사연을 보내며 기쁘게 기다렸던 일일 수도 있고, 맘에 드는 화초나 화분을 샀던 일일 수도 있다.

나를 기분 좋게 했던 일이라면 무엇이든 좋다. 나만의 행복 노트를 만들어 보자. 행복노트에는 뭐든 적을 수 있다. 예를 들어, 비 오는 날은 빈대떡 사 가지고 집에서 막걸리와 먹기, 비빔국수 두 그릇 먹기, 내년까지 대출금 일부 상환하기, 첫째아이가 좋아하는 아이스크림 놀이터에서 먹기 등등, 그 목록을 조용한 장소나 혼자만의 시간에 찬찬히 적어 내려간 후 일주일에 한 번, 한 달에 한 번 등 정해진 요일, 정해진 기간에 실천해 보도록 하자. 작은 파장이 나도 모르게 큰 힘을 줄 수 있으며 과거의 좋았던 일을 하면서 그때 느꼈던 좋았던 감정, 추억도 다시 연결되며 내 빈 바구니를 채울 수 있을 것이다.

(2) 과도한 죄책감으로부터 벗어나기 - 죄책감의 올가미를 풀고 자신을 감싸 안기

① 자신에게 관대해지기

두 마리 토끼를 잡기 위해 엄마 스스로 엄격한 잣대를 대고 스스로에게 가혹해지는 것은 아닌지 돌아볼 필요가 있다. 양육이나 가사 일과 직장 일의 균형을 맞추는 데 실패하는 것은 직장맘이 역할을 충실히 하지 않았다거나 게으르다는 차원이 아니다. 다양한 역할 속에서 균형을 맞추는 것이 결코 쉬운 일이 아니라는 점을 자연스러운 사실로 받아들이도록 하자. 그리고 스스로에게 관대해지는 것이 무엇보다도 중요하다. 자신에게 엄격해지면 타인에게 관대해지기 어렵고 자신의 모습에 불만족스럽고 타인들에게 위축된 태도를 보이게 된다. 그래서 아이에게 해 주고 있는 부분보다는 못 해 주고 있는 부분에 더 확대경을 들이댈 수 있다. 엄마가 자신에게 엄격함을 내려놓고 내가 아이에게 최선을 다하고 있는 부분에 확대경을 들이댈 수 있는 엄마의 용기가 필요하다. 자신의 긍정적인 부분을 보게 되면 더 많은 일에 의욕이 생기고 만족감으로 인해 자녀에게 좋은 에너지를 보내 줄 수 있다.

② 자신에 대한 믿음 가지기

죄책감은 '내가 정말 잘하고 있는 것일까?' '남들이 나를 어떻게 볼까?' 등 자신을 믿어 주지 않아 생기는 경우가 많다. 엄마가 스스로에게 지금 잘해 내고 있다고 믿어 주는 것이야말로 아이에 대해 갖는 과도한 미안함, 그로 인한 자책에서 조금이나마 벗어날 수 있는 가장 강력한 치료제이다. 잘못하고 있는 것보다 잘하고 있는 것을 보는 것은 자신을 신뢰하는 첫걸음이다.

직장맘에게는 다양한 역할이 있고 그 역할을 실행하는 과정에서 항상 자녀의 욕구나 양육이 뒤로 미뤄진다는 생각에 충분히 엄마 역할을 못 하고 있다는 생각이 들 수 있다. 다양한 역할을 하려면 균형이 필요하고 경우에 따라서 집중적으로 한 가지에 몰두해야 할 경우가 있다. 그래서 자신의 현재 모습을 반추해 보는 과정이 필요하고 이 과정을 통해 스스로 생활의 균형감각을 유지할 수 있다.

(3) 자녀 양육에 대한 발상의 전환 – 엄마는 양육전담반에서 함께 살아 가기의 관점으로

① 자녀에게 주는 기회란 '자율성과 주도성, 유능감을 향한 영양제'

사람은 연령에 따라 각각 성취해야 하는 과업들이 있다. 태어나서 엄마라는 유일무이한 존재와의 상호작용과 접촉을 통해서 아기는 신뢰감을 쌓게 된다. 그것이 바탕이 된 이후에는 자신의 능력을 이것저것 시험해 보면서 자율성과 주도성을 형성해 나간다. 이 시기는 대략 유아기이고, 아이들이 도전해 보는 시험은 어른들이 보기에는 사실 특별하고 대단한 것이 아니다. 그러나 아이들에게는 엄마, 아빠의 도움 없이도 스스로 일어설 수 있는 연습을 해 나가는 매우 소중하고 필수적인 과정이다. 혼자서 숟가락질을 하면서 눈과 손의 협응 능력을 시험하고 혼자 신발을 신어 보면서 신체 조율 능력을 향상시킨다. 자조기술들을 혼자서 배우고 연습하면서 아이들은 엄마와의 신뢰감 속에서 엄마에게 밀착했던 자신을 서서히 독립시켜 나가며 세상에 적응할 준비 과정을 거치게 된다.

그런데 이때 아이가 여러 도전(아기가 생각하기에 큰 과업들이자 도전)들을 시도해 볼 기회가 적어지거나 어설픈 아이의 수행과정을 엄마나 아빠가 아이를 도와주고 싶어서 대신 과업을 수행하게 되면 아이들은 스스로 할 수 있다는 유능감에 대한 믿음이 적어지고 자신의 유능하지 못한 모습에 대해 수치심을 경험하게 된다. 물론 성장과정에서 이러한 수치감이 발전을 도모하는 데 도움이 되기도 하지만, 과도한 경우에는 문제를 양산해 낼 수 있다. 아이 스스로 무엇이 수치스러운 일인지 아닌지를 분별한다면 스스로의 모습을 발전시키는 데 수치심이 좋은 에너지가 되지만, 스스로 분별하지 못하고 만족스럽지 못한 자신의 모습만을 탓하고 의존한다면 그것은 자신을 정체시키는 데 좋은 에너지를 모두 써 버리게 된다.

세상을 살다 보면 세상 일이 내 뜻대로 되지 않는 경우가 더 많이 있다. 아이들의 경험에서 자신이 원하는 대로 다 된다는 생각은 자신감을 주기보다 현실적인 판단과 대안의 부족으로 오히려 성장에 독이 된다. 안 되는 것도 있고 좌절도 있다는 것을 경험해야 아이가 스스로의 욕구와 외부의 기대를 조율하게 된다.

그런데 여기서 언제나 문제가 되는 것이 주도성의 기회가 있고 없고, 수치감의 경험이 있고 없다는 점보다도 정도의 문제이다. 즉, 아이의 발달과정에서 어느 정도 주도성과 수치감을 경험시키느냐이다. 엄마에게 주어진 물리적 시간의 부족으로 아이가 시험하고 경험해야 할 일상적인 과제를 대신 해 주다 보면 아이들은 두 가지 양가감정에 휩싸이게 된다. 의존할 수 있는 대상에 대해 편안함을 가지게 되는 반면, 실질적인 자기 능력을 시험할 기회가 적어지기 때문에 자신의 무능감에 대해 불안감을 가지게 된다. 그리고 자신의 유능한 모습에 대한 이상적인 자기상으로 인해 우울감을 더 깊이 느끼게 된다. 우울감은 아이를 더 무기력하게 만들고 의존하게 만든다.

아이들의 자신에 대한 무능감은 학습이 중요해지는 학령기가 되었을 때 학업 수행에 상당한 영향을 미치게 되는 중요한 변인이 된다. 학습이라는 것은 자신에게 주어진 과업에 대해 스스로 해 볼 만하다고 믿는 것과 더불어 실질적인 수행능력이 있어야 한다. 아이들의 이러한 자신감은 단지 학습을 한다고 생기는 것이 아니다. 어린 시절부터 자기 능력을 시험하고 경험하는 과정을 거치면서 뭔가 해낼 수 있다는 경험치가 많은 아이들이 당연히 학습에서도 자신감을 가질 수 있게 되는 것이다. 자신감은 자신이 사랑을 받는 존재라고 믿는 것과 자기 스스로 해낼 수 있다는 믿음이 있을 때 생기는 것이다.

결론적으로 자신감 있는 아이가 되기 위해서는 어린 시절부터 스스로 해 보는 경험이 매우 중요하다.

직장맘이 아이들의 이러한 심리적 과정을 이해하고 있다면 아이에게 있어서 일상적인 자조기술이 아이의 발달에 얼마나 중요한지 이해할 수 있다. 그렇게 되면 아이와 보내는 시간 중 반 정도를 엄마가 대신 해 주더라도 아이가 실행하는 과정을 여유 있게 기다릴 수 있게 된다. 자녀의 심리적 과정을 숙지하고 있다면 좀 더 아이가 할 수 있는 여지를 만들어 줄 수 있는 심리적 여유와 기회를 만들 수 있다.

② 아이의 능력과 힘을 믿어 보기

아이는 엄마에게 의지해야 살아가는 약한 대상이 아니다. 아이들도 자신을 관리하고 성장시킬 의무와 책임이 있다. 아이를 독립된 하나의 대상으로 이해하고 수용하게 되면 아이에게 도움을 주지 못해 늘 안달하고 미안한 마음도 어느 정도 가다듬을 수 있다.

무슨 연유에서인지 어떤 엄마는 아이의 일을 대신 해 주는 것, 아이의 마음이 다칠까 봐 혼낼 일이 있어도 넘어가게 된다. 왠지 아이에 대해 미안하고 안쓰럽고 때론 갈등을 피하고 싶은 마음에 자꾸 아이의 마음과 욕구에 따라가게 된다. 이러한 과보호를 하는 엄마는 스스로 고군분투하고 힘겨운 것을 내색하지 못한다. 과도하게 노력하는 모습과는 반대로 남편이나 시댁,

친정 식구들이 이런 엄마의 모습을 이해하고 자발적으로 엄마를 도와주고 보살펴 주기를 기대한다. 보살핌을 받고 싶은 욕구가 역으로 상대방에게 행함으로써 대리만족을 느끼게 된다. 즉, 오히려 보호받고 싶은 엄마의 욕구가 아이에 대한 지나친 관심과 과보호로 표현될 수 있다.

과보호는 아이를 독립적인 개체로서 성장시키기 어렵다. 아이가 진정 독립적인 한 사람으로 성장하기 바란다면 아이가 할 수 있는 자신의 신변처리, 자조능력을 향상시키도록 엄마가 적절한 거리를 유지해야 한다. 이것은 적어도 아이가 자신의 일에 집중할 때 도움을 청하기 전에는 엄마가 지켜보는 태도를 유지해야 한다. 아이들이 스스로 '도움이 필요해요.'라고 말하는 능력은 자신을 돌볼 수 있는 첫 번째 신호이다. 이 신호를 기쁘게 받고 아이가 도움을 청한 만큼 도와주자. 물 잔에 넘치는 물은 결국 버리게 되는 것과 같은 이치이다.

(4) 현실적 딜레마를 적극적으로 해결하기

직장맘들은 전업주부에 비해 아이들과 지낼 수 있는 물리적 시간이 부족한 것이 사실이다. 한정된 시간을 집안일과 자녀 돌보는 시간에 분배하게 된다. 그렇다 보니 자녀에게 오롯이 집중하고 자녀의 속도에 맞춰서 기다려 줄 수 있는 절대적인 시간은 부족하게 된다. 물리적 시간 부족으로 인해 아이가 해야 할, 할 수 있는 일들을 대신 엄마의 일로 맡게 되는 경우가 생기게 된다. 이런 생활을 지속하다 보면 엄마는 자신의 일인지, 자녀의 일인지 구별이 안 되는 일에 휩싸여 혼자만 바쁘게 움직이게 된다. 가정은 혼자 책임을 지는 곳이 아니라 함께 살아가는 공간이기 때문에 함께 책임지는 자세가 필요하다.

엄마는 자신이 도맡은 일을 안전하게 조금씩 덜어 내고 함께 책임지는 자세를 갖는 것이 필요하다.

학창시절 동그라미 하루일과표를 누구나 한 번씩 만들어 보았을 것이다. 그런데 누구나 이 계획표대로 방학을 지내 본 적은 없을 것이다. 왜냐하면 처음부터 실천이 불가능한 계획표이기 때문이다. 마찬가지로 엄마의 하루일과표에 하루를 빼곡히 계획한다면 마음에 여유가 없게 되고 아이에게 생기는 돌발변수를 수용하기보다 귀찮게 여기게 된다. 그래서 하루나 주간계획에서 해야 할 일 정도로 기록하여 융통성 있게 계획을 하고 실천하는 방법이 효과적이다.

적극적으로 해결하는 또 다른 방법은 도움을 적극적으로 구하는 것이다. 특히 정보를 잘 제공해 주는 동네엄마, 학교생활을 잘 아는 담임교사와 적극적으로 관계를 형성하여 아이에 대한 다양한 정보와 실태를 빨리 파악한다. 실태파악은 가끔씩 충격을 주지만 준비를 하게 만들고 다양한 정보는 대안을 만드는 데 다양한 선택의 기회를 제공한다.

① 아이가 해야 할 일, 과업 수행과정을 지켜보는 엄마되기

아이와 어느 날 슈퍼에 들러 아이스크림을 샀다.
차가운 아이스크림을 들고 집으로 향하는 길.
엄마는 문득 아이가 찬 아이스크림을 들고 가면서 손이 시리지않을까 걱정이 된다. 엄마는 아이에게 자꾸 묻는다.
"손 시렵니?"
"아니, 엄마."
또 걷다가 다시 묻는다.
"손 시려우면 내가 들어 줄게."

아이는 "괜찮은데……."

엄마는 또 몇 걸음 걷다가 말한다.

"안 되겠다. 너 손 시릴 것 같아. 엄마가 들어 줄게."

아이는 마지못해 엄마에게 아이스크림을 준다.

아이는 아이스크림을 들고 가면서 아이스크림을 가졌다는 기쁨, 맛있을 거라는 상상, 아이스크림에 대한 에피소드, 그리고 아이스크림의 차가운 느낌을 향유할 기회를 고스란히 엄마에게 내어준다.

물론 아이는 별생각 없이 엄마에게 아이스크림을 건넬 것이다. 그런데 엄마나 아이가 무심코 하는 이 행동에 숨겨진 비밀이 있다. 이 상황에서 중요한 것은 엄마가 아이의 손이 시릴 것 같다고 느끼고 아이의 의사와 관계없이 본인의 느낌에만 충실하다는 점이다. 이런 상황이 일상생활에서 빈번하게 반복되면 아이는 무의식적으로 엄마에게 의존을 하는 것이 엄마를 기분 좋게 해 주는 것이라고 느끼게 된다. 또한 자신이 해야 할 일을 응당 엄마에게 맡기고 미루는 것을 자연스럽게 느끼게 된다. 엄마가 아이에게 아이스크림을 들고 가게 했을 때, 아이는 손이 시린 것은 힘들지만, 아이스크림을 먹는다는 생각으로 즐겁게 감수하게 되는 것이다. 이런 아이의 모습을 대견한 마음으로 견뎌 주는 엄마가 곁에 있다면 아이는 달콤한 아이스크림과 함께 만족감을 맛볼 수 있을 것이다. 자녀를 과보호하는 일은 엄마와 아이가 인식하지 못하는 사이에 일상생활에서 생각보다 자주 일어나게 된다.

아이의 자율성, 책임감은 이렇듯 과보호하고자 하는 마음에서 벗어나 아이가 감수할 수 있는 기회를 갖고 그것을 실제로 수행할 수 있는 경험이 많아야 한다. 아이의 자율성, 책임감은 어떤 특별한 기회를 통해 생기는 것이 절대 아님을 명심하자.

② 가족 모두에게 집안일을 나눠 주기

아이에게 수저도 놓게 하고 냉장고에서 이것저것 재료들도 꺼내게 하면서 가족의 일에 동참시키자. 매주 재활용 버리기, 일주일에 하루는 각자 운동화 빨기, 빨래 개기 중 수건담당은 아이 몫으로 주기 등 아이에게 역할을 주고 그것을 완수하며 책임감을 배우도록 해 주자. 그리고 노동의 즐거움을 생활에서 배우도록 하자.

무엇보다도 책임감을 배우기 위해서는 아이들이 결과와 과정을 동시에 경험해야 한다. 아이가 다 차린 식탁에 와서 먹기만 하는 것, 깨끗이 빨아 놓은 옷을 입기만 하는 것보다, 아이도 직접 해 보면서 식탁이 차려지기까지 과정도 노력이 필요하다는 것을 경험하는 것이다. 이 과정은 엄마에게 주어진 부족한 시간 속에서 자녀에게 값진 것을 가르칠 수 있는 절호의 찬스가 될 것이다. 아이에게 엄마 일을 돕는다는 개념만이 아니라, 가정에서 내가 할 수 있는 일을 찾아가는 과정이라는 생각을 줄 수 있다. 가정에서 자기 정체감은 생활에서 부여받은 과업으로 더 안정적으로 형성할 수 있다.

③ 가족 규칙은 종이에 써서 잘 보이는 곳에 붙여 두기

규칙을 공개하는 과정은 지켜야 할 규칙에 대해 공식화하는 기회가 된다. 엄마도 벽에 붙어 있는 내용을 지날 때마다 보면서 기억할 수 있고 아이도 지켜야 할 중요한 규칙임을 느낄 수 있다. 그리고 이 규칙은 행동의 기준이 되어 생활에 안정감을 주는 데 일조하게 된다. 누구나 지키는 규칙이라는 점에서 아이는 공평성을 배울 수 있다. 그리고 책임감과 가족의 연대감을 경험할 수 있다. 또한 안 지켜지는 규칙에 대해 비난하기보다 왜 그런 일이 생길까?

상대방을 이해할 수 있고 배려하고 타인의 입장을 조망할 수 있는 기회를 갖는다.

또한 벽에 붙인 규칙은 구체적인 행동으로 기술하는 것이 효과적이다.

표 13 가족 규칙 예시

포괄적인 행동지침	구체적인 행동지침
물을 아껴 쓰자.	양치물은 컵에 담아 쓰자.
전기를 아끼자.	사람이 없는 방은 불을 끄자.
착한 사람이 되자.	하루에 한 가지 다른 사람을 도와주자.
공부 열심히 하자.	복습 노트를 매일 적자.

(5) 적절한 양육과 훈육의 경계 사이에서의 갈등 실마리 찾기

① 훈육은 동전의 양면처럼 부드럽고 엄격하게 하기

엄격함은 중요한 훈육의 내용에 충실한 것이다. 가정 내의 규칙은 처벌적이거나 화내는 차원에서 다루기보다 함께 지키면 더 즐겁고 행복해질 수 있다는 차원으로 다루어져야 한다. 자녀가 가정 내의 규칙이나 훈육을 수용하고 내면화하는 과정이 엄격함의 이름으로 지나치게 처벌적이거나 규칙을 종용한다면 효과성을 외현적으로만 거두게 된다. 한마디로 엄마가 보는 곳에서는 잘하지만, 엄마가 직장에 있는 시간은 방종에 가깝게 행동하게 될 가능성이 크다. 따라서 아이에게 화를 내고 소리를 지르는 차원, 일방적인 선언이나 선포로는 효과를 거두기 어렵다. 엄격함이란, 부모가 정한 규칙을 얼마나 일관성 있게 유지하고 아이의 의사를 존중하면서 이 규칙을 수행하는 자세이다. 아이에 대한 미안함이나 부모의 기분 변화에 따라 달라지지 않아야 한다. 또한 규칙을 한두 번 해 보고 아이가 변화하지 않는다고 그만둬 버리는 것도 아니다. 부모가 어떤 규칙에 대해 충분히 협의한 후 아이에게 적용하기로 결정했다면 꾸준하게 적용하면서 상황에 따라 충분히 협의하는 것이 필요하다.

때로는 일관성의 이름으로 융통성 없이 규칙을 적용하는 경우도 있다. 규칙은 일관성 있게 지켜져야 하지만, 최초의 규칙은 아이의 상황과 발달에 맞게 이루어져야 한다. 더욱 중요한 것은 가족이 규칙을 수용하고 규칙을 지켰을 때 모두가 행복하다는 점을 경험하는 것이다.

② 부모는 기대감보다 기다리기

아이가 한두 번 하고 규칙을 잘 수행할 것이라는 기대는 부모를 더 좌절시키게 된다. 아이들이 익숙해지는 데는 시간이 필요하다. 기다리고 연습하고 반복하게 되면 규칙은 자연스러운 생활이 될 것이다. 아이에 대한 기대와 이상으로 현실적인 기대수준이 높아진다면 더 높은 곳에서 추락하게 된다. 시간을 두고 기다리는 과정에서 분노감이 상승한다면 아이의 상태를 관찰하기 어렵게 된다. 기다린 만큼 효과가 절대적으로 극대화되는 것은 아니지만 기다리는 동안 아이를 잘 알게 되고 현실적인 기대감을 가질 수 있는 시력을 찾을 수 있다.

③ 아이의 잘못된 행동에 대한 꾸중은 대안 중심으로 하기

아이의 나쁜 행동에 대해 모든 엄마가 객관적인 입장에서 이성적으로

대하기는 어렵지만, 아이 행동에 엄마가 대부분 감정적으로 화를 내게 되면 아이는 엄마가 자신에게 화풀이를 했다고 생각하고 억울해한다. 왜 엄마가 자기에게 화를 내는지 이유는 깡그리 잊은 채 말이다.

아이에게 화를 내는 이유는 엄마의 속상함을 아이에게 털어놓으려고 하는 것이 아니다. 아이의 행동을 교정시키는 것이 가장 큰 목적이다. 이 목적을 달성하기 위해서는 아이가 한 일에 대한 상황을 아이가 설명하고 사건의 결말에 대해 스스로 말할 기회를 주어야 한다. 그다음 일의 결과에 대한 엄마의 기분이나 감정이 전달되어야 한다. 엄마의 격한 감정 표출을 자제하는 것은 엄마의 좋은 훈육이 효과적으로 전달되는 데 더 유리하다. 상황에 대한 설명 없이 화부터 내게 되거나 지나치게 감정적으로 화를 내면 아이는 엄마에게 혼나서 기분이 나쁘다는 것만 기억하게 되어 결과적으로 서로의 관계만 부정적이 되기 쉽다.

④ 효과적인 대화로 소통의 기회 잡기

내가 좋아하는 친구에게 듣는 내 단점은 어느 정도 수용하고 이해할 수 있다. 그러나 나와 별로 친하지도 않은 누군가가 나의 잘못이나 단점에 대해 말한다면 그 말이 맞고 틀리고를 떠나 기분이 먼저 상하게 된다. 부모와 아이 사이도 마찬가지이다. 게다가 직장맘들은 자녀들과 함께 지내는 물리적 시간이 부족하다 보니, 주어진 짧은 시간 내에 아이에게 듣고자 하는 정보를 듣고 그에 대한 판단을 하기 쉽다. 예를 들어, 학교에서 무슨 일이 있었는지, 친구들, 선생님과는 어떠했는지 등등 질문만 하게 되면 아이는 어느새 입을 닫아 버리게 된다. 아이의 학교, 유치원 생활에 대해 도움을 주고 싶다면 질문만 해서 아이가 느끼기에 엄마에게 대화의 주도권이 있다고 느끼게 하기보다는 엄마의 하루 일과를 아이에게 들려주는 것부터 해 보자. 오늘 엄마가 무슨 일 때문에 기분이 좋았는지, 또 무슨 일 때문에, 누구 때문에 속이 상했는지 등등, 이러한 엄마의 반응을 통해 아이는 엄마의 중요한 대화 상대가 되었다고 느끼게 된다. 또 엄마가 털어놓는 불편한 감정과 관련된 이야기를 들으며 부정적인 감정을 꺼내 놓는 것이 안전하다는 것을 모델링할 수 있게 된다. 이를 통해 엄마는 자연스럽게 아이의 생활 전반에 대한 정보를 자연스럽게 얻을 수 있을 것이다.

2. 부모자녀관계

1) 직장맘과 자녀의 애착 다지기

(1) 자녀의 발달 과정, 특성에 대해 잘 알아 두기

① 발달과정은 성장의 이정표!

모르는 길을 갈 때 내비게이션은 길을 알려 주는 이정표이다. 아이들이 잘 성장하고 있는지를 어떻게 잘 알 수 있을까? 그것은 월령에 따른 발달과정에 아이의 성장과정을 비교해보는 것이다. 일상의 대부분을 아이와 분리해 있는 직장맘의 경우에는 아이의 성장발달에 대해 둔감할 수 있다. 아이들의 발달이란 것이 어느 날 갑자기 변화하기보다 서서히 이루어지는 과정이기 때문에 민감성과 지속적인 관찰이 필요하다. 큰 줄기의 중요한 발달과업에 대해서는 체크가 가능하지만, 작은 변화가 쌓여 큰 변화가 이루어지는 과정은 함께 생활한 경험을 통해 얻어진다. 월령에 따른 발달과정을 잘 이해한다면 생후 1년에서 18개월 전후의 아이들이 손가락을 빨고 물건을 입으로 먼저 다 가져가는 행동을 문제행동으로만 보지 않는다. 이 시기 아이들은 오감을 이용해 세상을 탐색하는 시기이기 때문에 충분히 있을 수 있는 행동임을 이해하게 된다. 아이의 행동에 대한 관점을 크고 넓게 보면 아이의 전체적인 발달과정에 긍정적인 측면이 많다. 그러나 막상 부모로서 이해하기 어려운 행동을 직면하면 엄마로서는 조급하고 전전긍긍하며 과장되게 해석하는 경우가 있다. 객관적인 아이 발달에 대한 정보는 엄마의 불안감을 줄여 주는 데 매우 큰 도움이 된다. 아이의 행동에 대해 조급해지지 않고 좀 더 여유 있게 보아 넘길 수 있다. 엄마가 주요한 발달에 필요한 정보를 미리 염두에 두고 아이와 생활한다면 자녀의 발달 이정표를 잘 파악할 수 있게 될 것이다.

② 아이마다 다른 특성 알아 두기

아주 어린 영아들도 저마다 다른 감각경험을 더 선호하고 같은 자극에도 다르게 반응한다. 사람의 타고난 특성은 다양한 유전자의 조합으로 형성되면서 저마다 다른 특질을 가지게 된다. 이러한 특질은 인생 초기의 경험으로 인해 감각과 신경세포가 작용하는 방식을 결정짓는다. 어린 시절의 양육은 아이의 행동과 성격을 바꿀 뿐만이 아니라 성격도 변화 가능하다. 따라서 부모가 아이의 기질적인 특성을 이해하고 알아 두면 이를 바탕으로 아이에 대한 이해가 민감해지고 아이의 특성을 발달시키는 양육방법을 적용할 수 있다. 직장맘은 시간적인 한계로 인해 아이의 특성에 맞는 효과적인 양육이 더 요구된다. 아이에게 민감한 감각이나 자극은 최소한으로 시작하여 점차 강화시키고 아이에게 발달된 감각은 잘 유지시키거나 다른 감각과 균형 있게 발달시키도록 하자.

③ 아이와 부모의 궁합 알기

부모의 성격특성에 따라 아이의 행동에 대한 반응이 다를 수 있다. 부모마다 각기 다른 반응은 자연스러운 현상이지만, 아이의 특성을 비난하거나 무시하는 경향으로 흐르는 것은 문제가 된다. 간혹 아이의 기질과는 전혀 다른 양육방법으로 인해 아이의 정서적인 문제가 발생하는 경우가 있다. 직장맘은 자신의 특성을 잘 발달시키고 사회적으로 잘 발현한 특성이 아주 강하다. 그렇기 때문에 자신과 다른 아이의 특성을 이해하기 어려울 수 있고 때로는 자신과 유사한 행동을 보이는 아이를 너무 동일시하게 되어 문제를 해결하기보다 지속시킨다. 따라서 아이와 함께 있는 주말이나 저녁 시간에 자신의 양육태도나 아이의 반응에 대해서는 민감성을 발휘하여 자녀의 특성을 이해할 필요가 있다. 그리고 부모 자신의 특성이나 욕구에 대해 잘 안다면 자녀를 이해할 수 있는 더 넓은 마음을 가지게 된다.

(2) 출산에 대한 우리들의 자세

① 출산 휴가 3개월은 아이와 엄마가 좋은 관계를 맺기 위한 밑거름을 만들 좋은 기회

아이와의 관계도 어른들 간의 인간관계와 똑같다. 친해지기 위해서는 서로를 알아보고 익숙해질 시간이 꼭 필요하다. 아기가 생후 2~3개월 정도에 엄마라는 대상을 인식할 수 있을지, 상호작용을 하고자 하는 욕구가 있는지 의문이 들 수도 있을 것이다. 이 의문에 답을 줄 수 있는 실험을 소개해 보자. 생후 2개월 된 아기가 엄마와 마주 보고 누워 있다. 엄마가 아기를 보며 환하게 웃어 주자, 아기도 엄마와 눈을 맞추며 환한 미소를 주고받는다. 다음 상황에서 아기에게 환하게 웃어 주던 엄마가 갑자기 무표정한 얼굴로 아기를 응시한다. 그러자 생후 2개월 된 이 아기는 처음에는 당황하는 듯하더니 조금 전 엄마에게 보여 주었던 환한 미소를 더욱더 얼굴에 드러내는 반응을 보였다.

이 실험에서 알 수 있듯이 모든 아기에게는 다른 사람과 관계를 맺으려는 사회적 욕구가 본능적으로 있다. 그러므로 엄마의 출산 휴가 3개월은 아기와 기본적인 신뢰감을 맺고 좋은 관계를 형성할 밑거름을 만들기에 중요한 시간이다.

이 시기에 아빠도 매우 중요한 역할을 하게 된다. 아빠도 물론 그렇겠지만 여성들에게 있어 엄마라는 역할은 행복감을 주지만, 한편으로는 잘해 낼 수 있을지의 불안감과 걱정을 가진다. 아빠는 남편으로서 부모로서 엄마가 양육의 책임을 너무 과도하게 갖지 않도록 도와주는 것이 필요하다. 그래서 엄마의 출산휴가 기간 동안 아빠가 아기를 보살피는 데 적극적으로 참여

하거나 주변 어른들을 적극적으로 활용하는 것은 엄마가 아이와 좋은 관계를 맺는 데 중요한 밑거름이 된다.

② 가정의 안정은 동생을 임신하기 위한 준비과정

직장맘에게 임신은 큰 어려움이다. 직장에는 임신으로 업무를 소홀하지 않는다는 신뢰를 주어야 하고 가정에서는 첫째아이의 예민한 반응에 따른 죄책감과 어려움을 마주해야 한다. 또한 자신의 신체적인 불편감과 건강상의 문제에 민감하고 보호적인 태도를 취해야 한다. 이러한 상황에서 부부간의 갈등이 동반되거나 임신에 이상이 생기거나 유사한 조짐이 있다면 난감한 상황이 아닐 수 없다. 그러기에 둘째 출산을 결심한다면 미리미리 챙겨 둘 일을 반드시 점검해야 한다. 우선 엄마의 건강이다. 출산을 결심한다면 스스로 최상의 컨디션과 건강상태를 유지하려는 노력과 시간투자가 있어야 한다.

두 번째로는 첫째아이의 심리적인 안정감과 부모의 안정적인 애착관계이다. 또 다른 아이의 탄생은 첫아이에게는 승리를 다짐할 수 없는 강력한 도전장을 받은 챔피언의 입장과 같다. 세 번째로는 직장의 여건이다. 직장에서의 위치와 역할을 충분히 조정하고 배려받을 수 있는 상황인지에 대한 점검이다. 네 번째로는 부부간의 화합 정도이다. 임신이라는 중요한 상황에 부부갈등의 발생은 가정을 심각한 위기로 몰아넣을 수 있다. 그렇기 때문에 부부갈등이나 권태기를 극복하기 위한 방법으로 임신을 하거나 상황을 고려하지 않은 충동적인 임신은 양육의 어려움과 부부의 갈등을 고조시키게 된다. 이런 경우에 대부분 첫째아이는 불안정한 정서상태를 지속하게 되고 문제행동이 더 많이 드러나게 된다.

③ 동생을 임신하고 있다면?

동생을 임신했다는 소식은 첫째아이에게는 막연한 불안을 야기한다. 전체가 깨지는 듯한 불안, 엄마를 나눠 갖는 것에 대한 불안은 아이를 퇴행시키거나 예측할 수 없는 행동을 하게 만들 수 있다. 그렇기 때문에 임신과정에서 엄마의 역할과 아빠의 대처는 매우 중요하다. 직장맘의 경우에는 신체적인 어려움으로 인해 첫째아이를 아빠나 친정부모, 시부모에게 많이 맡기게 된다. 이 과정에서 아이는 분리를 경험하게 되고 엄마와의 안정된 애착관계에서 분리는 다양한 대상과 관계를 형성하는 기회가 된다. 그러나 엄마와 불안정한 애착관계에서의 분리는 아이로 하여금 불안을 상승시켜 분리불안으로 인한 반응을 격렬하게 나타내게 한다.

그렇기 때문에 임신 중에 아이와 친밀감을 느낄 수 있는 상호작용이나 동생이 생겨도 엄마와의 친밀한 관계는 지속된다는 확신이 필요하다. 이러한 확신은 말로 얻어지는 것이 아니라 아이와 생활 경험으로 형성된다. 그리고 동생 출산에 대한 책을 읽어 주거나 다른 동생을 경험할 수 있는 기회를 준다면 아이가 동생을 맞이하는 데 도움을 줄 수 있다. 간혹 동생에 대해 첫아이에게 말하기를 "네가 외로워서 낳아 주는 거야. 네가 동생이 필요하다고 동생 갖고 싶다고 해서 엄마가 동생 낳아 주는 거야."라는 말은 부모의 출산에 대한 책임을 아이에게 지우는 것으로 부적절한 태도이다.

임신과 출산에 대한 동화책

④ 동생 출산과 산후조리하기

엄마가 동생을 출산하면서 아이들은 최초의 분리를 경험하게 된다. 그 과정은 분명 성장환경이 될 수 있으나 대부분은 위협적인 경험으로 남는다. 아이에게 성장이나 위협이냐를 결정하는 요인은 엄마와 얼마나 안정적인 관계를 형성했느냐가 관건이다. 만약 아이가 까다로운 기질이면서 엄마와 불안정한 애착관계였다면 많은 퇴행을 예상해야 할 것이다.

특히 직장맘의 경우에는 임신 중에도 직장일로 인해 아이와 많은 시간을 보내기 어려워서 아이와 관계를 돈독히 할 환경 마련이 어렵다. 그렇기 때문에 아이가 엄마의 임신으로 인해 더 많이 다른 사람에게 양육되며 불안정한 심리를 더 자극받게 된다. 이에 대한 방법은 생각보다 간단하다. 아이가 엄마와 질적인 시간을 자주 보내는 것이다. 유아의 경우에는 아이와 자주 놀이를 하거나 정기적으로 동화책을 읽어 주어서 안정감을 형성하게 할 수 있다. 그리고 신체적인 접촉을 자주 깊게 나누어서 엄마를 아이가 신체적으로 경험하게 하는것도 좋다.

아동의 경우에는 아이의 생활에 대한 잦은 대화를 나누고 연령에 적절한 보드게임을 통해 지속적으로 교류하는 것이다. 또한 학교 선생님이나 학원선생님에게 아이의 현재 상황을 알려서 아이가 사회적인 지원체계를 다양하게 형성하도록 돕는 방법이 있다. 만약 청소년기에 동생이 생긴다면 가족이 되는 과정과 성교육과정으로 활용하여 청소년기의 정서적인 발달을 도모할 수 있다.

(3) 그래도 엄마의 자리는 지킨다

① 부모와 떨어져 살게 되는 아이들이 겪는 심리적 어려움과 그 해결

상황적으로 어쩔 수 없이 부모와 떨어져 지방에 계시는 할머니 댁에서 양육되는 아이들이 있다. 이런 아이들의 경우, 대부분 큰 어려움 없이 성장하지만, 간혹 아이와 엄마를 힘들게 만드는 원인이 되기도 한다. 엄마로서는 최선의 선택이었지만, 아이 입장에서는 자신이 부모로부터 거절을 당하거나 버려졌다고 느낄 수도 있기 때문이다. 이런 경우 시간이 허락하고 상황이 되는 한 자주 얼굴을 보여 주고 부모자녀 간의 친밀감을 관계를 쌓으려는 노력이 매우 중요하다.

아이나 엄마 입장에서도 서로 부대끼고 생활을 해 봐야 상대방의 특성, 엄마의 성격, 엄마의 화를 돋우는 일, 엄마는 어떤 행동을 할 때 좋아하는지 등등의 구체적인 정보를 알게 된다. 이러한 생활경험은 상대방과 적응하고 조율할 수 있는 정보를 취합하는 데 도움이 된다. 즉, 부모-자녀관계라고 해서 관계가 그냥 만들어지는 것은 아니라, 원석을 다듬기 위해 수만 번의 가공이 이루어지는 것처럼 노력과 경험이 필요하다는 것이다.

또한 부모와 떨어져 지내다가 학교에 들어가기 바로 전에 엄마가 양육을 하기 위해 데리고 오는 것도 고려해 볼 문제이다. 학령기가 되면 당연히 학습이 들어가 꾸중을 듣거나 혼날 일이 생길 수밖에 없다. 아직 친밀감이 부족하거나 생활이 서로 익숙하지 않은 상황에서 학습으로 인한 지적이 잦아지면 부모자녀의 관계를 손상시키게 된다. 결과적으로 부모-자녀관계의 부정적인 측면이 학습에도 자연스럽게 부정적인 영향을 미치게 된다. 아이와 다시 결합하는 시점을 학습이 들어가기 몇 달 전으로 계획하여 일단 정서적으로 편안한 관계를 쌓는 사전 과정이 필요하다.

② 낮 동안 엄마와 떨어져 있어도 자녀가 엄마를 느낄 수 있는 다양한 자원 활용하기

직장맘 아이들은 전업주부 아이들에 비해 보육기관 등에 일찍 맡겨지는 경우가 많아, 의도하지 않게 엄마와 이른 시기에 분리가 이루어진다. 이른 헤어짐은 아이에게 불안감을 줄 수 있으므로 낮 동안 엄마와 떨어져 있더라도 엄마를 느낄 수 있는 자원들을 활용하는 것이 도움이 된다. 예를 들면, 엄마의 사진을 넣은 목걸이를 마련해 주어, 아이가 필요할 때마다 사진 속의 엄마를 꺼내 보는 것으로 위로를 받을 수 있게 한다거나, 엄마를 경험할 수 있는 엄마의 작은 소지품(예를 들어, 엄마의 손수건이나 스카프, 머리핀 등)을 아이가 지닐 수 있게 해 주는 것도 좋다.

③ 충분히 품어주고 기꺼이 보내 주기

엄마, 아빠가 아이의 신호나 요구를 민감하게 알아차려서 즉각적으로

반응하고 해결해 주는 것은 아이들이 신뢰감을 느끼는 데 매우 중요하다. 그러나 적극적 반응이 아이가 점차 성장해서도 꼭 필요한 것은 아니다. 앞서 말했듯이 아기는 15개월 전후 정도만 되어도 이제는 자신이 원하는 대로 되지 않는다는 것을 배워야 하는 것도 매우 필요하다. 그래야 자신이 원하는 것을 다 해 주기를 기대하는 것에서 벗어나 환경이 아이에게 요구하는 것도 받아들일 준비가 된다. 또한 뭔가 좌절 상황이 생김으로써 아이가 화를 낼 수 있는 권리를 주는 것도 매우 중요하다. 뭐든지 다 해 주는 엄마를 경험하게 되면 아이는 엄마와 관계에서 거의 모든 것이 해결되니 외부 세계로 나가 탐색할 필요성을 느끼지 못하게 된다. 아이가 느끼는 결핍감이 있어야 그것을 채우기 위해 바깥세상으로 나갈 수 있는 것이다.

백설공주 이야기 들여다보기

백설공주는 매우 착한 엄마와 인자한 왕 사이에서 태어났다. 그러나 엄마가 병으로 죽게 되면서 마녀왕비가 궁전에 들어오게 되고 마녀 왕비의 계략으로 백설공주는 성에서 쫓겨나게 된다. 여기서 백설공주의 친엄마는 엄마의 good image이다. 그런데 아이가 엄마의 good image만을 갖게 되면 성이라는 한정된 공간에 머무르고 싶어 하는 의존 욕구가 커지고 성장을 하지 않게 된다. 이때 백설공주를 성이 아닌 더 큰 세상으로 나가게 하는 것이 마녀왕비, 즉 엄마의 bad image이다. 마녀의 이런 모질함이 백설공주가 성 밖으로 나가게 하고 험한 세상에서 살아남는 방법을 스스로 터득하게 만든다. 공주는 나름대로 살기 위한 역할을 했고 결과적으로 온실 속의 화초였던 백설공주는 난쟁이 집에서 머무르기 위해 자신의 역할을 찾고 스스로 자신을 책임지는 모습으로 변화하게 된다. 집안일도 하고 적절한 역할과 과업을 맡아 수행하는 과정을 겪게 되고 성숙한 여인으로 성장하게 되었던 것이다.

엄마들, 특히 아이와 충분히 시간을 보내지 못한다고 생각하는 직장맘들은 자녀에게 good image만을 주어야 한다는 생각에 몰두하게 된다. 좋은 엄마는 아이를 낙원에서 지내게 할 수 있지만, 나이가 들어도 변함없이 성장을 멈춘 채 영원히 아이로 남게 만든다. 아이를 성장시키려면 아이가 해야 할 책임을 대신 해 주는 엄마가 아니라, 아이를 적응하도록 내몰 수 있는 마녀왕비도 필요하다는 것을 명심하자!

(4) 가정에서 할 수 있는 애착 다지는 다양한 활동

① 요리 활동

아이들에게 있어서 먹는다는 것은 단순히 배를 채우는 것이 목적이 아니라, 애정을 먹는 것과 동일한 과정이라 할 수 있다. 요리의 장점은 심리적 공허함을 채울 수 있는 매우 강력한 방법이라 할 수 있다. 요리시간을 통해 아이는 요리의 긍정적 감정이 자신과 함께 요리하는 엄마라는 대상에 매우 밀접하게 연결이 되면서 심리적 안정감을 상당히 경험할 수 있게 된다.

함께 쿠키를 만들고, 과일을 갈아 아이스크림을 만들며 아이는 자신에게 영양분을 주는 음식과 엄마를 동일시하게 된다. 이와 더불어 재료들을 관찰하고 조합하는 과정이 요리에서는 매우 필수적이기 때문에 아이들은 주어진 정보를 조율, 통합하는 경험을 할 수 있다. 게다가 실제적인 결과물을 눈으로 보기 때문에 자존감을 느끼게 하는 데 매우 효과적이다.

자신이 만든 음식을 가족이나 다른 사람들과 나누어 먹는 경험은 자신이 한 행동의 결과가 다른 사람을 긍정적으로 변화시킬 수 있다는 건강한 통제감을 느끼게 해 준다. 이런 통제감은 아이가 가족 이외의 사회적 관계에서 리더로서의 역할을 하고 맡은 과업을 적극적으로 시도해 볼 수 있는 힘을 주기 때문에 아이들에게는 매우 중요한 발달 과업이다. 이때 요리의 주방장은 아이가 되어야 함을 잊지 말자.

② 일상생활 도구를 활용한 간단하지만 강력한 애착증진 놀이들

다음의 놀이들은 사실 대부분의 사람들이 해 봤음 직한 간단한 활동들이다. 그래서 보기에는 제시된 활동들을 통해 얻게 될 결과에 대해 반신반의할 수도 있다. 그러나 이렇게 활동이 단순해야 함께 이 놀이를 하는 엄마와 아이가 서로에게 좀 더 초점을 맞춰서 집중할 수 있게 되고, 규칙이 복잡해서 소모하게 될 불필요한 에너지를 서로에게 집중시킬 수 있다. 그래서 활동 자체가 간단한 것이 좋다. 그러나 그 효과는 결코 적지 않을 것이다.

㉠ 신문지 놀이: 부모와 아이가 마주 앉아서 부모는 신문지를 펼쳐든다. 아이는 주먹으로 신문지를 가격하여 신문지를 찢는다. 이때 기합소리를 부모가 같이 내 주면 아이는 더 신명나게 격파를 할 수 있다. 찢어진 신 문지는 더 잘게 찢어서 아이와 공중에 뿌리거나 눈이 내리는 것처럼 의자 위에서 날리게 할 수 있다. 놀이를 마무리하면서 신문지를 뭉쳐서 동그란 공으로 만들기도 하고 비닐봉지에 담아서 정리할 수 있다. 정리하는 시간도 놀이시간의 연장이다.

㉡ 물풍선 놀이: 풍선은 아이들이 좋아하는 소재이고 다양한 놀이가 가능하여 부모님도 쉽게 활용할 수 있다. 풍선에 물을 넣고 살짝 불어

놓으면 촉감이 말랑말랑하여 아이들이 좋아한다. 그리고 풍선을 바닥에 굴리면 풍선이 공처럼 굴러가면서 아이와 주고받는 공놀이를 할 수 있다. 특히 물풍선은 촉각적인 자극이 아이들에게 매력적이고 부드러움이 엄마를 연상하기에 좋은 도구여서 놀이와 심리적인 안정감을 갖는 두 가지 효과를 낼 수 있다.

ⓒ 로션 바르기: 로션은 아이들에게 친숙하고 생활에서 많이 쓰이는 도구이면서 엄마와 따뜻한 촉감을 경험하는 데 좋은 소재이다. 엄마 손에 로션을 담고 한 손가락으로 로션을 찍어서 아이의 손등에 간단한 그림(하트, 동그라미, 아이 이름 등)을 그려 주거나 동심원을 그리면서 문질러 줄 수 있다. 로션은 특별히 닦아 내지 않아도 되고 일상생활에서 사용할 때 간단하게 시도할 수 있어서 짧은 시간에 큰 효과를 볼 수 있는 활동이다.

ⓔ 요술배 타기(이불 태우기): 이불을 바닥에 깔고 아이를 눕힌 다음에 부모가 이불 모서리를 잡고 이불을 위로 들어 올린다. 들어 올리면서 좌우로 흔들면서 아이를 이불로 그네를 태워 준다. 짧은 동요를 불러 주면서 태워 주면 더 효과가 좋다.

ⓜ 밀가루 놀이: 밀가루에 물, 소금, 식용유를 넣고 반죽을 만든다. 반죽을 아이와 함께 주무르고 만지면서 반죽을 만들어도 좋다. 연령에 따라 참여 범위가 달라질 수 있다. 반죽놀이는 만 2~3세 아이들에게 좋은 놀이도구로 부드러운 촉감과 다양한 조형활동이 가능하다. 놀이 후에 냉장고에 보관하면 일주일 정도는 사용 가능하다.

ⓗ 면도크림(생크림 면도 놀이): 아빠가 사용하는 면도크림을 활용한 놀이이다. 면도크림을 손에 담고 아이와 엄마가 손에 바르면서 면도크림을

주고받을 수 있고 손에 크림을 모아서 여러 가지 모양을 만들 수 있다. 이 놀이는 면도크림의 부드러움이 촉각적인 자극을 촉진하고 긴장을 이완시켜서 심리적으로 안정감을 줄 수 있다. 여름철에는 샤워하기 전에 놀이를 하면 이 시간을 더 즐겁게 보낼 수 있고 짧은 시간에 강한 느낌을 전달할 수 있어서 직장맘에게는 강력 추천하는 놀이방법이다.

③ 자연환경 경험하기(공원 산책, 나지막한 산 등산하면서 나무, 풀 등에 관심 갖기)

아이들이 생활하는 환경은 언제든지 변화가 가능한 곳이고 변화는 자연스러운 것이다. 아이들은 변화를 자연스럽게 받아들여야 자신이 경험하는 환경이나 엄마, 아빠의 변화에 대해 좀 더 자연스럽게 수용할 수 있다. 환경변화를 수용하는 마음은 변화에 대해 민감하게 반응할 수 있고 불안감을 좀 덜 가질 수 있다.

자연환경은 아이들에게 자연스러운 변화를 알려 줄 수 있는 좋은 소재이다. 우리가 어제 보았던 하늘이나 나무, 풀들이 오늘과 똑같은 경우는 한 번도 없다. 이런 자연의 변화무쌍함이 아이들로 하여금 변화를 자연스럽고 긍정적인 것으로 느끼게 한다. 변화에 대한 유연한 사고는 타인과의 관계에서도 나만의 방법이나 법칙을 고수하지 않고 타인의 방식도 수용할 수 있는 심적 여유를 주게 된다. 또한 자연을 자주 접하면 신체 긴장을 이완시키는 데 도움이 된다.

④ 저녁은 되도록 함께 먹기

식사는 단순히 먹는다는 물리적 차원을 넘어 서로 정서를 교감할 수 있는 심리적 차원이 많이 내포된 중요한 시간이다. 함께 생활을 공유하는 습관은 가족이 친밀감을 형성하는 데 지대한 역할을 한다. 가급적이면 식사 시간에는 숙제나 시험결과 잘못에 대한 추궁보다는 분위기를 즐겁게 하는 소재로 대화를 하는 것이 좋다. 재미난 에피소드나 아이들의 이야기에 맞장구치기 등으로 밥을 함께 먹는 자리가 아이들에게 기대되는 자리가 되어야 한다.

특히 직장맘에게는 식사시간이 부담스럽거나 음식을 해야 하는 번거로움으로 인해 가급적 빨리 넘어가고 싶은 시간일 수 있다. 그러나 아이들에게는 무엇을 먹는지도 중요하지만, 엄마와 함께 먹는 시간이기에 더 소중하다. 가급적 엄마의 현실여건에 맞는 밥상에서 가족이 즐겁게 먹는 연습을 오늘부터 해 보는 것은 어떨까.

2) 좋은 부모자녀관계를 위한 핵심을 잡아라! - 정서를 공유할 수 있는 방법들

관계 연구의 세계적인 권위자인 존 가트맨 교수는 20년 동안 장기적인 연구를 하였다. 커플들을 일정 시간 떨어져 있게 한 이후에 다시 만나게 하여 떨어져 있는 시간 동안 어떻게 지냈는지 이야기하도록 하였다. 이때 가트맨 교수를 비롯한 연구자들은 이 장면을 비디오로 촬영하고 이들 몸에 센서를 붙여서 심장이 뛰는 속도, 혈액이 몸 여기저기를 흐르는 속도, 손바닥에 나는 땀의 양 등 신체 생리학적인 변화도 측정하였다. 그리고는 서로의 관계에서 중요한 문제 한 가지만을 선택해 이에 대해 대화를 하도록 했고 이 장면도 촬영을 하였다. 마지막으로 각 커플마다 이야기를 나눈 후에는 촬영한 비디오를 보여 주면서 서로의 상호작용에 대해 어떤 기분이 드는지 매초마다 표시하도록 하였다. 그런 뒤 연구자들은 3년, 4년 혹은 6년마다 그들을 지켜보면서 20년에 걸쳐서 그들의 관계에 대해 연구를 하였다. 연구결과, 존 가트맨은 생리학적으로 더 흥분을 잘하는 부부일수록 결혼생활이 그다지 행복하지 않았음을 발견하였다. 그리고 부부의 관계가 궁극적으로는 아이의 심리적 안정감, 정서적 풍요로움, 대인관계의 질이나 유능감, 신체적 면역력, 심지어 아이의 IQ에도 강력한 영향을 미친다는 것을 알아냈다. 즉, 부부간의 사이가 좋고 관계를 잘 유지하면 이들은 자신의 자녀들의 감정이나 정서도 민감하게 알아차린다. 부정적인 감정을 표현하는 것 또한 건강하게 수용해 주고, 그런 감정에 대해 자녀와 이야기하면서 자녀가 스스로 정서를 조율할 수 있도록 도와준다. 이 과정에서 아이들은 자신의 감정이나 정서가 매우 중요함을 이해하게 되고 나아가 타인과 자연스럽고 편안하게 교류할 수 있는 힘을 갖게 되는 것이다.

부모의 세심한 감정읽기와 수용은 아이의 전인적인 발달에 매우 강력한 영향을 미친다. 그렇다고 해서 부모가 아이의 모든 긍정적, 부정적 감정에 시간을 충분히 할애하여 반응하기는 절대적인 시간이 부족한 상황이다. 부모가 아이에게 더 오래, 더 많이 반응을 해 주는 것보다는 좀 더 효과적이고 효율적으로 반응해 주는 방법을 배울 필요가 있다.

(1) 자녀의 정서 읽기 첫걸음 공감하기

① 부모가 먼저 자기감정에 솔직해지기

공감이라는 것은 상대방의 입장에서 상대방의 느낌이나 감정을 마치 자신의 일인 것처럼 느끼는 것이다. 공감을 잘하는 첫 번째 조건으로 상대방의 감정, 기분에 대해 잘 이해하려면 우선적으로 내 기분, 내 감정의 정체를 아는 것이 우선 과제이다. 엄마, 아빠 스스로 자기 기분의 변화나 정체를 이해하고 인식한 그만큼 타인, 자녀를 이해할 수 있다.

② 아이와 정서적 교감을 나누는 감정코칭

㉠ 첫 번째 단계: 아이의 감정을 인식하기(가트먼 박사의 감정코칭법)

아이의 기분, 감정을 알아차리려면 아이를 잘 관찰해야 한다. 자주 살펴보고 자주 바라보아야 아이가 느끼는 정서의 전체적인 흐름을 볼 수 있다. 아이가 느끼는 감정의 맥락을 파악하게 되어 아이가 느낄 수 있는 감정을 좀 더 세심하게 찾아낼 수 있다. 아이 말, 행동 이면에 숨어 있는 감정을 알아차리기가 핵심이다.

아이가 열심히 낑낑대며 레고 조립을 하고 있다. 그런데 뭔가가 생각만큼 되지 않는지 지금 얼굴이 붉으락푸르락하는 찰나, 식사 준비를 마친 엄마가 아이에게 밥 먹으러 오라고 한다. 그때 아이가 "밥 안 먹어." 하고 소리를 확 친다.

이때 소리를 지르는 아이의 행동에 대해 나무랄 것인지 엄마의 고민이 생기게 된다. 그런데 아이가 소리를 치는 숨겨진 의미를 파악해 보자. 엄마가 화가 나는 건 아이가 소리를 질러서일 수도 있고, 엄마가 열심히 차린 음식을 아이가 거절한다는 생각 때문일 수 있다. 이 상황에서 아이가 소리를 질렀던 이유는 엄마가 차린 밥상을 거절하는 것이 아니라, 열심히 하고 있는 레고가 맘처럼 되고 있지 않은 것에 대한 불편감이 밥 먹지 않겠다고 소리를 치는 행동으로 나타난 것이다.

잘 만들어지지 않아 속상했던 것이지, 엄마에 대한 반항이 이 아이가 소리 지른 행동의 이유는 아니었던 것이다. 이때 아이의 행동 이면의 숨겨진 기분을 알아차린 엄마는 아이에게 소리친 것에 대해 훈계하고 나무라는 방식을 먼저 사용하지 않을 것이다. 일단 아이가 잘 안 돼서 속상한 마음을 알아주고, 그다음 그래도 소리를 지르는 것에 대해서 느낀 엄마의 속상함을 표현해도 늦지 않다는 것이다.

ⓛ 두 번째 단계: 감정적인 순간을 좋은 기회로 삼기
아이가 감정을 드러낸다는 것은 그것을 누군가와 바로 그때 나누고 싶다는 사인이다.

가트맨의 감정코칭법에서는 아이의 감정이 격해 있는 상황이 오히려 감정코칭을 하기 좋은 타이밍이라고 말한다. 아이의 감정이 최고조가 될 때까지 기다릴 필요는 없지만, 아이가 감정을 강하게 표현할 때 부모는 개입할지 아니면 기다릴지 혼란스러워하지 말고 감정코칭을 할 적절한 때라고 인식하는 것이 좋다고 하였다.

ⓒ 세 번째 단계: 아이의 감정을 공감하고 경청하기

3단계는 본격적으로 아이와 대화를 시도하는 단계이다. 이 단계에는 부모가 아이의 감정을 살피고 아이가 자기감정을 인식할 수 있도록 언어화해 주거나 반영해 주는 단계이다. "지금 많이 화가 났구나! 지금 너무 기분이 안 좋아 보인다. 화가 나서 아무것도 하기 싫구나!" 이때 긍정적인 감정뿐만 아니라, 부정적인 감정도 공감해 주는 것이 필요하다. 부정적인 감정도 중요한 자신의 감정이기 때문에 스스로 잘 이해하는 것이 필요하다. 부정적인 감정은 부모 입장에서도 지지해 주기가 난감하지만, 힘든 감정을 함께 나누고 공유하면 부정적인 감정을 덜 느낄 수 있어서 아이로서는 빨리 감정이 해결될 수 있다.

감정에 대해 상호작용할 경우에 "왜?"라는 질문보다는 "무엇"과 "어떻게"라는 질문이 더 바람직하다. 아이들은 감정이 격해 있을 때 이성적으로 말해야 하는 "왜?"라는 질문에 쉽게 대답하지 못한다. 그리고 왜라는 질문은 공격적인 느낌을 줄 수 있다. "왜 화가 났는데?"보다 "무엇 때문에 화가 났는지 말해 줄래?"는 작은 차이지만 아이들은 아주 다르게 느끼게 된다.

공감 반응하기가 어려울 때는 아이가 한 말을 그대로 하는 것도 좋은 방법이다. 아이 말을 앵무새처럼 따라하는 것이 어떻게 아이로 하여금 공감을 받았다고 느낄까 의아할 수도 있지만, 이렇게 아이의 말을 똑같이 하는 것이 오히려 더 공감에 효과적이다. 왜냐하면 부모가 아이가 사용한 말 대신 다른 단어를 사용하게 되면 자칫 아이는 자기 마음이 이해받지 못했다고 느끼기 때문이다. 또 부모가 자신의 마음을 넘겨짚는다고 느끼기 쉽다.

이와 더불어, 아이가 한 말을 부모가 똑같이 해 줌으로써 아이는 다시 자기의 말을 부모의 입을 통해 듣게 되면서 자기 마음의 흐름을 따라가면서 정리할 수 있는 기회가 된다.

ⓔ 네 번째 단계: 아이가 자신의 감정을 표현하도록 도와주기

아이가 느끼는 감정에 대해 이름을 붙여 주고 아이가 자신의 언어로 감정을 표현하게 해 준다. 이러한 경험은 감정을 좀 더 빠르게 정리할 수 있고 상황을 객관적으로 볼 수 있게 해주고, 그러면 문제해결이 좀 더 쉬워질 수 있다.

ⓜ 다섯 번째 단계: 아이 스스로 문제를 해결할 수 있도록 도와주기

아이의 기분에 대해 공감을 해 준 이후에는 하면 안 되는 행동과 해도 되는 행동에 대한 한계를 말해 준다. 이때 행동이 잘못되었다고 먼저 말하기 전에 공감을 먼저 해 주는 것이 중요하다. 그러면 아이들은 자기 마음은 이해를 받았다는 생각에 좀 더 마음이 누그러지고 그다음 부모가 제시하는 행동의 한계에 대해 좀 더 수용적으로 받아들일 수 있게 된다.

문제해결과정에서는 아이가 원하는 목표를 공유한다. "네가 원한 것은 무엇이니?" 목표를 확인하고 가능한 대안을 찾아본다. 이 과정은 아이가 자신의 욕구를 현실적으로 해결하는 데 도움을 준다. 아이가 생각해 낸, 아이 수준의 해결책을 마련하면 아이는 자신이 문제를 해결한 것에 강한 자신감과 주도적인 태도를 가질 수 있다. 우선 아이가 스스로 자신의 문제를 해결할 수 있다는 것은 부모의 믿음에서 기인하기 때문에 이 과정에서 부모의 태도가 매우 중요하다.

ⓗ 자녀의 감정을 공감하는 것이 자녀의 행동까지 다 받아 주라는 이야기는
　　절대 아님

　인간은 감정과 행동을 구별해야 한다. "화가 나기 때문에 물건을 던진다."가
허용되어야 하는 것은 절대 아니다. 화가 나는 아이의 감정은 인정해 주되,
화가 나서 하게 되는 부정적인 행동은 분명한 제한이 필요하다.

　ⓢ 잠깐! 아이의 감정을 부모가 다 알아주는 것은 현실적으로 불가능

　아이가 표현하는 10개의 정서를 모두 반응해 주어야 하는 것은 아니다. 이
세상에 완벽한 사람은 있지도 않고 아이들도 완벽함은 있을 수 없다는 것을
배울 필요도 있다. 10번 중에 4번만 이런 반응을 해도 충분하다. 나머지는
아이가 스스로 소화할 수 있는 기회를 주는 것도 좋다.

(2) 정서를 나누기 위한 취미, 문화 활동, 여가활동 계획하기

　① 아이가 좋아하는 그림책, 만화 속 인물의 감정에 대해 다뤄 보기

　아이가 좋아하는 캐릭터이니, 아이들은 좀 더 감정이입이 쉬울 수 있다.
부모 입장에서도 아이가 보는 매체 안에서 좀 더 아이와 연결시켜 의미 있는
상호작용을 할 수 있는 기회가 된다.

　② 집 주변 문화회관이나 어린이 도서관, 공연장에서 하는 연극, 뮤지컬
　　활용하기

　다이내믹한 연극이나 뮤지컬은 좀 더 편안하고 안전하게 아이가 주인

공의 기분이나 감정에 대해 사회적인 맥락 속에서 이해하는 데 많은 도움이 될 수 있다.

③ 등산이나 조금 힘든 운동 등을 함께 하기

등산은 사실 중간 중간 고통과 어려움을 안겨 주는 스포츠다. 산에 오르면서 힘든 경험을 공유하고 그에 대해 이야기 나누고 서로 지지하는 태도를 갖게 되면 아이는 힘든 것을 부모와 함께 나누었다는 동질감과 함께 어려움을 헤쳐 나가는 능력과 관련하여 좀 더 긍정적인 자양분을 얻을 수 있을 것이다.

3. 주요 문제에 대한 예방과 대처

1) 생활관리

(1) 아이 주변 사람들의 일과를 예측하게 해 주자

옛 이야기 중 「어부와 지니」라는 동화가 있다. 이 이야기는 막연하게 사람을 기다릴 때 경험하는 심리적인 어려움과 심리적인 변화에 대한 이야기다.

어부와 지니

병에 갇힌 지니는 자신을 풀어 줄 누군가를 상상하며 100년 동안 병 속에서 다짐을 한다.
'이번에 날 꺼내 주는 사람에게는 많은 보물을 줘야지.'
하지만 아무도 지니를 꺼내 주지 않았다. 그리고는 100년을 기다렸으나 아무도 자신을 구해 주지 않았다. 그렇게 또 100년이 지난 후 지니는 '이제 나를 이 병에서 꺼내 주는 사람에게 벌을 주겠다.'고 결심하였다.
지나가던 어부가 지니를 구해 주었지만, 지니는 어부에게 오히려 화를 냈다. 오랫동안 빨리 구해 줄 거라고 생각했던 것에 대한 실망감, 좌절, 기다림에 대한 분노감을 어부에게 모두 쏟아냈다. 지니의 분노는 극에 달해서 어부를 잡아먹으려고 했으나 어부는 기지를 발휘하여 지니를 다시 호리병으로 집어넣고 살아났다.

사람을 기다린다는 것은 어려운 일이다. 기다림이라는 것은 상대방에 대한 신뢰가 있어야 한다. 신뢰감 있는 기다림은 안 올 것에 대한 불안과 분노가 없어야 하며 만남의 순간에 분노보다는 만남에 대해 기쁨을 느껴야 한다. 지니는 자신이 예상할 수 있는 기간까지는 좋은 마음으로 기다렸다. 처음에는 즐겁게 기다렸고 애절한 마음으로 기다리게 되었다. 기다려도 오지 않게 되자 자신을 찾아 주는 사람에게 많은 선물을 주리라는 마음도 가졌다. 그래도 오는 사람이 없자 분노의 마음이 가득 차서 온 마음을 다해 저주하려고 했다. 이것은 아이들이 부모를 기다릴 때 느끼는 심리적 변화이다. 아이들이 엄마를 막연히 언제 올지 모르고 기다리게 하는 것은 자신이 예측할 수 없는 상황이 반복되는 경험과 동일한 것이다. 그렇기 때문에 엄마가 퇴근해서 돌아와서 아이를 만나면 예상외로 아이는 짜증을 내거나 냉담하거나 화를 내게 된다. 이미 아이의 마음은 누군가에게 벌을 주겠다는 분노감이 너무나 커져 버린 결과이다.

(2) 아이의 학원 스케줄을 짤 때 아이를 참여시키자

엄마의 퇴근 시간까지 아이를 돌봐 줄 사람이 없기 때문에 초등학교 이상의 아이들은 대부분 학원 2~3개를 다니며 시간을 충당한다. 최근에는 초등학교에서 직장맘들을 위해 저녁 7~8시까지 학생들을 돌봐 주는 방과 후 교실이 생기기 시작했지만, 아직 일반화된 시스템이 아니어서 직장맘들이 원하는 만큼 활용하기 쉽지 않다. 그래서 직장맘들은 그나마 차선책으로 아이들을 학원에 보내게 된다. 현실적으로 학원을 통해 학습을 보강하는 측면도 많기 때문에 학원을 다니게 되는 시스템이 된다.

엄마의 직장시간 동안 아이를 학원에 보내는 것이 좋고 나쁘고의 문제는 아니다. 다만 아이가 학원에 가 있는 시간을 좀 더 긍정적이고 주체적으로 받아들일 수 있도록 엄마, 아빠와의 사전 조율은 매우 필요하다. 아이가 배우고 싶고, 다니고 싶은 학원은 어디인지, 엄마 아빠가 생각하기에 아이가 다녔으면 하는 학원은 어디인지 종이에 써 가며 의논을 하자. 이러한 과정에서 아이는 자신이 수동적으로 학원으로 내몰린다는 느낌을 덜 가지게 되면서 배우는 것에 대해, 학원을 다니는 것에 대해 주체성을 가질 기회가 된다.

학원에 가는 것이 억지로 하는 느낌이 들면 아이들은 어느 요일, 몇 시에 어떤 학원을 가야 하는지 등 자신의 스케줄을 외우려 하지 않는다. 직장에 있는 엄마에게 매번 전화를 걸어 의존하거나 가기 힘든 이유를 들어서 빠지려고 한다. 물론 이런 행동은 원천적으로 아이가 엄마의 관심을 필요로 한다는 사인이기도 하지만, 한편으로는 아이가 학원의 주체를 자신이 아닌 엄마로 생각한다는 것일 수 있다. 즉, 엄마가 요구, 요청하는 학원을 자신이 다녀준다는 느낌 말이다. 자기 일이 아니니 당연히 시간을 맞추는 것도 자기 일로 여기지 않고 엄마 일처럼 엄마에게 물어보는 일이 빈번해질 수 있다. 그러니 더더욱 학원을 선택하기 전에 아이가 느끼기에 부모님이 자신의 의견을 소중하게 생각한다는 마음이 들 수 있게 아이를 적극 참여시키는 것이 필요하다.

(3) 아이의 하루 일과 및 일정을 대부분 비슷하게 해 주자

매일매일 가야 하는 곳이 너무 다르고 다양하면 아이는 숨 돌릴 틈이 없다. 게다가 매일매일 다르면 자신이 그날은 뭘 해야 하는지 머릿속에 그리기 어렵고 그날을 예측하기 어려워지기도 한다. 인간은 자신이 경험할 일을 예측하지 못하면 강함 불안을 느끼게 된다.

따라서 아이의 생활을 안정적으로 구조화하는 과정은 중요하다. 하루를 아이가 예측하고 엄마의 퇴근 시간을 현실적으로 기대하여 막연한 불안이나 분노감을 갖지 않도록 미리 알리고 인지하게 하자.

그리고 아이들이 해결해야 할 하루 일과가 너무 많다 보면 아이는 과부화가 걸려 자신의 하루를 컨트롤하기 어렵다는 생각에 의욕이 떨어지고 적극성을 잃을 수 있다. 아이가 해내야 할 일이나 가야 할 학원을 매일매일 비슷하게 해 주거나 학원과 학원 사이의 시간이 너무 빡빡하지 않게 계획하자. 특히 초등학교 저학년 아이들은 더더욱 이것이 중요하다.

(4) 아이에게 안전리스트를 만들어 주자

조사에 따르면 직장맘 아이들이 평균적으로 집에 혼자 머무르는 시간이 1시간 30분 정도라고 한다. 그러나 아이들이 혼자 집에 있을 때 지켜야 할 안전수칙에 대한 인식은 미비하다고 한다. 현관문을 잠글 때 보조키도 잠그는 것, 가스밸브 확인방법 등등 아이의 안전을 위한 교육을 구체적으로 시켜 주는 것이 필요하다. 또한 혼자 있는 경우 택배나 낯선 사람의 방문, 보이스피싱에 대해 잘 알려 주고 스스로 대비하도록 교육한다. 그리고 아이가 잘 보는 곳에 비상연락을 할 수 있는 친인척, 지인의 전화번호를 적어 두자.

2) 행동문제

미국의 저명한 아동신경정신과 의사 겸 아동정신분석가인 S. I. Greenspan은 기질적으로 까다로운 아이들을 다섯 유형으로 나누고 그에 따른 양육방법 및 개입을 소개하였다. 아래는 아이들마다 다른 기질이나 행동유형에 따라 직장맘들이 어떻게 효과적으로 대응할 것인가에 대해 소개하였다. 직장맘들은 아이의 특성에 대해 먼저 파악하고 각각의 기질과 행동, 신체적인 특성에 맞는 양육적 개입을 하기를 바란다.

(1) 과민형 아이

① 행동특성
예민하고 과민한 아이들은 외부 환경에 대해 대부분의 사람들이 그냥

지나칠 자극에 대해서도 민감함을 가지게 된다. 이러한 경향으로 가질 수 있는 특성은 '두려움'과 '신중함'이다.

즉, 그냥 지나칠 수도 있는 자극에 자신도 모르게 신경이 쓰이다 보니 쉽게 두려움을 느낄 수 있는 반면, 불안을 느끼기 때문에 오히려 행동이 확 나오지 않고 좀 더 탐색하면서 신중해질 수 있다. 이러한 기질의 아이는 일상적인 기준이나 틀을 벗어나는 것을 불편해하고, 안정을 추구하고자 하며 낯선 환경이나 대상에 대해서 의존적이 될 수 있다.

어릴 때는 새로운 만남을 부담스러워하고 수줍음을 쉽게 표현한다. 학령기 이후에는 감정기복이 심해질 수 있다. 예민한 아이들은 외부 환경에 신경을 많이 쓰기 때문에 자신이 보고 듣고 경험한 것들에 대해 세심하게 주의를 기울이는 경향이 많다.

② 신체 특성

예민한 아이들은 접촉, 소음, 밝은 빛에 예민하게 반응할 수 있기 때문이다. 다른 사람들은 즐거워하고 편안해할 소리나 특정한 냄새, 촉각 경험이 이 아이들에게는 감정적으로 압도되는 불편한 자극이 되기도 한다. 또한 이러한 아이들은 운동능력, 즉 자신의 신체를 계획성 있게 조율하며 움직이는 것에 대해 어려워할 수 있다. 오히려 언어적 상호작용은 괜찮은데, 실제 수행을 해야 할 때 자꾸 헤매거나 당황스러워하게 된다. 다시 말해, 머리로 이해하거나 말로 표현할 때 자전거를 타는 방법에 대해서 매우 상세하게 알고 있고 묘사할 수 있으나, 실제 자전거를 탈 때 연습이 어느 정도 됐다 싶은데도 수행이 원활하지 못하는 경우와 같다.

③ 직장맘의 효과적인 반응과 태도

예민한 아이들은 불안함을 쉽게 노출하기 때문에 부모가 알아서 다 해 주거나 반대로 아이가 쉽게 시도하지 못하고 안절부절못하는 것에 대해 처벌적이거나 강제적인 태도를 취하는 양극을 오갈 수 있다. 가장 중요한 것은 아이가 불안함을 느낄 수 있다는 것에 대해 인정은 해 주어야 한다는 것이다. 실제로 부모가 대신 해 주는 것은 아이가 선택과 결정이 중요함을 깨닫는 데 방해가 될 수 있으며, 오히려 아이의 불안감을 가중시킬 수 있다. 반면에 마냥 아이를 기다리는 것도 아동의 행동까지 수용하는 것은 아니다. 실질적인 수행할 수 있는 안내를 통해 아이가 할 수 있도록 지속적이고 점진적인 지지와 접근이 필요하다.

(2) 자기 몰입형 아이

① 행동특성

자기 몰입형 아이는 에너지가 외부보다는 자신의 내부에 주로 집중되다 보니, 겉으로 보기에는 외부에 관심이 적거나 사람과 대상을 탐색하는 데 흥미가 적어 보이게 된다. 그러나 자신에게 집중하는 만큼 성장하면서 상상력과 자립 능력은 큰 자원이 되기도 한다.

② 신체특성

예민한 아이들과 달리 이 타입의 아이들은 많은 자극을 필요로 한다. 즉, 외부에서 들리는 소리를 인식하려면 더 큰 소리가 들려야 하고, 압력을 느끼려면 강한 접촉이 필요하기도 한다. 자기 내부에 주로 쏠려 있기 때문에 청각적인 자극이나 자신의 생각을 말로 표현하는 능력에 어려움을 보이기도 한다.

③ 직장맘의 효과적인 반응과 태도

아이의 행동이나 반응이 크거나 눈에 띄지 않기 때문에 혼자서도 잘 논다는 생각에 오히려 아이와 상호작용 횟수가 적어질 수 있다. 다른 아이들에 비해 좀 더 다이내믹한 자극과 접촉을 주어서 아이가 외부에 반응하는 횟수를 늘려 주어야 한다.

(3) 반항형 아이

① 행동특성

반항적인 아이는 거부적이고 고집스러운 면이 있으며 자기 욕구가 더 중요하므로 타인을 통제하고 주도권을 갖고자 한다. 부모님의 제한이나 요구에 더 화를 내고 더 크게 반응하는 모습을 보인다. 자기 욕구가 매우 뚜렷하고 표현이 적극적이기 때문에 적절히 계발된다면 이후 성장과정에서 과업을 해 나가는 데 열의를 갖고 리더십을 발휘할 수 있다.

② 신체특성

반항적인 아이는 자신이 보고 들은 것 등 경험한 것들을 내적으로 좀 더 잘 체계화할 수 있다. 예민한 아이에 비해 환경에 좀 더 적극적이기 때문에 시공간

능력이 더 우수한 편이다.

③ 직장맘의 효과적인 반응과 태도

반항적인 아이의 부모는 아이가 부모의 말을 거부하고 어긴다는 생각에 아이에게 더 통제적이고 제압하려는 욕구가 생길 수 있다. 그러나 이러한 부모의 반응은 아이의 문제 행동을 오히려 더 악화시키고 아이가 자신의 주장을 더 관철시키기 위해 더 반항적인 태도를 취하게 만들 수 있다. 아이가 강하게 자신의 의견을 표현하거나 강한 감정적 반응을 보일 때는 흥분된 아이의 마음을 진정시키는 것이 우선이다. 흥분한 아이를 달래면서 아이가 보이는 점진적인 변화를 지지해 주어야 한다. 반항적인 아이들이 좀 더 기분이 가라앉은 상황에서 부모와 상호작용을 할 수 있도록 해야 한다. 그리고 부모가 전달하고 싶은 이야기가 중요할수록 좋은 기분상태에서 전달해야 아이가 수용할 수 있다.

(4) 부주의형 아이

① 행동특성

부주의한 아이는 한 공간에 계속 머무르거나 한 가지 일에 집중하는 데 어려움을 보여 이 일을 했다가 어느 순간 저 일을 하는 등 한 가지 일을 끝마치고 다음 일로 넘어가는 것을 어려워한다. 즉, 일에 계획성을 가지고 체계적으로 과업을 해결하기 어렵다. 또한 잘 잊어버리고(이것은 물건을 잃어버리는 것도 포함됨) 한 가지 주제를 지속적으로 끌고 가는 것이 어려워(이야기를 하다가 불쑥 다른 주제가 연관되어 떠오르기 때문에), 대화를 지속하기가 어렵기도 하다.

② 신체특성

부주의한 아이들이 집중을 못 하는 이유는 여러 가지가 있다. 어떤 아이들은 보고 듣는 것을 처리하는 방식 때문에 어려움을 보일 수 있고, 어떤 아이들은 머리로 숙지하는 것은 별 어려움이 없으나 실제 수행할 때 오류가 빈번할 수 있다.

③ 직장맘의 효과적인 반응과 태도

주의집중이 어려운 아이들은 부모가 지시하는 일들을 한 번에 순서대로 처리하기 어렵다. 때문에 부과된 과업을 못 해내는 것에 초점을 두어 혼내기보다는 부과하는 과업 자체를 순서화·목록화해서 제시해야 한다. 즉, 한 번에 2~3가지 일을 시키기보다는 한 번에 한 가지 일을 수행하도록 한다. 그리고 계획성이 떨어지기 때문에 아이가 앞으로 해야 할 일에 대해서 단계적으로 예측하고 예상해 볼 수 있는 시간을 갖는 것도 도움이 된다.

(5) 활동-공격형 아이

① 행동특성

활동적-공격적인 아이는 상황에 처했을 때 일단 행동으로 옮기기 때문에 충동적인 경향을 보이기 쉽다. 이 특성의 아이는 끊임없이 움직이려고만 할

뿐 미리 생각하려고 하지 않는다. 일단 저질러 보고 그 다음에 생각한다. 자기 행동에 대해 뒤늦게 지각하기 때문에 쉽게 좌절하게 되고 행동이 앞선 것 때문에 실수가 잦으니 주변 사람에게 지적을 쉽게 받게 되어 자신감이 떨어지게 된다. 충동성은 감정에도 해당되어 금세 기분이 좋아졌다가 쉽게 화를 내기도 한다. 반면에 충동성은 좋은 방향으로 흐르면 맡은 일에 열성을 가지고 전문가가 될 수 있는 면도 있다.

② 신체특성

지나치게 활동적이고 충동적인 아이는 조절이 어렵기 때문에 운동 능력을 적절하게 조율하기 어렵기도 한다. 즉, 의도하지 않게 강한 펀치가 들어간 주먹을 날려 불상사가 생길 수 있다. 아이는 접촉에도 둔감한 편이어서 강렬한 촉각 경험을 원할 수도 있다. 이런 이유로, 이런 타입의 아이는 또래와 친하고 싶은 표현을 친구를 아주 세게 안아 버리는 것으로 하여 상대방이 공격받았다고 느낄 정도로 아주 세게 안거나 잡는 등의 행동을 해 버리기도 한다.

③ 직장맘의 효과적인 반응과 태도

공격적인 아이는 외현적으로 보이는 행동이 두드러지기 때문에 부모가 좀 더 엄격하고 훈육적이 되기 쉽다. 즉, 부정적인 행동을 할 때 반응을 해 버리기 쉬워 결과적으로 아이는 부정적 행동에 대해서만 피드백을 받는 경우가 빈번해진다. 이것은 아이로 하여금 부정적 행동을 더 하게 만드는 결과를 초래한다. 아이들은 부정적으로라도 관계를 맺기 원하기 때문이다. 공격적인 아이가 따뜻한 지지나 보살핌을 받지 못할수록 문제는 더 악화된다.

이 타입의 아이들에게는 확실한 행동에 대한 규칙과 가이드라인을 알려 줌과 동시에 긍정적인 행동을 했을 때 바로 지지적인 태도를 취해 주는 것이 좋다. 그리고 아이가 자신이 원하는 것을 좀 더 언어적으로 표현할 수 있도록 언어적 모델링을 보이는 것도 좋다.

3) 사회성

(1) 아이의 사회성발달을 위한 핵심 자원을 준비하라!

타인, 또래와 어울려서 잘 지낼 수 있는 사회성은 몇 가지 중요한 능력들을 필요로 한다. 사회성은 흔히 저절로 생기는 것으로 오인할 수 있으나, 아이가 태어나 자라면서 수많은 경험으로부터 발달시킬 수 있는 능력이다. 직장맘의 경우 사회성을 발달시키는 데 중요한 몇 가지 핵심 자원을 잘 준비해 준다면 사회성 문제의 예방과 대처를 잘 할수 있으리라 생각한다. 아래의 몇 가지를 체크해 보거나 준비하는 것을 잊지 말자.

① 아이 스스로 타인, 환경으로부터 환영받을 수 있다는 믿음이 있는가?

이것은 아이가 부모와의 관계 및 애착을 어떻게 형성했느냐에 따라 결정된다. 갑작스러운 분리에 대한 불안감 없이 자신에게 필요한 물적, 심리적 요구가 바로 충족될 수 있다는 믿음은 아이로 하여금 나중의 사회적 관계에서 자신의 심리적 위치를 가늠할 수 있는 기준이 된다. 그러므로 친구와 잘 지내는 아이로 만들기 위해서는 엄마, 아빠와 우선적으로 관계 맺기가 안정적이어야 한다. 특히 의도하지 않게 엄마와 분리가 빨리 이루어지는 직장맘의 아이들은 좀 더 관계에서 분리에 대한 불안감을 쉽게 느낄 수 있으므로, 직장맘이 퇴근 이후 집안일보다 어린 자녀에게 먼저 20~30분이라도 집중하는 시간을 갖는 것이 매우 중요하다. 부모와의 관계에서 얻어진 믿음은 아이가 다른 사람과의 관계에서 믿음과 자신감을 얻을 수 있는 초석이 된다.

② 무조건 나누어 가지는 것을 강조하지 않는다

내 것을 다른 사람과 나눌 수 있고 나누어도 된다는 컨셉트는 4, 5세 이후에 나 그나마 덜 혼돈스러워하면서 가능해진다. 5세 이전까지의 아이들은 인지적으로나 감정적으로 자기중심성이 매우 강한 시기이다. 인지발달학자인 Piaget에 의하면, 이 시기 아이들은 세상의 중심을 자신으로 두고 세상이 자신을 중심으로 돌아간다고 생각한다. 즉, 내가 좋아하는 것은 다른 사람도 모두 좋아한다고 생각하고, 내가 좋아하는 것은 내가 언제든 가질 수 있다고 생각하게 된다. 그러므로 3, 4세 아이가 또래와 장난감을 잘 나눌 수 있다는 생각은 금물이다. 물론 기질적으로 순한 면이 많아 그것이 가능한 아이들도 있지만, 나누기가 되지 않는다고 해서 그 아이가 사회성이 떨어지는 아이는 절대 아니라는 것이다.

타인과의 나눔을 위해 일단 아이 것이 확실히 보장된다는 것을 인식시키는 것이 중요하다. "친구는 갖고 논 적 없으니까 빌려 주자. 넌 이따가 갖고 놀면 되지?"라며 친구와 나눌 것을 강조하는 엄마의 반응에 아이는 감정적 혼란이 더 커질 수 있다. 내 것을 준다는 것은 정말 힘든 일인데, 엄마는 그것을 강요 아닌 강요를 하니 말이다. 오히려 이럴 때는 "그건 안 주고 싶구나. 그러면 시계 바늘이 3에 갈 때까지 놀고 줄래? 5에 갈 때까지 놀고 줄래?" 하면서 아이가 일단 혼자서 차지하는 것에 대해서는 인정해 주되, 엄마가 제안한 두 가지 중 하나를 선택할 필요도 있음을 부드럽게 알려 주는 것이 좋다.

③ 자연스러운 발달을 위한 기관환경을 체크한다

직장맘의 아이들은 일찍 기관에 간다. 그래서 전업주부의 아이들에 비해 타인과 나누는 것에 대해 일찍부터 강조를 받게 된다. 기관을 선택할 때 직장맘들이 고려해 볼 것이 어린 영·유아 아이를 맡기는 기관에 같은 종류의 장난감이 한 개만 있는 것이 아니라, 2~3개 정도 있는지 여부이다. 앞서 말했듯이 어린아이들은 내 것, 네 것에 대한 인지적 이해가 명확하지 않고 아직 나누는 것이 어려울 수밖에 없다. 이 때문에 장난감으로 인해 생기는 불필요한 갈등상황을 줄여 줄 수 있도록 같은 종류의 장난감을 비치했는지, 발달에 필요한 장난감을 갖추고 있는지를 알아볼 필요가 있다. 물론 4, 5세 이후가 되면 교육프로그램에 초점을 두고 좀 더 주도면밀한 탐색이 필요하다.

④ 욕구지연을 할 수 있는 능력을 키운다

사회적 관계에서는 끊임없는 타협과 양보가 출연한다. 이때 필요한 것이 욕구지연 능력이다. 좀 기다리더라도 심적으로 너무 힘들어하지 않으며 견딜 수 있는 힘이 필요한 것이다.

또래관계에서 이 능력을 발휘하게 하기 위해서는 집에서부터 아이가 원하는 것을 조금씩 지연시키면서 아이가 기다리는 연습을 할 수 있도록 하는 것이 좋다.

⑤ 상황과 맥락을 파악할 수 있는 아이로 키운다

사회적 관계에서는 돌아가는 상황에 대한 맥락 파악과 중요한 것과 중요하지 않은 것을 구별할 수 있는 능력이 필요하다. 이를 위해서 평상시에 아이와 대화할 때 결과만을 가지고 상호작용하기보다는 아이가 전체 상황을 이해할 수 있도록 기승전결, 인과관계를 설명하며 이야기를 나누어 아이가 전체적인 흐름을 이해하는 연습을 시켜야 한다.

(2) 사회성 발달을 위한 기회를 만들어라

① 사회성 발달에 대한 정보를 얻자

아이가 사회적 관계를 어떤 식으로 맺고 유지하는지 정보를 취합하는 것이 중요하다.

직장맘은 내 아이가 또래 사이에서 어떤 대처나 특성을 보이는지 관찰할 수 있는 기회가 사실 그렇게 많지 않다. 그러므로 아이의 특성과 반응에 대해 기관의 담임선생님의 의견을 열심히 듣는 것은 매우 좋은 기회가 된다. 아이를 데리고 올 때 "아이가 잘 놀았어요?"와 같은 모호하고 뭉뚱그려진 질문 대신에 "우리 아이는 친구에게 뭔가를 나눠 줘야 할 때 어떻게 하나요?" "친구가 싸우게 되면 먼저 말을 거는 편인가요?"처럼 교사에게 할 질문을 구체적으로 하는 것이 좋다.

② 멍석을 깔아 보자

아이가 어린 시기에는 어린이집과 유치원 엄마들끼리 관계를 맺어 놓는 것도 매우 좋다. 직장맘들 사이에 네트워크를 만들어 놓으면 부득이한 상황에 엄마가 동참하지 못하더라도 아이를 그룹에 참여시킬 수 있고, 관계유지에 도움이 된다. 또한 직장맘이 취약할 수밖에 없는 학교에 대한 정보나 학원에 대한 소스를 얻을 수 있는 좋은 창구가 될 수 있다.

단, 이때 엄마와 성향이나 가치관이 너무 달라 아이 친구의 엄마와 교류를 하는 것이 불편하다면 오히려 심사숙고하는 것이 낫다. 아이들은 매우 민감하여 엄마들 사이에서 불편한 기류가 흐르는 것을 생각보다 쉽게 감지할 수 있고 그렇게 되면 아이들이 불필요한 눈치를 보게 되어 또래관계를 맺는 것에 대해 혼란감을 느낄 수 있다.

③ 위험한 멍석은 제한한다

엄마가 직장에 나가 있는 동안 비어 있는 집이 아이들만의 아지트가 되게 해서는 안 된다. 엄마가 집에 상주하지 않더라도 친구들이 각자 자신의 맡은 일들을 잘 수행하며 만나서 놀아야 하고 시간 관리도 충실히 해야 한다. 친구들이 시간이 남으면 언제든지 와서 놀 수 있다든지, 갈 때가 없으면 올 수 있는 곳이라든지, 다른 곳에서 할 수 없는 일을 할 수 있는 곳이라고 생각하면 안 된다. 아이의 생활관리를 철저히 하여 엄마가 집에 없지만 아이들이 이 장소를 마음대로 사용할 수 없다는 것을 철저히 알리도록 한다. 또한 그 규칙에 대해 엄마가 매우 중요하게 여기고 있다는 것을 아이에게 끊임없이 상기시켜야 한다.

4) 학습문제에 대한 예방과 대처

(1) 학습을 위한 심리적 기초 다지기

바다에는 무수한 섬들이 있다. 그 섬들 중에는 사람들이 살면서 활력과 에너지를 시시각각 섬에 베푸는 곳이 있는가 하면 또 어떤 섬은 사람의 발길이 닿지 않아, 그냥 그 섬 자체로만 존재하는 곳도 있다. 섬이 에너지를 얻을 수 있는 이유는 섬과 섬을 연결해 주는 배가 있기 때문일 것이다. 학습은 바다 위에 떠 있는 그 자체로서의 하나의 섬은 아니다. 배의 왕래를 통해 좀 더 활기를 띠고 생기를 얻을 수 있을 때만이 섬이 빛을 발하는 것처럼 학습도 학습 자체만으로 존재하는 것이 아니라 학습이 좀 더 활기 있고 능동적이 되려면 학습을 활성화시켜 줄 수 있는 배의 역할이 필요하다. 이 배들은 자존감, 독립심, 자기 조절력, 자조 능력, 책임감 있는 태도라 일컬어진다.

① 심리적 기초 1: 자존감

자존감의 시작은 엄마, 아빠와의 관계이다. 자존감은 내가 뭔가를 할 수 있다는 나에 대한 믿음인 동시에 나는 누군가로부터 사랑받을 수 있다는 믿음이라 할 수 있다. 아이들의 자존감은 혼자서 생겨나고 싹트는 것은 아니다. 아이행동에 대한 부모의 반응과 태도가 결정적 영향을 미친다. 아이들은 부모가 자신을 사랑해 주면 마음속으로 '내가 이렇게 잘났으니 사랑받을 만하지.'라고 느끼면서 부모의 애정을 자신이 매우 잘났기 때문에 받는 것이라 생각을 하게 된다. 이에 반해 만일 자신이 원하는 만큼 부모로부터 사랑이 오지 않으면 '내가 못나서 그렇지.' 하며 그 탓을 자신에게 돌리게 된다. 즉, 부모와의 편안한 관계가 아이에게 스스로를 유능하고 귀한 사람으로 느끼게 하면서 자존감이 싹트게 되는 것이다.

② 심리적 기초 2: 독립심

엄마의 품에서 벗어나 아이가 스스로 해야 하는 시점이 온다. 엄마의 애정으로 아이는 자신에 대한 믿음과 유능감을 쌓기 시작하지만, 그렇다고 엄마가 아이의 모든 것을 다 지지해 주거나 대신 해 주어야 하는 것은 절대 아니다. 또한 아이가 보챈다고 아이가 원하는 것을 모두 들어주는 것도 안 된다. 엄마가 모든 요구를 들어줄 수 없다는 점을 아이가 깨우치기도 해야 한다. 그래야만 엄마의 도움 없이도 아이가 혼자 해 보겠다는 생각이 들기 시작한다. 이때 중요한 것은 엄마에게 의존하고 싶어 하는 아이에게 엄마가 너무 강력하게 독립을 요구하게 되면 아이는 자신이 원했던 엄마에 대한 애정을 일언지하에 거절당했다고 느낄 수 있으니 차근히 접근할 수 있는 전략은 필요하다.

예를 들어, 신발을 다 신겨 달라는 고민인 상황에서, 아이에게 다 해 주느냐, 아이가 다 하게 하느냐처럼 이분법적으로 취사선택을 해야 하는 것은 아니다. 엄마는 아이의 한쪽 발을 맡고 아이가 나머지 신발을 신게 하는 것처럼 엄마가 도움을 주기는 하지만, 아이가 할 수 있는 것까지 다 해 주는 것이 아니라, 아이에게도 스스로 할 수 있는 기회와 여건을 주는 것이 오히려 아이가 덜 거부감을 느끼면서 독립을 실천할 수 있는 방법이다.

특히 직장맘은 아이와 함께 지내는 절대적 시간이 부족하다 보니, 그에 대한 미안함을 아이가 원하는 것을 대부분 들어주는 것으로 해결하기 쉽다.

아이가 요구하는 것을 거절하기가 쉽지 않은 것은 당연하다. 하지만 엄마 스스로 자문해 볼 필요는 있다. 아이가 스스로 하는 것은 엄마로서의 책임을 다하지 않는 것이 아니라, 아이가 스스로 독립할 수 있는 연습의 기회를 주는 것이라고 말이다.

어린 시기 이러한 독립성과 스스로 할 수 있다는 믿음이 향후 학습에 매우 중요한 변인이다. 실제 수행을 잘하기 위해서는 동기화가 필요한데, 스 스로 할 수 있다는 믿음과 자존감은 동기화에 매우 강력한 영향을 미치기 때문이다.

③ 심리적 기초 3: 자기 조절력

㉠ 자기 조절을 위해서는 제한도 중요하다

기준과 테두리가 있어야 그 기준을 넘을 것인지, 아닐지 결정할 수 있다. 그러므로 부모가 아이에게 제시하는 가족의 가치관으로서의 규칙을 일정하게 만들어 놓는 것은 매우 중요하다. 일단 기준이 서야 아이도 행동의 기준이 세워지고, 부모도 아이에게 일관되게 교육할 수 있다.

㉡ 운동을 시키자

자기 조절의 시작은 일단 자기 신체의 조절이다. '내가 손을 어느 정도 뻗으면 이 공간에서 어떻게 될 것이다.'와 같이 물리적 공간과 내 신체 사이의 관계를 파악해야 신체조절과 조율이 가능해진다. 이것을 바탕으로 아이들은 신체적 조율을 넘어 감정이나 정서조절능력을 향상시킬 수 있다. 달리기, 저녁이나 주말에 가족과 함께 치는 배드민턴, 축구 등 무엇이든 상관없다.

ⓒ 욕구를 지연시키자

욕구지연능력이 이후 능력에 어떠한 영향을 미치는지와 관련된 유명한 마시멜로 실험이 있다.

4세 아이에게 마시멜로를 하나 주면서 이것을 먹지 않고 참으면 나중에 하나를 더 주겠다고 했을 때 잘 참는 아이는 이후 성장해서도 환경에 적극적이고 성취가 좋았던 반면에, 참으라는 미션을 따르지 못하고 바로 먹었던 아이들은 이후 성장해서 충동적이고 자기 삶에 대한 만족감이 적었다.

아이들의 욕구 지연은 내가 원하는 것과 외부 환경이 요구하는 것 사이에서 자신의 욕구를 외부욕구와 조율할 수 있다는 것이다. 그만큼 인간이 적응하는 데 있어서는 내 욕구와 더불어 타인의 욕구를 알아차리고 조화시킬 수 있어야 한다는 것이다. 타인의 욕구를 알아차리기 위해서는 내 욕구를 일단 뒤로 미뤄놓을 수 있는 능력이 있어야 한다.

일상생활에서 아이에게 욕구를 지연시킬 수 있도록 돕기 위해서는 무엇보다도 아이가 원하는 것을 다 들어주려는 태도를 조금 주춤해야 한다. 그렇다고 아이에게 마냥 기다리고 참으라고만 할 수는 없다. 그렇게 되면 아이는 언제나 참기만 해야 한다는 생각에 오히려 더 자기 욕구를 강하게 어필해 버리게 되어 더욱 요구적이고 떼가 많아질 수 있다. 그러므로 아이에게 원하는 것을 금방 들어주지 않을 때는 아이가 언제까지 견뎌야 하는지 기간을 확실히 아이에게 숙지시키는 것이 효과적이다.

예를 들어, 5일을 잘 기다리면 주말에는 원하는 장난감을 서로 미리 협의한 가격 내에서 가질 수 있다거나, 생일 때나 좀 더 특별한 날에 받을 수 있는 것을 정한다든지 말이다. 이때 중요한 것은 약속한 그날까지 잘 참아 낸 아이의 기다림에 대해 부모가 가치관을 가지고 의미를 부여해 주는 태도이다. 똑같은 경험을 했더라도 그에 대해 어떠한 가치관을 표현하고 의미를 부여해 주느냐에 따라 아이는 자기 행동의 가치와 의미를 깊이 있게 이해할 수 있게 된다.

④ 심리적 기초 4: 자조능력

㉠ 일상생활에서 선택권을 준다

가족의 저녁 식사 메뉴를 고를 때, 아이의 신발을 고를 때 등등, 일상생활에서 아이를 선택에 참여시킬 수 있는 기회는 많다. 굳이 아이가 결정하지 않더라도 아이가 한 사람으로서 인정을 받으며 자기 의견을 표명할 수 있는 기회를 주어야 한다. 이를 통해 아이들은 자기 인생에서 주체성을 가질 수 있다.

㉡ 공부라는 스스로의 싸움에서 이기려면 자신이 스스로에게 위로할 수 있는 능력도 필요하다

자조능력은 신체적으로 자신을 돌보는 영역에만 국한되는 것은 아니다. 감정을 스스로 추스를 수 있는 능력도 포함된다. 힘들고 좌절될 때 누군가의 위로를 받으면 다시 힘이 나면서 한 번 더 해 볼 수 있는 용기가 생기기 마련이다. 부모가 얼마나 아이에게 위로의 대상이 되어 주었느냐는 아이가 성장하면서 스스로를 지지하고 위로할 수 있는 힘의 근원이 된다.

⑤ 심리적 기초 5: 책임감

㉠ 엄마, 아빠의 일, 아이의 일을 명확히 구분시키자

아무리 어린아이여도 아이가 해낼 수 있는 일은 얼마든지 있다. 아이 일을 엄마, 아빠 일로 가져와 대신 해 주지 말고 아이의 일로 구분하고 그것을 열심히 했을 때 지지해 주는 것이 더 효과적인 부모의 태도이다.

㉡ 아이가 선택한 것은 그것이 불안정해 보이거나 최선이 아닌 것 같아도 인정해 주자

아이에게 선택권을 주긴 하지만, 아이의 결정에 대해 못 미더운 마음을 갖거나 아니면 좀 더 나은 선택을 하도록 도와주려는 마음에 아이가 선택한 것을 뒤집는 경우가 있다.

이것은 아이에게 부모가 의도치 않게 아이 자신이 선택한 것은 부모가 인정하지 않는다는 메시지를 줄 수 있다. 부모가 보기에 아이의 선택이 최상이 아닌 것 같아도 이미 아이가 선택한 것은 인정해 주자. 인간은 선택권을 가져야 그에 대한 책임감도 가질 수 있다.

(2) 학습에 필요한 여러 가지 레시피를 챙기자!

① 레시피 하나: 내적 동기는 학습의 중요한 힘

학습의 주도권을 누가 가질 것인가? 당연히 아이가 가져야 한다는 데는 아무도 이의가 없을 것이다. 그러나 현재 아이들은 학습이 자신이 책임져야 할 자기 일이 아니라 엄마, 아빠의 일인 양 느끼는 것이 사실이다. 엄마는 퇴근해서

아이가 학교, 학원 숙제를 했는지 안 했는지 체크를 하게 되고, 또 아이는 그런 엄마를 보며 자신이 결과로만 평가를 받는다는 생각을 할 수 있다.

일반적으로 우리는 아이들의 행동을 부모나 선생님이 원하는 방향으로 교정하는 가장 좋은 방법은 적절한 보상과 강화라고 생각한다. 즉, 아이가 느끼기에 매력적인 보상물을 제시해 주면 자녀는 부모가 제시한 목표에 좀 더 효과적으로 도달할 수 있다고 생각해 왔다. 특히 학습과 관련된 성취에서는 이런 보상과 강화가 상당한 지지를 받은 것이 사실이다.

여기 우리의 생각과는 조금 다른 결과를 보여 주는 재미있는 실험이 있다.

같은 나이의 아이들을 선정한 후 선정한 아이들을 두 그룹으로 나누었다. 물론 나누는 기준은 무작위이다. 그리고 두 그룹에게 나무 퍼즐을 주고 퍼즐을 맞히는 미션을 똑같이 준다. 이때 두 그룹에 다른 조건이 제시되는데, 한 그룹은 그냥 나무 퍼즐을 재미있게 풀어 보라고 하고(자율그룹) 다른 한 그룹에게는 먼저 푸는 세 사람에게 상으로 색연필 세트를 주겠다고 보상을 걸었다(보상그룹).
자, 자율그룹과 보상그룹이 생긴 것이다.
진행자는 두 그룹에게 10분의 1차 과제 시간과 5분의 휴식시간, 그다음 좀 더 어려운 2차 과제 시간 10분과 5분의 휴식시간을 주게 된다. 이때 우리가 눈여겨볼 것은 과제를 푸는 10분의 시간이 아니라 그 이후에 주어지는 5분이라는 휴식시간에 보이는 두 그룹의 반응이다.
간단한 1차 과제(10분) – 휴식시간(5분) – 어려운 2차 과제 – 휴식시간(5분)

간단한 1차 과제를 풀 때는 우리의 예상대로 보상물이 걸린 보상그룹이 자율그룹 아이들의 퍼즐 완성 시간을 가볍게 눌렀다. 보상그룹에서 먼저 맞힌 3명의 아이들은 의기양양하게 상품을 받았다. 그리고 5분의 휴식 시간이 주어지면서 진행자는 자리를 떠나고 그곳에 남아 있는 관찰자들이 아이들의 행동을 관찰하였다. 여기서 두 그룹의 차이가 생기기 시작하였다. 자율그룹의 아이들 대부분은 휴식시간 5분 동안 퍼즐과제에 대한 흥미를 유지시켜 나갔다. 서로 알고 있는 정보를 공유하기도 하고 긍정적 정서가 흘렀다. 이와 반대로 보상그룹에서는 아이들끼리 분열이 일기 시작했다.

상품을 탄 아이가 자기와 친한 친구에게만 팁을 알려 주고, 서로 냉소적인 말들이 오고 갔다. 5분 후 진행자가 다시 들어와 1차 과제 때보다 더 어려운 퍼즐 문제를 제시했을 때 상황이 변했다. 즉, 퍼즐을 빨리 맞힌 아이가 자율그룹에서 더 많이 나오게 된 것이다. 보상그룹의 아이들은 2차 과제에서 의욕이 떨어지기 시작했다. 맞히는 아이가 나오긴 했지만 열의는 1차 때보다 확실히 떨어졌다.

좀 더 극명한 차이는 2차 휴식시간에 왔다. 자율그룹 아이들은 휴식시간이 되어도 퍼즐을 맞혀 보기 위해 노력한 반면, 보상그룹 아이들 중에는 그냥 엎드려 버리거나 퍼즐조각을 던지는 아이까지 생겼다.

출처: 조선일보

위 실험은 자기 결정론 이론의 창시자인 에드워드 데시의 실험을 우리나라 아이들에게 적용해 본 것이다. 실험을 유치원생, 초등학생에게 똑같이 적용해 보아도 결과는 비슷했다. 여기서 우리가 발견할 수 있는 중요한 점은 보상과 강화가 아이들의 학습에 단기적으로는 효과가 있지만 좀 더 꾸준함을 발휘하며 동기 수준을 유지시키는 데는 외부 강화보다는 자발적 동기가 더 중요하다는 것이다.

『마음의 작동법』의 저자인 에드워드 데시는 이렇게 말한다.

"평가와 보상이 중요하다고 말하는 것이 아니다. 더 많은 성취를 기대하면 의욕이 타올라야 하는데, 보상과 평가는 아이들에게 압박감과 통제감을 느끼게 하고 더 높은 기대를 하면 그만큼 더 높은 통제가 필요하다."

그렇다고 아이들을 아이가 원하는 대로 그냥 두라는 것은 아니다. 부모가 조언을 주고 이랬으면 하는 목표를 제안할 수는 있지만 결국에 그것을 선택하는 것은 부모가 아니라 아이임을 명심하는 것이 중요하다는 것이다.

② 레시피 둘: 아이학습의 감리사가 아니라 동료설계자가 되자!

학습은 어린 시기부터 꾸준한 인지, 정서, 사회, 신체발달을 기반으로 연령에 따라 내용과 깊이에 변화가 있다. 유아기는 기본생활과 자조능력, 기초인지상태, 개인특성이 학습에 중요한 영향을 미친다. 아동기는 학습을 할 수 있는 생활 태도나 습관이 중요하게 형성되는 시기이다. 이를 뒷받침하기 위해서는 사회정서 발달로 근면성, 책임감이 있어야 하며 부모자녀관계, 학교, 또래관계의 원만함이 학습의 중요한 바탕이 된다. 학습이 생활의 상당부분을 차지하는 청소년기에는 자기주도적인 학습태도와 생활관리, 진로에 대한 목표의식이 중요하며 무엇보다 부모의 멘토 역할이 매우 중요하게 된다. 특히 직장맘의 경우에는 많은 시간을 같이하기 어렵기 때문에 발달과정상 중요한 과제를 염두에 두고 연령별로 차별성 있게 실천하는 태도가 중요하다.

③ 레시피 셋: 인지적인 부분의 특성을 파악하고 개발할 수 있는 기회를 제공하자

인지적인 측면의 보강은 아이들마다 특성이 다르고 인지적인 강점과 약점에도 차이가 있다. 인지기능은 다양한 구성요소의 조화로운 작용으로 강점이 항상 강점이 될 수 없고 약점이 항상 약점으로 남아 있지 않다. 이 부분이 조화를 이루면서 제3의 과정을 만들어 내기 때문에 부모는 아이의 인지적인 특성을 알아야 인지적인 약점을 보강할 방안이 나온다. 특히 충동적이거나 주의력에 문제가 있는 경우는 주의집중에 어려움이 있기 때문에 인지적인 불균형문제가 학습과 행동문제에 영향을 미치는 정도를 잘 알고 있어야 한다. 불안이나 우울한 특성을 보이는 경우에는 과제 자체의

압력이 강하고 심리적인 압력에 많은 에너지를 쏟아 낸다. 불안하고 우울한 아동의 경우에는 본 과제를 수행할 때는 상대적으로 적극적인 자세가 나오기 어렵거나 과제를 수행하는 데 본인이 가진 능력을 충분히 발휘하지 못하기도 한다. 또한 어려서 부모의 양육이나 교육적인 자극이 충분하지 못한 경우에는 기초학습과정 자체가 부진한 경우도 있다. 이러한 경우에 학교 교과과정 이외에 부모의 특별한 조치가 필요하고 의식적으로 아동의 부족한 부분을 촉진하기 위해 노력해야 한다. 이러한 부분은 심할 경우에는 전문상담센터에서 심리평가를 실시한 이후에 치료개입 방안을 세우는 것이 바람직하며, 특히 직장맘에게는 쉽게 놓치는 부분과 문제해결방법을 알려 주고 양육에서 지속적으로 관심을 주어야 하는 부분에 대해 인지할 수 있기 때문에 중요하다.

④ 레시피 넷: 연령별로 필요한 학습발달을 챙기자

직장맘의 경우에는 학습의 대부분을 부모가 직접 관리하고 챙기기보다 사교육에 의지하거나 아이 스스로 잘 챙기기를 원하게 된다. 특히 아동기에는 학교나 방과후프로그램, 특별활동(음악, 미술, 영어, 각종 운동, 공예 활동)에 참여시키기도 한다. 학습은 학교 공부를 위주로 하면서 학교 공부만 잘 따라가도 무난하다는 낙천적인 엄마와 위기의식을 갖고 다방면으로 아이에게 이것저것 시키는 과업 중심의 엄마가 있다. 또한 방임자로서의 자세로 인생은 스스로 개척하는 것이라는 말에 의미를 강하게 부여하면서 생활을 방임하는 경우도 있다.

청소년기에 들어서면 사춘기적 특성으로 인해 부모의 조언을 간섭이나 불필요한 조언으로 여기면서 거부하게 되는 현상이 나타나는데, 이런 반응에 대해 부모는 일시적으로 주춤하고 어쩔 수 없이 한발 물러서거나 반대로 좀 더 높은 성취를 하기를 바랄 수밖에 없다. 아니면 청소년기 자녀가 도움을 청하는 메시지에 대해 강한 의지력과 독립을 중요시 여기면서 아이가 청하는 도움을 거절하는 경우도 있다.

이렇듯 자녀가 무엇을 원하는지, 부모가 적절한 도움을 어떻게 주어야 하는지에 대해 혼란스럽게 된다. 특히 직장맘의 경우에는 자녀의 행동 이면에 숨겨진 의도나 감정, 정서를 헤아리지 못하면 부모자녀관계가 손상될 위험에 처하게 된다. 그래서 간혹 청소년기의 부모는 자녀의 모습에 무기력하게 대처하는 경우가 있고 자녀는 부모가 안정감을 주지 못하는 것에 대한 실망감을 부정적인 행동으로 표출하여 일시적인 비행행동을 보일 수 있다. 자녀가 엄마의 부재를 상실과 유기로 경험하게 되면 그 행동화 양상은 극단적인 상황으로 번질 가능성도 배제할 수 없다. 청소년기는 대체로 욕구는 있으나, 그것을 실현할 만한 기술이 미숙하여 성취에 대한 불안이 상당하게 되고, 자신 없는 마음은 학습에 대해 무기력감을 느끼게 될 수 있다. 또한 도움을 원했으나 거절에 대해 강한 분노감이 학습을 외면하는 이유가 될 수도 있다. 현실적인 성취 정도가 기대했던 것에 비해 낮을 때, 이로 인한 좌절감은 일탈행위를 유도하거나 부모에 대한 강한 분노감을 부모와의 힘겨루기로 해결하려고 한다. 따라서 직장맘은 청소년기의 학습과정과 그들의 욕구를 실현시켜 줄 수 있는 다양한 정보를 제공하는 역할을 해야 하며 부모-자녀라는 수직적인 관계보다는 멘토와 멘티의 관계를 통해 적절한 거리를 유지하면서 지원이나 지지 가능한 관계를 유지하는 것이 필요하다.

그러기 위해서는 청소년기의 발달과정과 청소년기에 가장 도움을 필요로 하는 학습과정에 참여할 수 있거나 아이가 원할 때 적절한 자원을 동원해 주는 역할자로 남아 있어야 한다.

특히 직장맘의 경우에는 가정에서 충분히 함께하는 시간이 적기 때문에 학습이나 과제수행의 정도에 대해 파악하기 어렵고, 설사 꼼꼼하게 잘 챙기는 엄마라고 하더라도 부모가 부재한 시간에 아이의 학습 양상을 파악하기 어려워서 아동의 잘못된 습관이나 태도, 아동의 취약한 점을 놓치고 넘어가는 경우가 많다. 특히 아동이 초등학교, 중학년에 진입을 하면 부모는 아이의 학습에 대해 관리하기 어려워지기 때문에 어떻게 학습을 관리할 것인가에 대해서는 학령기에 들어서면서부터 중요시된다.

⑤ 레시피 다섯: 아이 특성에 맞는 학습전략이 필요하다

음식에도, 약에도 궁합이 맞는 짝이 있는 것처럼 학습에도 아이 성향과 특성에 맞는 전략과 방법이 있다. 아이에게 맞는 학습 전략을 위해서는 우선적으로 내 아이의 기본적인 성격 특성이나 공부습관, 주의집중 정도, 문제해결 방식 등을 파악하는 것이 필요하다.

예를 들어, 아이가 눈으로 보는 시각 자극에 약하다면 공부하는 책상 주변에 다른 것들은 치워 아이의 주의가 흐트러질 수 있는 요소를 사전에 없애 주어야 한다. 결론적으로 자녀의 특성에 대해 되도록 많은 정보를 갖고 있는 것이 중요하다. 그렇게 되면 부모가 자녀에게 "공부 열심히 해라."와 같이 모호하게 들리고 일방적이라고 느낄 수 있는 말들을 덜 사용하게 되며 관계를 악화시키는 것을 막을 수 있다. 즉, 좀 더 현실적인 방법들을 제안해 줄

수 있으므로 자녀가 느끼기에 부모가 자신을 지지하고 도와준다는 협조자의 느낌을 주어, 좀 더 끈끈한 관계맺기가 가능해진다.

자녀의 특성을 좀 더 객관적으로 파악할 수 있는 방법으로는 학습클리닉이나 소아정신과, 사설 상담센터 등에서 실시하는 지능검사가 포함된 심리평가를 활용해 볼 수 있다.

지능검사는 우리가 일반적으로 알고 있는 IQ가 나오기는 하지만, 아이의 IQ수치가 몇인지가 중요한 것은 아니다. 지능검사를 통해 치료자나 부모는 아이가 주어진 정보를 어떤 식으로 처리하는지, 단편적인 지식에 대한 습득 정도, 전체적인 맥락을 파악할 수 있는 능력, 갖고 있는 정보를 어떻게 조직화하고 실제 수행에 적용할 수 있는지 등 지적 기능의 활용 정도를 파악해 볼 수 있다. 지능검사 자체가 아이에 대해 완전히는 아니지만 중요한 정보들을 제공해 주기 때문에 치료자는 지능검사에서 나온 아이에 대한 정보를 실제 아이의 특성과 통합하여 학습방법을 고안하는 것이 필요하다. 이 외에도 인터넷 교육 사이트 등에서 자녀의 타입과 특징, 효과적으로 지도할 수 있는 방법 등에 대해 테스트해 볼 수 있으므로 적극 활용해 보는 것도 방법이다.

⑥ 레시피 여섯: 아이의 성격과 자극에 대해 더 민감하게 파악하자

공부도 아이들마다의 성격특성이나 강점, 약점에 따라 다른 접근 방식과 다른 효과가 나타난다. 예를 들어, 청각적 주의집중이 더 좋은 아이의 공부방법은 시각적인 주의집중이 더 좋은 아이와는 다르게 접근하는 것이 아이의 능력을 더 극대화시키고 강점을 학습에 보다 효율적으로 적용시킬 수 있다.

ⓒ 시각 학습: 청각적인 자극보다 시각 자극에 더 주의를 잘 기울이는 특성의 아이들이 있다. 이 아이들은 시각 자극에 더 민감하다는 강점을 가지고 있기 때문에 이것을 학습에 활용하여 도움을 받을 수 있다. 이 타입의 아이들은 들을 때보다 눈으로 보았을 때 더 잘 기억한다. 또한 책 등 인쇄자료를 볼 때 의미 있게 시각정보를 처리하기 때문에 철자를 틀리지 않고 읽을 수 있다. 이런 타입의 아이들은 공부를 할 때 그림자료 등을 활용하거나 쓰면서 외우면 더 효과적이다.

ⓛ 청각 학습: 청각적 주의집중이 좋은 아이는 뭔가를 들음으로써 더 잘 기억하는 타입이다. 말 그대로 본 것보다 들은 것을 더 잘 기억하기 때문에 소음이 있으면 시각적 주의집중이 좋은 사람보다 더 혼란스러워할 수 있다. 그러므로 학습할 때 음악 등을 들으면서 하는 것은 비효율적이다. 공부할 때 외우는 내용을 소리를 내서 말하거나 선생님이 아이에게 가르치듯이 설명을 하면서 학습을 하는 방법도 효과적이다.

ⓒ 운동 학습: 이 타입의 아이들은 직접 해 보았을 때 가장 잘 배우게 된다. 단지 보거나 듣는 것보다 직접 만지면서 배우는 것을 더 좋아한다. 이 타입의 아이들은 움직임이 많아, 보기에 산만해 보일 수 있지만 산만한 아이들과는 구별해야 한다. 산만한 아이들은 주어진 자극 자체에 주의를 기울이기 어려운 반면, 이 아이들은 인지적 과정이 신체 움직임과 함께 있을 때 더 긍정적인 자극을 받는 것이다. 교실 상황에서는 어렵겠지만 집에서 공부할 때 오히려 방안을 이리저리 돌아다니면서 외우는 것이 더 효과적이기도 하다.

⑦ 레시피 일곱: 막연한 조언은 아이를 좌절시킨다

"공부를 열심히 해라." 하는 정도의 조언은 아이가 느끼기에 자신이 열심히 하지 않는다는 메시지로 받아들일 수 있다. 막연히 "공부를 열심히 해라."라는 말보다 어떤 태도를 지녀야 하는지, 생활에서의 실천 방법에 대해 보다 구체적으로 제시하는 것이 필요하다. 다만 "네 방법은 별 효과가 없으니 내 방식을 따라라."로 느끼지 않게 하는 것이 필요하며 부모의 언어적인 톤, 비난이 섞인 내용, 다른 아이와의 비교는 삼가야 한다. 일단 아이가 어떤 식으로 노트필기를 하고 어떤 식으로 내용을 정리하며 공부를 하는지 등등 아이만의 학습방법을 함께 공유하는 과정이 필요하다. 그다음 협의된 방식으로 학습을 했을 때 어떤 점이 효과적이고 어떤 점이 효율적이지 못했는지 잘 되지 않는 방법을 아이와 의논하여 부모가 조력자로서 역할을 담당해야 한다.

물론 이 과정이 아이와 전체적으로 별 무리 없이 자연스럽게 이루어지는 것은 아니다.

기본 베이스는 언제나 기본적인 관계의 질이다. 학습도 예외는 아니다. 공부도 부모자녀관계가 어느 정도 뒷받침되어야 아이가 에너지를 쓸 수 있다. 아이와 산책도 하고 아이가 좋아하는 음식도 함께 먹으면서 기분이 이완되는 경험이 잦아야 한다. 그래서 아이가 엄마, 아빠와 공부얘기를 해도 일방적이지 않다고 느낄 수 있다.

⑧ 레시피 여덟: 아이의 하루 일과에서 엄마가 중요하게 생각하는 것이 공부만이 아님을 인식시켜라

엄마가 퇴근 후 아이와의 첫 번째 대화가 "숙제했니?", "공부했어?"는

아니어야 한다.

퇴근 후에 부모가 숙제를 검사하는 검사자로서만의 역할이 아니라 아이의 일상에 관심을 갖는 태도를 지녀야 하고 아이의 소소한 관심에 대해 이야기를 나누는 자리가 필요하다. 아이와 함께하기 위해서는 많은 시간이 필요한 것이 아니라 집중적으로 관심을 쏟는 30분이 더 중요하다. 이 시간 동안 아이가 하고 있는 방식, 말하고 싶은 것을 일단 들어 봐야 아이가 느끼는 곤란함이 뭔지, 빈틈이 어디인지 파악할 수 있다. 학교에서 오늘 하루 즐거웠던 일은 무엇이고 제일 속상했던 일은 무엇이었는지 이야기하는 시간을 가져라. 부모는 그 빈틈을 메워 주면 되는 것이다. 이러한 시간을 통해 아이는 떨어져 있었어도 엄마가 나의 기분이나 감정에 집중해 주고 중요하게 생각해 준다고 느끼게 된다. 즉, 오늘 선생님 말을 잘 들었는지, 숙제를 다 했는지 안 했는지 등과 관련된 인지적 성취뿐만이 아니라, 기분이나 감정도 중요함을 전달해 줄 수 있는 것이다.

(3) 학습전략을 생활습관처럼!

① 습관 하나: 학습에 집중할 수 있는 환경을 마련하자

직장맘들의 경우 제한된 시간에 아이의 이것저것을 살펴 줘야 한다. 언제나 시간과의 전쟁이므로 주어진 짧은 시간에 아이의 숙제도 봐 주고 공부도 챙겨야 하며 아이가 적은 시간에 효율적으로 집중할 수 있는 방법들을 적극적으로 찾는 것이 중요하다. 일단 아이가 공부하는 공간을 둘러보자. 아이의 시선을 빼앗을 물건들이 책상에 여기저기 펼쳐져 있다면 책상 위를 간단하게 만들자. 아이가 공부를 하다가 보이는 앞쪽 벽에도 책장이나 뭔가가

붙어 있다면 가능하면 제거해서 아이의 불필요한 시각적 분산을 막자.

책상 바로 옆에 침대가 있다면 아이들은 침대를 보면서 자로 잠을 떠올리기 때문에 오히려 공부하는 곳과 자는 곳을 분리시켜 주는 것도 좋다. 하지만 침대가 함께 있는 공간이라면 침대정리를 깨끗이 해서 아이가 집중할 수 있는 환경을 만들어 주는 것이 필요하다. 유혹거리가 많은 오픈된 거실도 아이의 집중을 분산시킬 수 있으니 적절하지는 않으나, 환경조성과 공간구성에 따라 달라질 수 있다. 거실을 서재 분위기로 꾸미는 것이 요즘 학생을 둔 가정의 분위기이기 때문에 아이들이 항상 거실에서 함께 공부하는 분위기라면 좀 더 정돈된 환경과 학습을 할 수 있는 책상이나 안정감 있는 의자를 마련해 주는 것이 필요하다.

② 습관 둘: 학습에 집중할 수 있는 집안 분위기를 조성하자

아이가 공부하고 숙제하는데, TV소리나 형제들이 뛰어노는 소리 등 청각적으로 분산될 만한 요인들이 있다면 최대한 줄여 주자. 아이의 주의집중은 물론 의지를 강하게 갖고 조절할 수 있으나, 대부분의 아이들은 자기도 모르게 외부의 시각, 청각 자극에 주의가 흐트러지게 된다. 즉, 아이 의지의 문제만은 아니라는 것이다.

그러므로 부모가 사전에 최대한 환경을 최소화시켜 주어 아이에게 갈 만한 불필요한 꾸중을 줄여 주는 것이 더 적절한 방법이다. 그리고 주의집중력이 낮다고 아이를 비난하기 전에 환경을 점검하여 부정적인 피드백을 적게 하는 편이 오히려 관계를 망치지 않는 방법이다.

③ 습관 셋: 학습에 필요한 준비물을 학습하기 전에 챙기도록 준비하자

아이와 공부, 숙제를 하기 전에 필요한 교과서, 문제집, 학용품을 준비한 후에 학습을 하도록 돕는다. 이런 것들을 챙겨 오는 과정 속에서 아이는 학습에 들어올 준비를 하는 것이다. 게다가 공부 중간 중간에 생각난 필요한 물건을 가져오느라 주의집중이 흐트러질 수 있으므로 본격적으로 공부하기 전 이것들을 모두 준비시키자. 이와 더불어 본격적으로 공부를 하기 전에 오늘 배울 전체적인 내용이 무엇인지 아이와 살펴보자. 이를 통해 아이는 서서히 학습에 들어올 워밍업작업을 하게 된다.

④ 습관 넷: 목표를 크게 놓지 말고 가능한 작게 나누어라

예를 들어, 수학 두 페이지를 푸는 목표가 어떤 아이에게는 주의집중이 그다지 필요하지 않은 과업일 수 있지만, 대부분의 아이들은 두 페이지를 푸는 동안 주의를 꾸준하게 지속시키는 것이 매우 어렵다. 이런 경우 아이에게 1번부터 5번까지 풀고 그다음 6번부터 10번까지 푸는 것처럼 수학 두 페이지에 대한 목표를 세분화한 후 제시하여 아이가 세분화된 목표 하나하나를 성공하고 그때마다 목표를 지우고, 성공하고 지우고 하는 것이 더 효과적이다. 아이는 수학문제 두 페이지에 대한 목표에 도달하는 데 시간이 걸리겠지만 작은 성공들이 모여 다음 수행을 할 수 있는 주의집중력과 자기 확신이 생긴다. 마라톤에서 우승하려면 그냥 열심히만 달린다고 되는 것이 아니다. 중간 중간 마련되어 있는 식수대를 잘 이용해 숨도 돌리고 호흡도 재정비해야만 우승을 향해 좀 더 효과적으로 다가갈 수 있다.

⑤ 습관 다섯: 평상시 시각적·청각적 주의집중을 위한 활동과 놀이에 자주 노출시키자

숨은그림찾기는 아이들도 즐거워하며 할 수 있는 시각 자극을 향상시킬수 있는 좋은 자료이다. 찾고자 하는 그림 속의 신발을 찾으려면 아이는 그림 속의 많은 자극들을 무시하고 신발이라는 자극만을 찾아 구별하고 변별할 수 있어야 한다. 음악을 듣는 것이나 책을 읽어 주는 것은 청각적 주의집중에 도움이 된다. 일방적으로 시청하는 텔레비전은 효과성이 떨어지지만, 프로그램 내용에 대해 이야기를 나누거나 정보를 듣고 내용을 표현하는 것은 도움이 될 수 있다. 일상생활에서 이런 활동을 꾸준히 함으로써 공부할 때 필요한 주의집중력을 저장해 놓을 수 있다.

⑥ 습관 여섯: 숙독을 습관화하라

숙독은 학습의 기본이 된다. 교과서나 글을 정확하게 읽는 것은 문제를 잘 풀어내고 내용을 정리하는 데 매우 기본이 된다. 책을 읽을 때 빨리 읽는 것에 강조점을 두기보다는 한두 권을 읽더라도 꼼꼼히 읽는 습관을 들이도록 돕는 것이 중요하다.

아이들이 스스로 글을 읽을 수 있더라도 부모가 책을 읽어 주는 시간을 가지면 아이들은 정확히 듣는 연습을 하는 데 도움이 된다. 제목만 읽고 어떤 내용일지 유추하도록 하고 책의 목차나 도입부를 읽고 다음에 나올 내용에 대해 생각해 보는 것도 도움이 된다.

⑦ 습관 일곱: 뇌를 위해 최상의 컨디션을 보장하라

인간 뇌의 단면도를 보면 뇌가 세 부분으로 나뉘어져 있음을 알 수 있다. 파충류 뇌(reptilian brain), 변연계(limbic brain), 피질(cortical brain)이 그것이다.

각각의 뇌 부위가 하는 역할을 살펴보면 파충류 뇌는 파충류처럼 본능적인 행동을 일으키는 가장 낮은 차원의 사고를 담당하는 부위로, 인간이 사는 데 기본적으로 필요한 안전, 생존과 관련된 부분이다. 파충류 뇌는 인간의 행동을 지배하기 때문에 만일 스트레스 상황이 오게 되면 고차원적인 뇌의 기능은 닫히게 되고, 파충류뇌가 활성화되게 된다. 즉, 되도록 스트레스가 적어야 뇌에서도 최적의 공부 상태를 만들어 낼 수 있다.

그다음으로 변연계는 파충류 뇌보다 좀 더 복잡한 기능을 담당하는데, 이 부위는 인간의 감정을 관장한다. 게다가 연구 결과에 따르면 변연계는 감정뿐만 아니라 장기 기억의 저장고로서의 핵심적인 기능도 담당하는데, 여기서 알 수 있는 중요한 점은 기억을 잘하기 위해서는 감정이 동반되었을 때라는 것이다. 즉, 공부를 하는 동안 대체로 아이의 기분이 편안하게 유지되어야 좀 더 효율적인 학습이 될 수 있다는 것이다.

마지막으로 피질은 가장 고차원적인 기능을 하는 곳으로 논리적 사고를 가능케 하고, 추상적 사고, 언어 발달 등이 포함된다. 즉, 피질은 인간이 배운 것을 인지하게 하고 여러 방식으로 수용한 정보를 다양한 방식으로 구성하는 역할을 한다.

그런데 우리의 뇌는 이 세 가지가 따로따로 활동하는 것이 아니라 서로 세포로 연결되어 상호 교류한다. 이 세 부분이 서로 원활하게 교류할 때 최상의 학습효과를 기대할 수 있다. 스트레스를 받거나 신체적 또는 감정적 위험에 자주 노출이 되면 서로 연결된 부분이 막히게 되어, 효과적으로 제 구실을 못하게 된다.

⑧ 습관 여덟: 아이들이 몸을 움직이도록 꾸준한 운동을 습관화하라

운동은 체력만 보강시키는 것이 아니다. 실제로 한 연구에서는 체육시간을 늘린 학교의 아이들이 그렇지 않은 학교의 아이들보다 학습수행능력이 유의미하게 높았다고 한다.

아이들에게 운동의 경험은 뇌의 다양한 부위를 자극시켜 결과적으로 뇌가 활성화되는 데 도움을 준다. 이와 더불어, 꾸준한 운동을 통해 아이들은 과도한 에너지를 긍정적인 운동에너지로 전환시키면서 집중이 필요한 공부 시간에 에너지를 오히려 다운시켜 집중을 좀 더 쉽게 할 수 있게 된다. 주말에 가족이 산책을 하는 것도 좋은 운동이다. 가족의 놀이와 운동을 조화롭게 구성하여 일석이조의 효과를 누리자.

아이에게 운동을 배우게 할 때도 단지 엄마가 퇴근할 때까지 시간을 보내기 위해 가는 곳이 아니라, 왜 운동이 필요하고 중요한지 아이에게 설명해 주자. 사람은 누구나 납득할 만한 목적이 있을 때 더 동기가 생기는 법이다.

⑨ 습관 아홉: 아이 스스로 스트레스 푸는 방법을 익히도록 하라

사람 누구나 피할 수 없는 것이 바로 스트레스이다. 하다못해 갓 태어난 아기도 엄마 자궁 속과 다른 분만실의 밝은 빛, 소리 등으로도 매우 심한 스트레스를 받을 정도니 아이들도 결코 예외는 아니다. 아이들도 자신이

원하는 것과 외부에서 요구하는 것 사이에서 균형을 맞추기 위해 고군분투할 수밖에 없고 언제나 하루의 대부분을 어른의 의견과 지시를 따라야 하는 경우가 많기 때문에 아이들에게도 스트레스는 당연히 온다. 게다가 요즘처럼 학습이 매우 강조되는 사회문화적 분위기 속에서는 더더욱 스트레스 요인이 많아질 수밖에 없다. 아이들에게 생길 수밖에 없는 스트레스를 부모가 모두 막아 줄 수는 없다. 스트레스를 어떤 식으로 풀 수 있을지 레퍼토리를 만들어 주는 것이 더 현명하다.

일상생활에서 학습에 도움이 되는 활동들

· 자전거 타고 동네 한 바퀴 돌기
· 물 한 잔 먹고 숨 고르기
· 눈 감고 누워서 이전에 즐거웠던 상상하기
· 춤추기
· 화나는 대상, 물건에게 편지 쓰기
· 화초에 물 주기
· 창문 열고 하늘이나 먼 산을 보며 심호흡하기(1분에 5~6번을 할 정도로 천천히 하기):
  뇌는 흡입하는 산소의 20%를 소비한다. 산소가 많이 들어가면 그만큼 머리가 맑아지고
  집중이 나아지는 결과를 얻을 수 있다.

⑩ 습관 열: 일정량의 잠과 엄마표 보약

아이들에게 적절한 수면은 체력을 일정하게 유지시켜 주는 데 매우 필요한

한편, 학습과도 연관이 있다. 인간은 낮 동안 받아들인 정보들을 밤에 잠을 자는 동안 재정리하고 조직화한다. 그러므로 아이들에게 일정시간 잠을 자도록 하는 것은 학습에 필수불가결한 조건이 된다.

음식도 중요하다. 영국에 「*Food for the Brain* 프로젝트」라는 것이 있다. 이 프로젝트는 아이들에게 제공되는 음식을 햄버거나 빵과 같은 인스턴트 음식이 아닌 유기농 야채나 곡식 등 신선한 재료로 만들어 제공함으로써 결과적으로 학습능력, 주의집중, 정서발달을 도모하고자 하는 정책이다. 실제로 영국에서는 이 프로젝트를 통해 놀랄 만한 성과를 보인 사례가 많다. 학습능력이나 태도 면에서 영국에서 최하위권을 유지했던 한 초등학교는 학교 차원으로 급식을 전면 재조정하고 아이들에게 뇌와 건강에 좋은 음식에 대한 수업을 꾸준히 하며 비타민 보충제를 복용시키고, 수업 마지막 한 시간을 운동에 할애한 결과 아이들 대부분이 주의집중력이 좋아지고 1년 만에 상위권 학교로 진입했다고 한다. 아이들에게 어떤 음식을 먹게 하느냐에 따라 뇌를 활성화시킬 수 있는 여지가 매우 커지게 되는 것이다. 이와 더불어 음식이라는 것은 생물학적 발달 차원으로 아이들의 뇌에 좋은 영양분을 공급하여 활발하게 작동을 하게 도움을 주기도 하지만, 음식 자체가 주는 정서적인 영향력도 매우 크다. 사람은 누구나 타인에게 애정을 받고 보살핌을 받고자 하는 욕구가 있는데, 음식이라는 것은 인간이 추구하는 애정의 욕구를 매우 상징적으로 보충해 줄 수 있다. 엄마를 통해 먹게 되는 갓난아기의 젖 빠는 행동을 생각하면 이해가 빠를 것이다. 엄마가 퇴근 후에 나를 위해서 정성껏 음식을 해 주는 경험을 한 아이들은 엄마의 그런 행동들을 통해 사랑받고 있다고 느낄 수 있다. 실제로 SBS 〈그것이 알고 싶다〉팀이 외식을 자주 하는 아이들과 집에서 엄마가 해 준 식사를 자주 하는 아이들을 비교해 보았더니, 정서적 안정감이나 학습효과 등에서 차이를 보였다고 한다. 엄마가 해 주는 밥은 밥이 아닌 것이다!

5) 직장맘 자녀의 진로발달 도와주기

(1) 직장맘은 살아 있는 '진로 교과서'이다

엄마로서 아이를 낳고 잘 키우는 가장 주된 목적은 아마도 잘 성장시켜서 사회의 조화된 구성원으로 동참하는 하나의 인격체로 키우는 일일 것이다. 그러한 관점으로 보았을 때 직장맘들이 갖는 장점은 상당할 수 있다. 무엇보다도 직업인으로서 전문성을 가지고 열심히 일을 하는 엄마의 모습을 통해 아이들은 사회 구성원으로서의 역할에 대해 좀 더 일찍 긍정적 경험을 할 수 있다. 그러기 위해서는 우선적으로 직장맘들이 자신의 일이 자녀를 양육하는 시간을 확보하는 데 부담을 주고 결과적으로 자녀의 발달에 좋지 않은 영향을 줄 것이라는 불안과 자책을 내려놓을 필요가 있다. 엄마가 먼저 스스로의 일에 자부심을 가져야 아이도 엄마의 그런 자긍심을 그대로 흡수할 수 있을 것이다. 가능하다면 엄마의 일터에 자녀를 초대하여 엄마가 일하는 곳의 분위기나 환경, 어떤 일을 하는지 구체적으로 알아볼 수 있는 기회를 갖는 것도 자녀가 엄마의 직업과 일에 대해 좀 더 구체적이고 긍정적으로 이해하는 데 도움을 줄 수 있을 것이다.

(2) 바쁘지만 진로탐색에 가담하기

아이가 무엇을 할 것인가를 고민한다면 결국 공부를 왜 해야 하는지에 대한 답을 찾을 수 있다. 어린 시절부터 다양한 직업이 있다는 것을 경험시켜 주는 것은 필요하다. 사실 세상에 있는 직업의 종류는 몇만 개지만 우리가 알고 있는 직업은 그리 많지 않은 게 사실이다. 어떤 직업이 있는지 정보가 많다면 부모는 좀 더 다양하게 제시를 해 줄 수 있고, 아이의 특성과 고려하여 좀 더 적절한 직업을 찾는 데도 도움이 될 것이다.

TV 프로그램 중 SBS의 <생활의 달인>이나 EBS의 <극한 직업> 등을 자주 보게 되면 직업의 종류뿐만 아니라, 실제 그 직업을 갖고 있는 사람들의 노력이나 뭘 준비해야 하는지 등 구체적으로 직업에 대한 정보를 탐색해 보는 데 좋은 도구로 활용할 수 있다.

그리고 어린 시절엔 위인전을 읽도록 하는 것도 좋은 방법이며 청소년기에는 자기 주변인의 이야기에 더 관심을 기울이고 현실적인 대안을 원하기 때문에 그 시대 자신이 가진 직업에 자부심을 가지고 일하는 직업인의 체험이 녹아 있는 책을 활용해 보는 것도 좋겠다.

(3) 직장맘과 자녀와의 대화 활용하기

부모와 나누는 모든 대화와 경험은 아이에게는 세상을 바라보는 틀이 된다. 아이들이 태어날 때부터 세상을 바라보는 스키마(schema)를 가지고 태어나는 것은 아니다. 흰 도화지처럼 아이들은 많은 여백을 가지고 태어난다. 아이들이 가지고 있는 이 도화지에 밑그림을 그리는 사람은 다름 아닌 부모이다. 부모가 어떤 밑그림을 그렸느냐에 따라 아이들은 거기에 맞춰 무지개를 색칠할 수도 있고 폭풍우를 칠할 수도 있고 괴물을 색칠할 수도 있다. 부모가 그려 주는 밑그림은 바로 부모가 세상을 바라보는 관점이나 가치관, 주어진 일에 대한 태도나 습관 등 무궁무진할 것이다. 직장맘들은 그 누구보다도 사람들을 다양하게 경험하면서 다양한 분야의 사람들에 대한 풍부한 경험과 지혜가 많을 수 있다. 직장맘 스스로 자신에 대한 신뢰감을 가지면서 이러한 풍부한 지혜와 가치관을 아이에게 전달한다면 아이는 좀 더 다양한 시각을 가진 풍부한 사람으로 성장할 수 있을 것이다.

(4) 바쁜 엄마를 돕는 과정은 유능감을 키우는 과정

"난 공부만 잘하는 사람이야."가 아니라 "난 공부도 열심히 하지만, 친구들과 잘 지내고 내가 맡은 내 방 청소도 잘하고 가족들과 사이도 좋지. 특히 직장을 다니는 엄마를 잘 도와주는 아이지." 등등 자신을 좋게 평가 내릴 수 있는 거리들이 많아야 한다. 그러기 위해서는 어릴 때부터 아이에게 가족 구성원으로서 다양한 역할을 주는 것이 매우 중요하다. 다양한 역할이라는 것이 거창한 것은 아니다. 재활용을 버리러 가는 날에 엄마, 아빠, 아이가 각각 하나씩 맡기도 하고 아이와 마트에 가서는 아이가 들 수 있는 정도의 짐도 주면서 힘이 많이 세졌다고 칭찬도 하며 지지도 해 주고, 엄마가 식사 준비하는 것을 돕거나 동생을 보살피기, 아침에 스스로 일어나 자기 할 일 챙기기 등 가정에서 소소하지만 소중한 일은 얼마든지 있다. 중요한 것은 그런 역할들을 성취해 내는 경험은 결국 세상을 살아가는 데 필요한 유능감을 얻어 가는 과정이다.

(5) 적어도 직업에 있어 박식한 엄마의 능력을 보여 주자

심리학에 관심이 많은 아이가 있다고 하자.

사람의 마음을 알고 싶기 때문에 심리학을 하고 싶다는 것은 '심리학'이라는 학문을 반만 아는 것이다. 심리학에도 통계라는 수학이 들어간다. 이렇듯 전공에 대해 아이가 전체적인 그림을 그릴 수 있도록 부모가 가이드라인을 준다면 아이가 방향을 잡는 데 매우 큰 도움이 될 것이다. 또한 직장맘의 장점은 앞서 말했듯이 아이들이 하고 싶은 일과 사회적으로 촉망받는 직업 사이에서 혼란스러워할 때 실질적인 직업선배로서 해 줄 수 있는 말들이 많기 때문에 아이들에게 좋은 지침이 되어 줄 수 있다.

4. 양육지원자와의 긍정적 관계 맺기

1) 아버지

아버지를 보조자가 아니라 동반자로 참여시켜라. 어머니가 직장을 다니는 경우, 아빠가 좀 더 적극적으로 양육에 참여하면 가정 내에서 나타나는 긍정적인 효과는 매우 크다. 아빠의 양육참여는 엄마의 양육 부담을 경감시키고 결과적으로 엄마의 스트레스를 줄이게 되어 엄마가 느끼게 되는 양육 피로감을 덜어 줄 수 있다. 이를 통해 엄마는 좀 더 에너지를 모아 자녀에게 적극적이고 자신감 있는 태도로 양질의 양육을 제공하고 부부 관계를 긍정적으로 발전시켜 나갈 수 있다.

일반적으로 남성인 아빠는 아이와 시간을 보낼 때 아이와의 놀이에 참여하는 경우가 많으며, 엄마는 아이와의 시간 대부분을 돌보기 위해 참여하는 경우가 많다. 이러한 차이로 인해 엄마와 아빠 사이에 서로에게 기대하는 역할 갈등이 발생할 수 있다. 즉, 엄마는 아기를 씻기고 먹이고 돌봐주는 일에 아빠가 도움을 주었으면 하지만, 아빠들은 아이와 놀면서 시간을 가진 것으로 아이의 양육에 적극적으로 참여했다고 느낀다. 엄마가 기대하는 아빠의 역할이 다르기 때문에 엄마 입장에서는 아빠가 양육에 한 발짝 물러나 있다는 서운함을 가질 수 있다. 아빠 입장에서는 나름대로 양육자로서의 역할을 담당했다고 느끼게 되면서 엄마의 서운함을 이해하기 어렵다. 따라서 부부간의 갈등을 최소화하고, 역할을 조화롭게 하기 위해서는 서로에게 적절한 기대와 역할을 부여하고 있는지 점검하고 의견을 나눌 수 있는 시간을 갖는 것이 필요하다.

아버지는 자녀와 놀이를 할 때 촉각적이고 신체적이며 어머니는 언어적인 경우가 많다. 이러한 특징을 고려해 볼 때 아버지와 자녀 간의 신체활동을 적극적으로 활용하는 것이 아버지의 특성을 잘 활용한 양육책임의 분담이라 할 수 있겠다.

그런데 가끔씩 조언이나 상담, 아니면 자녀양육과 관련된 다큐멘터리 등을 보고 부모님들이 정서적으로 불만과 화로 가득 찬 아버지와 아들을 목욕이나 등산을 같이 보냈다가 오히려 더 관계가 멀어지고 다시는 시도하지 않는 경우가 종종 있다. 아버지들은 자녀와 함께하는 시간이 적고 자녀의 성장과정에 참여하는 정도가 엄마에 비해 상대적으로 적다.

Tip 효과적으로 아버지의 양육 지원받기

1. 약속 하나
어머니가 원하는 것을 아버지에게 정확히 표현한다. 엄마가 저녁 준비하는 동안 남편은 아이를 알아서 봐 줬으면 하는 생각은 버리자. 남자는 여자와 달리 상황을 관계 차원으로 보기보다는 문제해결책으로 보기 때문에 상대방의 숨은 의도나 욕구를 여자만큼 민감하게 알아차리지 못한다. 엄마의 의도를 몰라줘서 속상해하지 말고 차라리 남편이 뭘 해 주었으면 하는지 정확히 말하는 편이 낫다.

2. 약속 둘
아이를 보는 시간을 처음에는 30~40분처럼 짧게 주자. 남자는 무슨 일이든 해 볼 만하다고 느낄 때 적극성을 띤다. 아이를 잘 볼 수 있다는 자신감을 주기 위해 처음에는 아이를 돌보는 시간을 짧게 주는 것이 유리하다. 점진적으로 시간을 늘리고 인정하고 고마움을 표현하는 것을 잊지 않는다.

3. 약속 셋
아이가 어릴 때부터 엄마가 일주일에 하루 반나절 정도는 외출을 하고, 아빠는 그때 아이를 돌볼 수 있음을 자연스럽게 받아들이도록 하자. 엄마의 정신건강을 위해서뿐만 아니라 아버지에게도 아이와의 관계를 돈독히 하고 책임감을 행사할 수 있는 기회가 된다. 이를 가족 규칙으로 삼아라.

4. 약속 넷
아이 앞에서 아빠의 방식에 대해 타박하지 말자. 남편은 양육에 대해 자신감을 잃게 되고 권위자로서 위협받았다고 느끼게 되어 양육에 흥미를 잃을 수 있다. 아이들이 아빠를 싫어한다거나 아빠의 양육방식이 틀렸다는 핑계는 엄마가 아빠를 인정하지 않고 자리를 내주지 않아서 생긴 결과이다. 처음부터 잘하는 아빠는 많지 않다. 아빠들도 실습하고 변화하며 아빠로서 유능해지는 것이다. 남편이 유능한 아빠가 될 수 있도록 지금부터 기회를 주고 기다려 주자.

그래서 자녀에 대한 양육정보를 듣거나 공유하는 채널이 적다. 아빠가 잘 놀아 줄 수 있는 특성을 많이 가지고 있으나 실행하기에는 대화기술, 자녀와의 감정 갈등을 견디는 힘, 자녀의 특성을 인지하는 정도가 낮아서 어려운 과제를 성공할 확률이 낮을 수 있다. 만약 성공한다면 그것은 아버지가 가족과 친밀하고 공감적이고 정서적인 특성이 강하여 자녀의 감정을 잘 헤아리고 마음에 여유가 있는 아버지이기 때문일 것이다. 그러나 대부분의 아버지에게 요구하기에는 그들도 연습하고 배우고 격려받는 기회가 필요하다. 이런 지지적인 역할은 물론 아내가 담당해 주는 것이 최선일 것이다.

2) 시부모·친정부모

(1) 사전에 중요한 사항 요청과 협의하기

많은 직장맘들이 아이 양육으로 도움을 요청한 시부모와 친정부모에게 양육방식이나 가치관 등으로 갈등을 겪고 있다. 좀 더 현실적이고 이성적인 기준을 중시하는 부모와 달리 양육을 맡아 주는 대부분의 친·외조부모는 아이에게 좀 더 허용적이고 과보호적인 태도를 취하기 쉽다.

이들 간에 생기는 갈등은 사전 협의가 제대로 이루어지지 않은 데서 발생한다. 양육을 부탁하기 전에 서로 어느 정도 원하는 바를 협의할 수 있는 시간을 갖지 않은 것이다. 맞벌이 부모 입장에서는 할머니에게 부탁하는 입장이니 처음부터 이런저런 얘기를 드리는 것이 죄송하고 못 믿는 태도로 비춰질 것이라 생각하게 된다. 할머니 입장에서는 그냥 손자, 손녀를 예뻐해 주면 되겠지 하는 막연함만 가지고 양육을 시작하게 된다. 막연한 기대나 생각은 시간이 흐를수록 갈등의 불씨가 된다.

따라서 시부모, 친정 부모님께 아이를 맡기기 전에 아이를 함께 키우는 동반자로서 아이에게 최선일 수 있는 규칙들을 서로 협의하는 과정이 필요하다. 어느 정도 일치를 보는 것은 중간에 오게 될 불필요한 오해와 감정적 소모를 줄일 수 있게 된다. 사전에 규칙에 대한 협의가 중요한 또 다른 이유는 아이의 엄마도 시부모님께 부탁드릴 수 있는 사항을 못 하게 되면 양육의 주체가 엄마가 아닌 할머니에게로 넘어간 것 같아 양육자로서 불안감을 느낄 수 있기 때문이다. 그리고 조부모와 자녀에게 서운함을 느끼게 된다. 엄마가 양육의 주체자로서 확실히 역할을 담당하기 위해선 서로에 대한 기대와 담당할 수 있는 부분을 사전에 어느 정도 명확히 해 두는 것이 필요하다. 예를 들어 아이에게 TV를 보여 주는 것은 몇 시간 정도로 할 것인지, 아이에게 해 줄 것과 스스로 할 것은 어떻게 나눌 것인지 등등, 가능하다면 구체적으로 협의를 하는 것이 이후의 갈등을 줄이는 데 최선이다.

(2) 할머니에게 아이의 정서적, 신체적 돌봄 이외에 학습까지 맡게 하지는 말자

아이를 맡게 되는 할머니 입장에서도 자신에게 한꺼번에 많은 역할이 주어지게 되는 것이다. 과거에 비해 건강과 기력이 허락하지 않아 과부하가 걸려 불만이 쌓이게 되고 결과적으로 아이에게 감정적으로 대할 수 있다. 학교 숙제나 과제, 준비물 챙기기는 엄마가 직접 담당하는 것이 더 효과적이다. 자녀도 직장을 다니는 엄마가 자신을 위한 시간과 마음을 쓰고 있다는 사실을 경험할 수 있는 좋은 기회이다.

(3) 할머니가 돌봐 주더라도 잠은 부모와 함께 자도록 한다

인간에게 잠이라는 것은 가장 편안함을 주기도 하지만, 한편으로 아이들에게 밤, 잠이라는 것은 공포감을 주기도 한다. 잠은 인간이 의식을 하지 못하는 시간이기 때문이다.

아직 자아가 확고히 발달하지 않은 아이들은 밤에 대한 공포가 더 클 수밖에 없다. 이때 부모와 한 집에서 잔다는 것은 아이들에게 안정감을 확인할 수 있는 기회가 되고 엄마가 지지자원임을 확인받는 기회가 된다. 그러므로 잠은 되도록 부모와 같은 집에서 자도록 하는 것이 좋다.

(4) 할머니와 함께 지내면서 아이가 어떤 면에서 정서적으로 안정감이 생기는지, 어떤 도움을 받는지 구체적으로 언급해 주자

할머니에게도 손자, 손녀를 양육하는 것은 살얼음판을 걷는 것처럼 어렵고 난감한 일이다. 당연히 양육에 대한 부담감을 느끼고 긴장할 수밖에 없다. 할머니, 할아버지가 아이에게 주는 긍정적인 부분에 대해 아주 조그만 것이라도 이야기하고 역할에 대해 지지해 드리자. 조부모님이 양육에 대한 효능감을 느끼는 데 매우 큰 도움이 된다.

실제로 부모와만 사는 아이보다 친·외조부모나 친척 등 사회적 네트워크가 다양한 아이들은 정서적으로 더 안정이 되고 건강하게 자기 욕구를 채우는 데 도움이 된다는 연구결과도 있다. 아이를 조부모에게 맡긴다는 점을 미안한 일로 생각하기보다 아이에게 좋고 다양한 관계를 형성해 주는 기회로 갖게 하자. 이런 마음을 간간이 조부모님께 정당한 대가를 지불함으로써 할 일 없이 아이를 돌본다는 생각보다 중요한 역할을 하고 정당한 대우를 받고 있다는 생각을 갖게 하자. 조부모님의 인생의 황혼에 긍정적인 정체성을 갖게 하는 것은 아이들이 삶의 보람에 대해 경험하는 중요한 기회가 되기도 한다.

3) 베이비시터

베이비시터는 직장에 나가 있는 엄마를 대신하는 역할이기 때문에 무엇보다도 성품이 중요하다. 또한 아이의 발달에 대한 배경지식이 있다면 양육기술도 좀 더 다양해질 수 있다. 그렇기 때문에 믿을 수 있는 업체, 베이비시터 교육을 받는 경험, 지인의 추천을 받는 것이 좋다.

특히 직장맘들이 염두에 두어야 하는 부분이 베이비시터를 단지 아이의 일상생활을 보살펴 주는 대상으로만 국한시키기보다는 아이에게 정서적, 사회문화적 자극을 줄 수 있는 사람인지도 파악해 보는 것도 중요하다.

부모는 아이 앞에서는 베이비시터를 존중해 주는 태도를 취함으로써 아이도 베이비시터를 엄마처럼 믿을 수 있는 사람으로 인식하도록 하는 것이 필요하다. 그리고 베이비시터가 본 아이의 모습이 부모가 지각한 모습과 다를지라도 의견을 수용하고 아이를 관찰해야 한다. 아이가 대상에 따라 다르게 행동할 수 있는 점은 부모가 아이를 판단을 하는 데 중요한 정보가 된다. 서로의 의견을 존중하는 태도는 신뢰로운 관계를 잘 맺게 하는 데 중요함을 인식하는 것이 필요하다.

4) 보육·교육기관 선택

직장맘들이 선택할 수 있는 보육기관에 대한 정보를 치료자가 어느 정도 숙지하고 있고 연령에 따라 고려해서 선택해야 하는지에 대해 조언을 해 줄 수 있으면 직장맘들에게 큰 도움이 될 것이다. 사실 직장맘들의 가장 큰 고민은 내 아이를 안심하고 맡길 수 있는 믿을 만한 기관을 찾는 일이기 때문이다.

보육기관은 시립어린이집이나 구립어린이집, 민간어린이집, 놀이방, 유치원 등 다양하다. 일반적으로 유치원은 만 3세(우리나라 나이로 5세) 이후 원아를 모집하는 경우가 많으므로 직장맘들이 선택할 수 있는 곳은 어린이집, 놀이방의 형태가 가장 많을 것이다.

구립이나 시립 어린이집은 기본적인 시설이나 교사의 수준이 적정선을 유지하고 있어 믿을 만한 부분이 많아 직장맘들이 가장 선호하는 기관이다. 그러나 수요에 비해 기관의 수가 매우 부족한 상황이어서 아이를 입학시키기는 쉽지 않다. 아이를 낳아 주민번호가 나오면 바로 신청을 하여 대기순서를 빨리 해 놓는 것이 유리하다. 그리고 구립이나 시립 어린이집은 맞벌이 부부에게 입학 우선권을 준다. 또한 최근에는 어린이집을 평가인증을 통해 국가수준의 보육을 실시하고 있는지 평가를 받는 제도가 있다. 국공립이나 민간 어린이집 중에서 평가인증을 받는 곳이라면 일차적으로 신뢰를 할 수 있는 보육기관이다.

놀이방도 보육기관의 한 형태이기는 하지만, 구립이나 시립보다 규모가 작아, 아이들의 연령에 따라 반을 구분하여 구성하기보다는 1~2살 위아래 연령의 아이들이 한 교실에서 함께 지내는 경우가 많다. 동일 연령이 아닌 다양한 연령 속에서 아이들이 모델링이 좀 더 쉽게 일어날 수 있는 장점도 있다. 그러나 연령이 어릴수록 개월 수에 따라 발달의 차이가 매우 크고 다양하기 때문에 어린 연령일수록 같은 나이 또래의 아이들끼리 반을 구성해 놓는 것이 더 유리하다. 보육기관을 선택할 때 어떤 곳이 내 아이에게 적절한 곳인지는 아이의 연령과 특성을 잘 고려하는 것이 중요하다.

■ **연령에 따른 보육기관 선택**

① 0~1세

아기들은 태어나면서부터 사회적인 관계를 맺는다. 즉, 아기들이 태어나면서 보이는 울기, 빨기, 웃기, 눈으로 엄마를 쫓아 추적하기 등은 모두 아기가 엄마를 자신에게 붙들어 두어 애착을 맺으려고 하는 애착행동이다. 즉, 아기들은 태어나면서부터 주 양육자인 엄마와 애착을 맺기 위해서 다양한 애착행동을 하게 되는데 이럴 때 엄마의 태도와 민감성이 중요하게 된다. 아기가 울음이나 여타 애착행동을 통해 엄마를 원했을 때 엄마가 돌봐 주고 자신의 문제를 해결해 주게 되면 아기는 엄마와 애착을 맺으며 나아가 세상에 대한 신뢰감을 맺게 된다. 예를 들어, 기저귀에 축축했을 때 갈아 주는 엄마의 행동, 배가 고파 울 때 바로 와서 젖이나 우유병을 물려 주는 엄마의 행동, 기분이 좋지 않아 울적할 때 자신을 얼러 주고 안아 주는 엄마의 행동 등 아기가 원하는 것(물질적인 것일 수도 있고, 정서적인 것일 수도 있다)을 해결해주는 엄마의 반응과 태도가 아이의 신뢰감 형성에 매우 중요한 담당을 한다.

이 과정이 태어나서 돌 전후, 생후 18개월 정도까지 일어나는 발달 과정이다.

이렇듯 영아시기는 양육자의 태도와 반응이 매우 중요한 시기인데, 교사는 무엇보다도 엄마를 대신하는 매우 중요한 역할을 해야 하기 때문에 교사의 기본적인 성품이나 성향이 매우 중요하다. 아이에게 교육적인 자극을 주는 것이 우선인 시기가 아니라, 양육대상과의 편안한 관계 맺기가 중요하다. 그러므로 교사의 성품이 따뜻함을 가지고 있는지, 아이의 행동이나 반응에 편안하게 기다려 줄 수 있는 심적 여유가 있는 사람인지가 중요한 고려사항이 된다.

이런 정보를 얻을 수 있는 확실한 방법 중의 하나는 주변 엄마들이 말하는 정보나 직접 기관을 방문해서 정보를 얻고 들은 정보를 통합해서 활용하는 것이다.

② 2~4세

이 시기는 아직 학습적인 자극보다는 실제적으로 직접 경험을 통해 세상을 탐색하는 시기이다. 발달적으로도 독립된 움직임과 신체발달이 매우 활발히 일어나는 시기로 이를 반영하여 커리큘럼에서 아이들의 바깥활동이 실내활동과 적절히 배분이 되었는지 살펴보아야 한다.

이 시기 유아는 왕성한 에너지를 바탕으로 엄마나 가족 이외의 사회적 관계에 관심을 가지는 한편, 세상에 대한 이치를 깨닫고 사회적인 맥락을 익히게 된다. 유아에게 부드럽게 잘 설명해 줄 수 있는 성향을 가진 선생님이 사회적인 관계형성과 사회성 발달에 도움을 줄 수 있다.

③ 6~7세

이 시기는 교육적 자극이 중요한 시기이므로 커리큘럼을 살펴보고 기관에서 아이들의 교육적 자극을 위해 얼마나 노력하는지 살펴볼 필요가 있다. 단, 여기서 말하는 교육자극은 한글을 깨치거나 수를 외우는 등의 평면적 교육이라기보다는 이 시기 중요한 발달과업인 논리적 사고나 창의적 사고를 위해 얼마나 다양하게 자극을 주느냐이다.

아이 양육문제로 고민하는 직장맘들께

직장을 다니며 아이를 키우는 이 세상 모든 어머니들의 고민은 비슷할 것입니다. 가끔은 여자로 태어난 것이, 아내가 되고, 엄마가 된 것에 감사하고 행복하겠지만 아이를 키우며 겪는 어려움 앞에서는 모든 상황을 되돌리고 싶을 때도 있을 것입니다. 직장은 나가야 하는데 아이가 아프거나 안 떨어질 때는 엄마의 가슴에도 아픈 비가 내립니다.

그러나 그런 아픔을 견뎌낼 수 없어, 그동안 준비하고 귀하게 얻은 일자리를 쉽게 놓아 버릴 수도 없습니다. 아이와 가정이 중요한 만큼 어머니들이 세상을 향해 날개를 펴고 달려온 시간과 열정도 중요하니까요. 언제까지나 방황하고 상황에 부딪쳐 아파하고 주위 사람들을 원망하여 세월을 흘러 보낼 수는 없습니다. 빨리 마음을 굳건히 하지 않으면 아이들은 훌쩍 커 버리고 엄마도 금방 늙고 병들어 삶의 버스는 지나가 버립니다.

이 땅에 직장맘들의 고민을 알아주는 어딘가가, 누군가가, 그 무엇이 있을 것입니다. 그것들을 찾으시고, 얻으십시오. 그리고 실천하십시오. 아래의 글은 직장맘들에게 드리는 작은 지혜의 항아리입니다. 들여다보시고 필요한 것은 꺼내어 어머니의 삶으로 가지고 가시길 바랍니다.

죄책감의 바다에서 빠져나오려면 '여우의 생각'을 배워 보세요

여우가 포도밭을 지나가다가 맛있게 보이는 포도를 보았습니다. 배고픈 여우는 그 달콤하고 맛좋게 생긴 포도를 먹고 싶었지만 포도송이에 입이 닿지 않았습니다. 너무나 괴로웠던 여우는 포도밭을 나오며 "아마 저 포도는 내가 따 먹을 수 있었어도 맛이 없었을 거야."라고 말합니다. 여우는 매달려 봤자 소용없는 괴로운 상황을 벗어나기 위해 생각을 바꾼 것입니다. 심리학에서는 괴로운 상황과 갈등으로부터 이겨 내고자 하는 '합리화'라는 방어기제를 설명하기 위해 '여우의 포도이야기'를 합니다. 아이들을 직접 양육할 수 없어, 아이들을 고생시키는 것이 마음에 걸려 죄책감에 사로잡혀 있다면, 그 죄책감이 심해 우울하고 불안하며, 아이에게 온전한 양육자로 건강하게 서 있을 수 없다면 여우처럼 생각해 보시길 바랍니다.

'아이에게 일어나는 저 일들은 내가 직장을 다니지 않았더라도 일어날 수 있는 일일 거야.'

'내가 직장을 다니기 때문에 아이에게 주는 좋은 것도 분명히 있어.'

아이와 엄마가 잃는 것이 있다면 얻는 것도 분명히 있습니다

직장을 다니는 어머니이기에 아이에게 줄 수 없는 것만 생각하며 슬퍼하지 마세요. 그것을 주지 못했기에 분명 지금 다른 것을 주고 있거나 미래에 더 좋은 것을 주게 될 수도 있습니다. 삶은 일득일실이라는 것을 기억하십시오. 아이에게도 이 삶의 원리를 이해시키고 가르치는 것도 필요합니다. 이 세상은 좋은 것과 원하는 것을 다 가질 수 없으며 하나를 얻기 위해서는 하나를 놓아야 한다는 사실을 깨달아야 합니다. 어머니가 '직장을 다니기에 못 주는 것'이 있으면 아이에게 '직장을 다니기 때문에 줄 수 있는 것'도 분명히 있습니다. 아이들 입장에서도 엄마가 직장을 다니기에 잃는 것도 있지만, 분명히 얻는 것도 있다는 것입니다.

직장을 놓지 않겠다면 어서 중심을 잡으십시오

아이 육아 문제로 직장생활을 계속할 것인가에 대해 고민을 해 볼 필요도 있습니다. 지금 기회를 놓치면 다시는 기회를 얻을 수 없거나, 현재 일생일대의 귀한 기회가 눈앞에 있다면, 어머니가 그토록 갈망해 왔던 일이라면 상황과 마음이 흐르는 대로 하시는 것이 답입니다. 아이와 가정이 중요한 만큼 어머니의 직업적 기회와 열망도 중요하니까요. 일단 일을 계속하기로 결정하셨다면 더 이상 불필요한 고민과 혼란에 빠지는 갈대가 되지 마십시오. 이제는 선택에 대한 책임을 지는 일이 남았습니다. 현명하고 지혜롭게 어떻게 앞으로 헤쳐 나갈지, 육아와 일을 잘해 나갈지에 창조적인 에너지와 지혜를 모으십시오. 심지를 굵게 하고 무소의 뿔처럼 혼자서 묵묵히 가십시오.

과거에 못 한 것에 연연하지 마십시오

이미 보낸 시간을 후회하며 시간을 쓰지 마세요. 어찌할지 잘 몰라 방황했던 지난 시간들, 아이들에게 했던 부적절한 행동들에 대해 후회하고 안타까워하며 시간을 보낸다면 이 시간도 부질없이 흘러가고 있습니다. 아이와 과거 시간에 대해 얘기를 나누고, 위로해 주며 현재의 엄마의 마음을 전하십시오. 그리고 지금부터 새로운 마음으로 출발하는 것입니다. 지금까지 부족했던 일들에 연연하기보다 앞으로 할 일을 계획하고 준비하십시오. 중요한 것은 이제 지금부터 아이들에게 얼마나, 어떻게 잘하느냐가 관건입니다.

아래의 몇 가지 철칙을 기억해 주세요

첫째, 엄마 자신을 돌보는 것이 곧 아이를 돌보는 일입니다

육아와 직장일을 완벽하게 하는 사람은 자신을 잘 돌보고 있다고 보기 어렵습니다. 직장일과 육아를 효과적으로 병행하기 위해 '직장맘 자동차'는 기름이 넉넉히 채워져야 합니다.

차에 실린 짐은 과부하인지, 그 짐을 실고도 잘 달릴 수 있을 만큼 에너지원이 채워져 있는지 수시로 확인하시길 바랍니다. 점심시간 1시간, 한 달에 한 번 주말, 퇴근시간 차 안에서, 언제 어디서든 자신을 위한 시간을 가지고 양분을 채우는 것이 필요합니다. 자신에게 선물을 주고 지친 자신을 위로하고 보듬어 주는 그런 충전하는 시간을 스스로 챙기십시오. 엄마가 행복하면 아이도 행복하고 엄마가 아프면 아이도 아프다는 사실 꼭 기억하십시오.

둘째, 아이가 아플 때…… 그때는 꼭! 아이 옆을 지켜 주어야 합니다

아이가 아플 때는 만사를 제치고 아이 곁에서 간호를 하고 돌보는 엄마가 됩니다. 평소에 엄마가 없어도 잘 견디어 냈던 아이지만 아플 때는 정말 엄마가 보고 싶고 필요합니다. 생활 속에서 엄마의 부재를 견디어 낼 수 있는 힘은 자신이 힘들고 꼭 필요할 때 엄마가 수호신처럼 지켜 준다는 믿음을 가지고 있기에 가능합니다. 그 힘으로 다시 엄마의 일을 이해하고 상황을 수용하며 건강하게 성장해 가는 것입니다. 상담실에서 만난 많은 청소년들은 어린 시절 아프거나 힘들 때 엄마의 부재를 원망하고 아픈 상처로 꺼내 놓습니다. 부모로서는 돌이킬 수 없는 시간이라 가슴을 치지만 때는 이미 늦었습니다. 아이가 아플 때 직장일을 소홀히 하였다 하여 일어날 일로 두려움이 생길 수도 있지요. 그러나 승진이 늦어지고, 직장 상사로부터 질책을 당하고, 동료들의 눈치를 보는 것이 이후 아이가 학교를 거부하거나 걷잡을 수 없는 수렁 속으로 빠지는 것만큼 두려운 일인가? 아이는 아플 때 엄마를 볼 수 없다면 몸도 아프지만 마음은 더 아파 몸속에 적개심과 분노가 쌓입니다. 이는 독소가 되어 이후에 다른 마음의 병을 만들지도 모른다는 것입니다. 두려워 마시고 옳다고 생각하시는 대로 행하십시오. 그리고 평소에 직장에서 아주 열심히 일하십시오.

셋째, 때를 놓치지 말고 현재의 기회를 활용하십시오

아이가 어릴 때 친정 식구와 시댁 식구의 도움을 받을 수 있다면 기꺼이 받으십시오. 엄마가 자존심을 세우고 사소한 감정싸움에서 이기는 것보다 아이가 좋은 보살핌을 받고 잘 자라 주는 것이 훨씬 더 미래지향적인 투자입니다. 좋은 대리 양육자를 구하는 데 돈이 든다면 적금을 든다는 생각으로 양육자를 두시는 것이 좋습니다. 요즘 같은 어려운 때에 아이가 적응적으로 잘 자라만 준다면 그것이 바로 적금을 타는 일입니다. 아이에게 문제가 생기고 잘 자라 주지 않는다면 대학을 보내고 유학을 보내기 위해 아껴 둔 은행 돈은 무슨 소용이 있겠습니까?

직장맘들의 삶에 용기와 지혜의 꽃이 피길 바라며……

참고문헌

강문희(1980). 아동의 학교생활적응도와 가정환경요인에 관한 상관적인 연구. 서울여자대학논문집, 10.

강정원·홍기묵·안지영(2008). 유아교사를 위한 아동상담. 서울: 정민사.

강진구(2005). 단기상담 훈련프로그램의 개발과 효과 연구. 연세대학교 대학원 박사학위논문.

고경애(1984). 모자녀 애착관계가 유아의 행동발달에 미치는 영향: 사회적 인지적 능력을 중심으로. 이화여자대학교 대학원 석사학위논문.

고성혜(1994). 어머니가 지각한 양육 스트레스에 관한 연구. 한국청소년연구, 18, 21–37.

길경옥(1994). 어머니의 취업에 대한 자녀의 태도와 학업성적과의 관계. 원광대학교 교육대학원 석사학위논문.

김경심(2010). 자기성장 집단상담 프로그램이 중년여성의 인생태도와 부모–자녀 관계만족도에 미치는 영향. 고려대학교 교육대학원 석사학위논문.

김경신·김오남(1996). 맞벌이 부부의 역할기대 및 역할갈등과 결혼만족도. 한 국가정관리학회지, 14(2).

김리진·윤종희(2000). 직장보육시설을 이용하는 취업모의 양육스트레스에 관한 생태학적 연구–만 6세 이하 자녀를 둔 · 전문직 · 사무직 및 생산직 여성을 중심으로. 대한가정학회지, 38(12), 47–58.

김명자(1981). 주부의 직업유무에 따른 가정 내 역할수행에 관한 비교연구. 대한 가정학회지, 19(3), 69-81.

김민정(1990). 유치원 유아들의 애착유형에 따른 또래수용에 관한 연구. 부산대학교 교육대학원 석사학위논문.

김수란(2001). 취업모와 비취업모 초등학생 자녀의 정의적 특성 비교 연구. 인하대학교 대학원 석사학위논문.

김숙경(2010). 부모-자녀 놀이치료 참여에 관한 질적 연구: 어머니들의 삶을 중심으로. 숙명여자대학교 대학원 박사학위논문.

김영미(2001). 취업모와 비취업모의 양육행동 및 아동의 사회적 능력에 관한 연구: 광주 시내 어린이집 아동을 중심으로. 호남대학교 행정대학원 석사학위논문.

김용관(1994). 취업모 자녀의 학업성적과 인성특성에 관한 연구. 인하대학교 교육대학원 석사학위논문.

김윤숙(1989). 취업모와 비취업모의 양육태도에 관한 연구. 이화여자대학교 교육대학원 석사학위논문.

김재근(1986). 맞벌이 가정 아동과 홀벌이 가정 아동의 제 심리적 변인에 관한 비교연구. 연세대학교 교육대학원 석사학위논문.

김재하 · 박경란(1998). 취업모의 양육행동과 유아의 사회적 능력 간의 관계. 한국영유아보육학, 15.

김제한(1978). 어머니의 직업유무가 자녀의 인성에 미치는 영향에 대한 조사연구. 성균관대학교 대학원 석사학위논문.

김태현 · 김양호(2003). 중년남성의 남성의식, 직장생활 및 가족생활과 심리적 복지에 관한 연구. 한국가족관계학회지, 8(1), 99-101.

남경우(1997). 취업주부의 역할갈등과 취업중단의사 분석. 이화여자대학교 대학원 석사학위논문.

노경모(1986). 어머니의 직업유무에 따른 아동의 행동발달에 관한 연구. 연세대학교 교육대학원 석사학위논문.

류문화(1996). 자기교시 훈련이 주의집중결함 과잉행동아동의 문제행동 수정에 미치는 효과. 대구대학교 대학원 박사학위논문.

문병상(1993). 자기 조절된 학습전략 훈련이 아동의 자기효능감과 학업 성취에 미치는 효과. 경북대학교 대학원 석사학위논문.

박성연·임미리(2002). 취업모의 직업관련 특성, 탁아기관의 질 및 심리적 안녕감이 양육행동에 미치는 영향. 한국가정관리학회지, 20(2).

박성옥(1994). 탁아 및 취업관련 변인에 따른 어머니의 격리불안. 한국심리학회지 발달, 7(2), 24-37.

박영선(1999). 어머니의 취업유무가 자녀의 학업성취도에 미치는 영향에 관한 연구: 제주시 지역을 중심으로. 제주대학교 교육대학원 석사학위논문.

변정진(2002). 어머니의 취업이 여중생의 직업관에 미치는 영향. 홍익대학교 교육대학원 석사학위논문.

서동인(1991). 맞벌이 가족의 부모자녀관계. 서울특별시·한국가족학연구회 가정복지 제2회 세미나 자료집, 67-102.

서혜영·이숙현(1999). 남성의 일-아버지 역할 갈등과 부모 역할 만족도 및 부모로서의 유능감. 한국가족관계학회지, 4(2), 257-280.

선우현(2009). 사회불안 청소년-어머니의 상호 작용 증진을 위한 모-자녀 치료놀이 효과 연구. 청소년시설환경, 7(2), 31-38.

안유경(1994). 취업모와 비취업모 자녀의 사회적 능력. 목화여자대학교 대학원 석사학위논문.

안지영 · 도현심(1989). 자녀 양육행동, 아동의 낯가림 경험 및 분리불안과 어머니의 분리불안. 대한가정학회지, 36(1).

안현숙(2000). 어머니의 취업유무와 양육태도에 따른 유아의 사회적 능력. 계명대학교 대학원 석사학위논문.

양명희(1988). 주의산만 및 충동성 어린이에 대한 인지적 자기통제 훈련의 연구. 경상대학교 대학원 석사학위논문.

오순환(1990). 자녀가 지각한 어머니의 양육행동과 아동의 자아개념 간의 관계. 이화여자대학교 교육대학원 석사학위논문.

우대식(1992). 어머니의 취업유무에 따른 양육태도와 아동의 문제행동에 대한 지각과의 관계. 경남대학교 교육대학원 석사학위논문.

유수남(1980). 어머니의 직업유무 및 가정환경과 아동의 성격특성에 관한 연구. 고려대학교 대학원 석사학위논문.

유영주(1971). 어머니의 직업유무와 양육태도가 아동의 인성에 미치는 영향. 서울대학교 대학원 석사학위논문.

윤종기(1996). 취업모 자녀와 비취업모 자녀의 스트레스 경험에 관한 비교 연구. 울산대학교 교육대학원 석사학위논문.

이경우(1989). 도시 저소득층을 위한 탁아프로그램 실시 사례 II. 여성학논집, 6.

이광주(1989). 일반가정 자녀와 맞벌이 부모가정자녀 간의 인성비교연구. 인하대학교 대학원 석사학위논문.

이미경(2002). 어머니의 취업여부에 따른 양육행동 및 유아의 사회적 능력에 관한 연구. 전북대학교 교육대학원 석사학위논문.

이선희(2007). 취업모의 직업만족도 및 양육행동과 남녀 아동의 문제행동 간의 관계. 이화여자대학교 대학원 석사학위논문.

이숙현(1995). 남성의 취업과 가족 상호작용: 대기업 사원을 중심으로. 한국사회학, 29(여름호), 271-289.

이영숙(1994). 어머니의 직업유무에 따른 학령 전 아동의 적응행동 차이분석. 홍익대학교 교육대학원 석사학위논문.

이옥·현온강·최보가·이귀옥·이숙·조성연(2002). 한국아동의 발달 현황과 세대 간 부모양육행동 비교. 아동과 권리, 6(2)

이용숙(1988). 어머니의 취업과 학교교육 및 자녀의 성취에 관한 연구(RR88-26). 한국교육개발원.

이은수(1985). 어머니의 인성 특성과 양육태도에 관한 연구. 중앙대학교 교육대학원 석사학위논문.

이인숙(1994). 도시 전업주부의 자녀양육 스트레스에 관한 연구. 연세대학교 교육대학원 석사학위논문.

이정란(2002). 유아의 자기조절력 구성요인에 관한 연구. 덕성여자대학교 교육대학원 논문집, 4, 171-200.

이희경(1981). 모의 취업이 자녀의 적응과 어머니의 자녀양육 역할수행에 미치는 영향. 중앙대학교 대학원 석사학위논문.

이희정·이숙현(1995). 취업모의 심리적 안녕-긍정적 정서와 생활 만족도를 중심으로. 대한가정학회지, 33(6), 25-41.

장경미(1995). 취업경험과 자녀의 행동 간의 관계. 연세대학교 대학원 석사학위논문.

전보윤(1989). 주부의 취업유무에 따른 만족도가 아동양육 역할 수행에 미치는 영향.

건국대학교 대학원 석사학위논문.

정문자·이미리(2000). 취업 주부의 직업 및 가족 스트레스에 대한 인구학적 변인과 심리적 변인의 상대적 영향력 분석. 대한가정학회지, 38(11), 115-126.

정혜정(1985). 취업주부의 역할갈등과 결혼만족도에 관한 연구. 한양대학교 대학원 석사학위논문.

조옥희(2004). 중년기 기혼 취업여성의 역할갈등, 대처행동 및 심리적 복지. 전남대학교 대학원 박사학위논문.

존 가트맨·최성애·조벽(2011). 내 아이를 위한 감정코칭. 서울: 한국경제신문.

최규련(1992). 맞벌이부부의 결혼만족도와 우울증에 관한 연구-학동기자녀를 둔 맞벌이부부를 중심으로. 대한가정학회지, 31(1), 61-84.

최덕순(1998). 어머니의 취업에 대한 아동의 태도와 불안과의 관계. 계명대학교 교육대학원 석사학위논문.

최외선·제석봉·이경미(2008). 유아기 자녀를 둔 취업모의 자기효능감과 부모 역할만족도에 관한 연구. 부모교육연구, 4(1).

최정욱(2000). 부모의 맞벌이 여부가 자녀의 심리사회적 적응에 미치는 영향: 애착 안정성을 매개로. 연세대학교 석사학위논문.

한국고용정보원(2009). 상담도구매뉴얼. 서울: 고용노동부.

한영희(2008). 청소년의 정신건강이 등교거부 경향성에 미치는 영향. 명지대학교 대학원 박사학위논문.

한유진·김선애(2007). 맞벌이 부부의 부모역할 공평성 가치관 및 아버지의 양육 수행유능감과 양육수행. 한국가정관리학회지, 25(2).

한항문(1981). 취업모의 비취업모 자녀의 학업성적 및 인성특성과 태도에 관한 비교연구. 동국대학교 교육대학원 박사학위논문.

함미영(1993). 취업모와 일반모의 아동이 지각한 부모의 양육태도와 미래전망에 관한

연구: 인천시를 중심으로. 건국대학교 대학원 석사학위논문.

Ainsworth, M. D. S., Blehar, M. C., Waters, E. & Wall, S.(1978). *Patterns of attachment: A psychological study of the Strange Situation.* Hillsdale, N.J.: Erlbaum.

Barglow, P., Vaughn, B. E. & Molitor, N.(1987). Effects of maternal absence due to employment on the quality of infant-mother attachment on a low-risk sample. *Child Development*, 58, 945-954.

Beck, A. T.(1967). *Depression: Clinical, experimental, and theoretical aspects.* New York: Harper & Row.

Behavior, 32, 145-164.

Berg, I. K. & Steiner, T.(2003). *Children's Solution Work.* 아동과 청소년을 위한 해결중심 상담. 유재성, 장은진 공역. 서울: 학지사(2009).

Berkowitz, L.(1993). *Aggression-Its Causes, Consequences*, and Control. New York.

Bettelheim, B. 옛이야기의 매력 I. 김옥순, 주옥 역. 서울: 시공주니어. 1998.

Bolger, N., DeLongis, A., Kessler, R. C. & Wellington, E.(1989). The contagion of stress across multiple roles. *Journal of Marriage and the Family*, 51, 175-183.

Booth, P. B. & Jernberg, A. M.(2011). 치료놀이(*Theraplay: Helping Parents and Children Build Better Relationships Through Attachment-Based Play*). 윤미원 · 김윤경 · 신현정 역. 서울: 학지사.

Camp, B. W. & Bash, M. A. S.(1997). *Think aloud.* 여광응 · 정용석 역. 서울: 특수교육.

Carey, L. J.(1999). *Family sandplay therapy*. N.J.: Aronson.

Conditions. *Journal of Marriage and the Family*, 53, 417–431.

Crnic, K. A. & Greenberg, M. T.(1990). Minor parenting stress with young children. *Child Development*, 61, 1628–1637.

Deci, E. L. & Flaste, R.(2011). 마음의 작동법. 서울: 에코의 서재.

EBS 다큐프라임. 모성쇼크(2011).

Facility: Studying the Intergenerational Transmission of Inequality from Mothers to

Gold, D.(1978). Developmental comparisons between 10–year–old child with employed and nonemployed mothers. Child Development, 49, 75–84.

Greenberg, E. & O'Neil(1994). Patterns of commitment to work and parenting: Implications for role strain. *Journal of Marriage and the Family*, 56, 101–118.

Greenspan S. I.(1995). 조금 다른 내 아이 특별하게 키우기. 서수균 · 송호정 · 정지현 · 김성준 역. 서울: 학지사.

Hoffman, L. W.(1961). Effect of maternal employment on the child. *Child Development*, 32, 187–197.

Hoffman, L. W.(1983). Increased fathering: Effects on the mother. In M. E. Perlmutter(Ed.). *Parent–child interaction and parent–child relations in chile development*. Hillsdale, N.J.: Erlbaum.

Hoffman, L. W.(1987). The value of children to parents and childrearing patterns. *Social Behavior*, 2, 123–141.

Hoffman, L. W. & Nye, F. I.(1974). Working mothers. San Francisco: Jossey–Bass. 272. University of Michigan, Ann Arbor, Mu.

Laible, D. J. & Thompson, R. A.(1998). Attachment and emotional understanding in preschool children. *Developmental Psychology*, 34(5), 1038–1045.

McGraw–Hill, Inc.

Menaghan, E. G. & Parcel, T. L.(1991). *Determining children's home environments: The impact of maternal characteristics and current occupational and family.*

Menaghan, E. G. & Parcel, T. L.(1995). Social sources of change in children's home environment: The effects of parental occupational experiences and family conditions. *Journal of Marriage and the Family*, 57, 69–84.

Nichols, W. & Everett, C.(1986). *Systemic Family Therapy*. New York: Guilford.

Parcel, T. L. & E. G. Menaghan(1990). *Maternal Working Conditions and Child Verbal.*

Paul, K.(2011). 17세의 공부법. 이상영 역. 서울: 들녘.

Raver, C. C.(2003). Psychological well–being, negative emotional expressiveness, and optimal parenting among low–income families. Unpublished manuscript.

Repetti, R. L.(1989). Effects of daily workload on subsequent behavior during marital interaction: The roles of social withdrawal and spouse support. *Journal of Personality and Social Psychology*, 57, 651–659.

Rogers, Stacy J., T. L. Parcel & E. G. Menaghan(1991). *The Effects of Maternal.*

Schunk, D. H.(1984). Self–efficacy Perspective on Achieve Behavior. *Educational Psychologist*, 19, 48–58.

Turner, P. J.(1991). Relations between Attachment, Gender, and Behavior with Peers in Preschool. *Child Development*, 62, 1475–1488.

Working Conditions and Mastery on Child Behavior Problems: Studying the intergenerational Transmission of Social Control. Journal of Health and Social.

Yarrow, M. R., Scott, P., Deleeuw, L. & Heining, C.(1962). Child rearing in families of working and nonworking mothers. *Sociometrty*, 25, 121-140.

Young Children. *Social Psychology Quarterly*, 53, 132-147.

Zimmerman, B. J. & Martinez-Pon s, M.(1988). Construct validation of strategy model of student self-regulated learning. *Journal of Educational Psychology*, 80(3), 284-290.

최명선

학력
숙명여자대학교 학사, 석사 및 박사 졸업(아동상담 전공)
Gestaltpsychotherapie für Kinder und Jugendlischen(Gestalt Institut Köln in Germany)
Ausbildung in 'Methoden und supervision der Gestaltpsychotherapie'(saarbrücken)

경력
현) 아동청소년상담센터 맑음 소장
　　맑음 부설 아동청소년심리치료연구소 소장
전) 동신대학교 상담심리학과 교수
　　한국놀이치료학회, 상담심리학회 편집부위원장
　　상담심리학회, 놀이치료학회, 인간발달학회 등 다수 학회의 편집위원/학술위원
　　숙명여자대학교, 덕성여자대학교, 강원대학교 강사

저서
『놀이치료: 아동중심적 접근』
『놀이치료의 치료관계와 치료성과』
『아동청소년심리척도 핸드북』
『꿈을 찾으면 내 직업이 보인다』
『사회조사방법론』
『논문의 저술에서 출판까지』
그 외 인관관계론/인성함양/리더십개발 등 다수의 저서와 학술논문 저술

홍기묵

학력
중앙대학교 유아교육학과 졸업
숙명여자대학교 아동복지학과 아동상담전공 석·박사 수료

경력
현) 아동청소년상담센터 맑음 부소장
전) 한국아동문제연구소 놀이치료사
　　노원구/영등포구 보육정보센터 전문상담원
　　서울시교육청 부모교육강사
　　리라초등학교 부속 리라유치원 교사
　　중앙대학교 교육복지연구소 외래교수
　　중앙대학교, 한국성서대학교, 숭의여자대학 강사

저서
『영유아교사를 위한 아동상담』
『어린아이 심리학』
『유아의 통합적 발달을 위한 소집단 활동』

한미현

학력
숙명여자대학교 아동복지학과 아동복지전공 석사

경력
현) 아동청소년상담센터 맑음 상담실장
  용인송담대학교 외래교수
전) 아동청소년상담센터 지오 책임상담원
  사과나무정신과의원 놀이치료사
  아동학대예방센터 놀이치료사
  수원여자대학교, 숭의여자대학교 강사

저서
『어린아이 심리학』(공저)

직장맘과 아이들 도와주기

초판인쇄   2012년 11월 9일
초판발행   2012년 11월 9일

지은이   최명선·홍기묵·한미현
펴낸이   채종준
기 획   이주은
편집디자인   김소영
표지디자인   박능원

펴낸곳   한국학술정보(주)
주 소   경기도 파주시 문발동 파주출판문화정보산업단지 513-5
전 화   031) 908-3181(대표)
팩 스   031) 908-3189
홈페이지   http://ebook.kstudy.com
E-mail   출판사업부 publish@kstudy.com
등 록   제일산-115호(2000.6.19)

ISBN   978-89-268-3658-3 14370 (Paper Book)
            978-89-268-3659-0 15370 (e-Book)
            978-89-268-3646-0 14370 (Paper Book set)
            978-89-268-3647-7 15370 (e-Book set)

이담 Books 는 한국학술정보 (주)의 지식실용서 브랜드입니다.